现代农业与乡村地理丛书

城乡建设用地统筹置换机理与模式

王 婧 著

科 学 出 版 社
北 京

内 容 简 介

本书在全面梳理城乡用地相关研究、政策与实践的基础上，界定了城乡建设用地统筹置换概念，系统分析城乡建设用地统筹置换的人地背景与综合机制，并基于典型地区的实践调研，深入分析我国城乡建设用地统筹置换的过程特征与主要问题，总结提炼城乡建设用地统筹置换的优化模式，研究提出支撑实践的技术路径、保障实践的对策建议。

本书适合人文地理、土地资源管理领域的研究人员以及政府相关管理部门人员，大专院校相关专业的教师和学生阅读与参考。

图书在版编目（CIP）数据

城乡建设用地统筹置换机理与模式/王婧著. —北京：科学出版社，2017.9

（现代农业与乡村地理丛书）

ISBN 978-7-03-054531-2

Ⅰ. ①城… Ⅱ. ①王… Ⅲ. ①城乡建设–土地利用–研究–中国 Ⅳ.①F293.2

中国版本图书馆 CIP 数据核字(2017)第 228937 号

责任编辑：朱海燕 丁传标 / 责任校对：张小霞
责任印制：张 伟 / 封面设计：图阅社

科学出版社出版
北京东黄城根北街 16 号
邮政编码：100717
http://www.sciencep.com
北京建宏印刷有限公司 印刷
科学出版社发行 各地新华书店经销
*
2017 年 9 月第 一 版 开本：787×1092 1/16
2019 年 5 月第三次印刷 印张：13 1/4 插页：4
字数：300 000
定价：108.00元

《现代农业与乡村地理丛书》编辑委员会

从书序一

中国“三农”（农业、农村与农民）问题的产生与发展，具有特殊的基本国情和特定的历史背景。新中国成立以来，国家推行工业化、城市化优先发展战略，无论是从产业发展、投资政策，还是从资源分配、社会福利方面，都表现出明确的“城市倾向”，甚至不惜牺牲农业、农村与农民的利益，以致“三农”问题日益激化和城乡差距不断拉大，其主要根源是我国长期以来实行特殊的工农、城乡“双二元”结构的管理体制。新时期要落实科学发展观和全面建设小康社会，无疑其最艰巨、最繁重的任务在广大农村。因此，大力发展现代农业，建设新农村，实现统筹城乡发展，正成为推进中国现代化建设的重要切入点，也为中国地理学者面向国家战略需求，拓展专业领域的创新研究提出了新的机遇和挑战。

自新中国成立到20世纪90年代中期，本着“地理学为农业生产服务”的宗旨，地理学科的广大科研人员热衷于从事农业地理或与农业地理相关的一些专业。由地理学者联合攻关、集体完成的“中国农业资源综合调查”、“全国农业综合区划”与“中国土地利用”等一系列国家重点项目，充分展示了地理学界的团结向上、开拓进取的精神风貌，这些成果受到了国家相关部门的认可和省市政府的欢迎。此后，由于社会发展的变化，地理学科的分化，特别是城市化发展、资源环境保护，以及旅游业快速兴起等原因，不少地理研究单位和高等院校地理系纷纷改名换姓，成立了转向研究这些热门课题的新专业，使很多研究者分散到不同领域，关注不同产业和不同部门，因而放松了对农业地理和乡村发展的全面研究，国内农业与乡村地理研究开始进入低潮期。改革开放以来，农村实行家庭联产承包责任制，农业剩余劳动力转入乡镇企业工作或转向城市打工，从事农业生产的劳动力主体弱化、农村教育落后、农村环境恶化、农民增收与农业增效困难、农村经济滑坡问题日益凸显，使农业与乡村发展面临更为严峻的挑战。中国农业与乡村地理学研究和农业、乡村发展近乎“同命相连”，这一状况逐渐引起了政府管理部门与学术界有识之士的格外关注。

进入21世纪，党中央、国务院对“三农”工作予以高度重视。特别是党的“十六大”以来，坚持以邓小平理论和“三个代表”重要思想为指导，深入贯彻科学发展观，把解决好“三农”问题作为全党工作的“重中之重”，贯彻“多予、少取、放活”和“工业反哺农业、城市支持农村”的方针，实施统筹城乡协调发展方略。2004年1月，《中共中央国务院关于促进农民增加收入若干政策的意见》下发，是在阔别18年之后，“中央1号文件”再次回归“三农”，至今已连续制定了5个指导农业与农村工作的“中央1号文件”，不断巩固、完善、加强了中央支农、惠农和新农村建设政策。相信随着国家解决“三农”问题一系列配套政策的出台，以及国家综合实力的不断增强，我国农业与农村经济发展中面临的突出矛盾一定能够得以破解，我国农业与农村发展必将迈进全面、稳定、协调发展的良性轨道。

然而，中国农业与乡村地理的学科发展毕竟还是经历了 10 多年的低迷期，当前在机构设置、专业研究和人才队伍等方面还不能适应新时期的国家战略需求和学科发展需要。我认为，中国地理界过去重视农业研究，今后还应更认真地研究农业与乡村发展问题。地理学具有为农业服务的优良传统，新时期地理学更要为“三农”服务，这样既可以发挥学科优势，又能在生产实践中促进学科发展。可喜的是，中国科学院地理科学与资源研究所于 2005 年率先成立了“区域农业与乡村发展研究中心”，2006 年恢复成立了“农业地理与农村发展研究室”；中国地理学会于 2007 年成立了“农业地理与乡村发展专业委员会”。还有一些高校地理系也重视加强了有关农业地理与乡村发展方面的研究机构和专业课程建设。由于有了这些平台的引领和支持，近些年农业地理与乡村发展领域的全国性年度学术会议开始步入正常化。同时，一批农业地理与乡村发展专业的中青年学者相继申请到了有关领域的国家自然科学基金重点或面上项目、中国科学院重要方向性项目、国家科技支撑计划课题及省部级的科研项目。因此，总体上说，农业地理与乡村发展又有了一个良好的开端，但学科建设与人才培养仍任重而道远。

为了展示我国现代农业与乡村地理学领域新的研究成果，由中国地理学会农业地理与乡村发展专业委员会、中国科学院地理科学与资源研究所区域农业与乡村发展研究中心和科学出版社发起，联合国内农业与乡村地理学界专家共同策划了《现代农业与乡村地理丛书》，争取在近 5 年内陆续出版。这在学术上无疑是对中国农业与乡村地理研究的一个阶段性促进和总结，也可与 20 世纪 80 年代初由科学出版社出版的《中国农业地理丛书》等著作相响应，从而完善和推进对中国农业与乡村地理的系统研究。

我十分乐意把这套集学科发展、理论创新与实践总结为一体的《现代农业与乡村地理丛书》推荐给从事地理学、农学、经济学，以及城乡规划、区域发展等领域的专家学者、研究生和管理工作者，期望这套书的出版能够引起更多的专家学者特别是地理工作者对国内“三农”问题研究的密切关注，并欢迎大家投入到这个前景广阔的研究领域中来，精诚合作，共同努力，把中国农业地理与乡村发展的学术研究提高到一个新的发展阶段。

中国科学院资深院士
中国地理学会名誉理事长

2008 年春节于中关村

丛书序二

中国是世界著名的文明古国、农业大国。国以农为本，民以食为天。世界人口大国若不能首先解决好吃饭问题，就不能实现国泰民安。中国的“三农”（农业、农村、农民）问题本质上是一个立体的乡村地域系统可持续发展问题。新中国成立特别是改革开放以来，伴随着快速工业化、城镇化发展，中国传统体制下的“三分”（城乡分割、土地分治、人地分离）弊端日益暴露，“三差”（区域差异、城乡差距、阶层差别）问题不断加大，这些都成为困扰当代中国“三转”（发展方式转变、城乡发展转型、体制机制转换）战略和全面建设小康社会的重要难题，也是中国城乡二元结构背景下“重城轻乡”、“城进村衰”和农村空心化、主体老弱化、乡村贫困化不断加剧的根源所在。

伴随着全球城市化、经济一体化的持续推进，无论是经济发达国家，还是较发达的发展中国家都经历了“乡村振兴”“乡村重构”过程。英美等先行工业化国家是在基本实现工业化、城市化的阶段，为了解决城市发展中诸如市域人口高度集中的问题而推进乡村建设。如20世纪60年代美国的“示范城镇建设”、英国的“农村中心村建设”、法国的“农村振兴计划”等。这些国家通过在农村社区大规模推进基础设施建设，盘活利用农村土地资源与资产，改善农村生产和生活条件，并采取补贴政策，吸引人口回到农村，以解决农村人口过疏化问题。以日、韩为代表的工业化后发国家，在其工业化、城市化进程中出现乡村资源迅速流入非农产业和城市，导致农业和农村出现衰退，城乡发展差距日益扩大，同时在国家具备了扶持农村发展经济实力的情况下，适时推进了农村振兴与建设运动。如20世纪70年代韩国的“新农村运动”、日本的“村镇综合建设工程”等。可见，不同国家、不同地区的乡村重建道路有所差异。中国人口众多，农村底子薄、农业基础差、农民竞争弱。因此，新农村建设与农村发展不可能照搬发达国家完全依赖政府强大财政供给或者农村剩余劳动力全部转移的转型路子，同时也应尽量避免部分拉美国家城市贫困和农村衰败并存的“陷阱”局面。

中国现代地理学的奠基人、中国科学院原副院长竺可桢先生反复强调：地理学为国民经济建设服务，主要是为农业生产服务。著名地理学家吴传钧院士指出，农业是自然再生产与经济再生产的交叉过程，农业与地理环境的关系非常密切，地理学要为“三农”服务，地理学者应特别关注农业与农村发展的问题。过去的半个多世纪，在老一辈地理学家周立三、黄秉维、吴传钧院士的带领下，地理学者主持完成了“中国农业资源综合调查”“全国农业综合区划”“中国土地利用”等一系列国家重大项目，为国家和地区经济建设做出过具有基础性、战略性的重要贡献。吴传钧院士主编的《中国农业地理丛书》《中国人文地理丛书》等系列著作，在国家相关规划与决策中产生了深远影响，既发挥了人文地理学的学科优势，也培养了一大批农业地理与乡村研究专业人才，在实践中彰显了乡村地理学者站在学科前沿和面向国家战略需求开展创新性研究的重要价值。

进入21世纪，适应加入WTO后农业国际竞争的新形势，以及十六大以来“五个统筹”和“社会主义新农村建设”的新战略，中国现代农业与乡村发展研究开启了新阶段，面向国家战略需求的现代农业与乡村地理学迎来了新机遇，着眼于中国农业战略、农区发展、新型社区、新农村建设等一大批重点项目与成果成为人文地理学创新研究的新亮点。然而，由于中国“三农”问题之多、程度之深、解决难度之大史无前例，快速工业化、城镇化进程中暴露出来的一系列农村发展突出问题及其深层次矛盾还远未解决，有的甚至呈现加剧的趋势。着眼推进新型城镇化、城乡发展一体化、美丽乡村建设、农村“一二三产业”融合战略，中国现代农业与农村发展面临的新难题、新课题、新问题，亟须深入研究、系统探究、试验示范，创新和发展中国特色现代乡村地理学理论体系、学科体系、技术体系。

中国乡村地理学的传统研究侧重于乡村聚落地理（或称村落地理）、农业地理和土地利用问题。随着快速工业化、城镇化发展，中国农村地区以“五村”（无人村、老人村、空心村、癌症村、贫困村）为特征的“乡村病”问题日益凸显，成为推进新农村建设、培育农村新业态和统筹城乡发展面临的突出问题。与城市区域相对应，现代乡村地理学的研究领域应定位于乡村地域系统，深入探究复杂的乡村区域地理问题和城乡融合发展难题，特别要关注前沿领域“十个”研究主题，即乡村地域系统演化机理与过程、乡村系统功能多样性及其可持续性、乡村转型发展与空间形态重构、城乡土地配置与土地制度创新、城乡发展一体化与等值化、现代乡村新业态与经营新机制、乡村化（ruralization）与新型村镇建设、乡村地域文化与生态文明建设、现代乡村治理体系与减贫发展、农业地理工程与农村信息化。

振兴全球农村和发展现代农业，也是世界性难题和重大课题。中国当首先致力于实施“农村全面振兴计划”，系统推进农村兴人、兴地、兴权和兴产业，有效激发农村活力、能力、动力和竞争力。现代乡村地理学者，务必抢抓机遇，担当时代重任，面向国家需求，深入基层实践，协力创新现代地理学理论、方法与技术，并加强与工学、管理学、社会学、经济学、环境科学等相关学科交叉融合，着眼于现代农业与乡村发展的科学问题提炼、现实问题梳理和战略问题探究，科学推进以根治“乡村病”、建设新村镇、培育新业态、创建新机制为导向的乡村转型重构与城乡一体化发展理论、模式、技术、制度与政策综合研究。

为了充分发挥乡村地理学科优势、加快现代乡村地理学发展，更好地适应新时期国家战略需求，中国地理学会农业地理与乡村发展专业委员会、中国科学院地理科学与资源研究所区域农业与农村发展研究中心率先倡导并组织专业队伍，研究并出版该领域的最新成果，瞄准现代农业与乡村发展的时代特色、区域特点、创新机制和科学途径，为推进新时期城乡协调发展和新农村建设奠定理论与方法论基础，为加强国内同行之间的学术交流，积极投身中国农业与乡村发展领域的创新研究提供重要基础和共享平台，更好地发挥地理学服务“三农”决策的国家思想库作用。

《现代农业与乡村地理丛书》拟分期撰写出版。将陆续出版《中国新农村建设地理论》《中国乡村社区空间论》《中国乡村地域经济论》《中国乡村转型发展与土地利用》《城乡转型地理学理论与方法》《空心村综合调查与规划图集》《农村空心化过程及其资源环境效应》《农村土地整治模式与机制研究》《空心村综合整治理论与技术》《新型村镇建设与农村发展》《城乡建设用地统筹置换机理与模式》等著作。

在项目研究、选题策划、专家论证、组织撰写与出版过程中得到了国家自然科学基金委员会、中国科学院、教育部、科技部、中国地理学会、国际地理联合会（IGU）、中国科学院地理科学与资源研究所、中国科学院大学、北京师范大学、河南大学等单位领导和专家的大力支持与指导，科学出版社朱海燕、赵峰、杨帅英、丁传标同志为丛书的编辑与出版付出了辛勤劳动。借此我谨代表中国地理学会农业地理与乡村发展专业委员会和丛书编辑委员会，表示最衷心的感谢和诚挚的敬意！

借此良机，我真诚期望有越来越多的国内外高等院校、科研院所以及从事地理学及其相关专业研究的专家学者，能够更加重视和支持中国农业地理、乡村地理学专业领域的学科成长、人才培养、平台建设、国际合作！真诚欢迎各位领导、专家学者也为进一步完善和提高《现代农业与乡村地理丛书》的撰写与出版水平，多加批评、多予指导，献计献策！

国际地理联合会（IGU）农业地理与土地工程委员会 主席
中国地理学会农业地理与乡村发展专业委员会 主任
中国科学院地理资源所区域农业与农村发展研究中心 主任
刘彦随

2017年春节于北京

前　言

当前我国正处于城市化快速发展阶段，城市规模扩张与基础设施建设的用地需求旺盛。在日益严格的耕地保护制度框架下，城市建设用地供给日趋紧张，保障经济发展与保护耕地红线的“双保”压力持续加大。而在农村地区，长期的城市发展偏向和城乡“二元”体制使得农村建设用地的管控机制不完善，以致人均占地超标，闲置浪费现象严重，“空心化”问题突出。切实提高农村集体建设用地效率、科学挖掘农村集体建设用地潜力，统筹城乡土地利用，是推动城镇化发展、构建城乡经济社会一体化发展新格局的重要途径。近年来，以“增减挂”为主导的城乡建设用地统筹置换实践逐渐开展，在取得明显效果的同时，也带来一系列问题，引起社会广泛关注。亟待深入开展城乡建设用地统筹置换的理论与实证研究，服务于新时期的置换实践。

本书共分 9 章，大致按照“文献综述—人地背景—综合机制—实践探索—优化模式—技术路径—保障措施”的研究框架展开。具体地，本书全面梳理国内外城乡建设用地增长、统筹置换、农村土地综合整治的研究进展与实践进展，回顾梳理了国内相关政策演进，界定相关概念与评述相关进展；定量探讨了我国省级层面的人地背景，包括全国及各省（自治区、直辖市）城乡建设用地变化特征、人口与建设用地变化的耦合关系及城乡建设用地统筹置换潜力；从影响要素与作用机理、数量变化与空间配置、政府机制与市场机制等角度系统分析了城乡建设用地统筹置换的综合机制；横向对比分析了江苏省、天津市、山东省、重庆市的实践差异，纵向深入剖析以山东省德州市为典型案例的“地市—县—乡镇—村”体系的城乡建设用地统筹置换实践，划分了实践类型区，对比分析了不同类型区、不同尺度区域、不同操作过程的实践差异，归纳总结了实践的突出问题与问题根源；基于“实践区域—用地需求—操作过程”三个层面构建了包含 11 个模式的城乡建设用地统筹置换模式体系，并探讨了模式内涵、优化方向与应用；基于具体的调查研究，提出了包括 5 个阶段和 12 个环节的城乡建设用地统筹置换技术路径；最后探讨了城乡建设用地统筹置换的主要对策与政策建议。本书从理论到实践、从宏观到微观，多角度、多层面，基于实地调研系统性探讨城乡建设用地统筹置换机理与模式，着力为相关政策的逐步完善与地方实践的顺利进行提供决策参考。

本书在写作过程中得到中国科学院地理科学与资源研究所方创琳研究员带领的城市地理与城市发展研究团队、刘彦随研究员带领的农业地理与乡村发展研究团队的指导和帮助，得到空心村综合整治的关键技术研究与示范（国家科技支撑项目-2014BAL01B00）、土地整治对村镇社区发展的影响机制及其互促模式研究（国家自然科学基金-41571166）的资助；得到山东省土地综合整治服务中心、山东省德州市、禹城市、平原县、夏津县、宁津县、陵县等相关部门领导的大力支持，以及相关地区的村干部、村民、街道办与居民的鼎力合作；部分研究成果已发表在《地理科学进展》《自然资源学报》等刊物，吸收了编辑部以及审稿专家的宝贵意见；写作期间作者参阅了大量的文献资料，并从中获益很多。中国科学院地理科学与资源研究所农业地理与乡村发展研究室的李裕瑞参与撰写了第 8 章、第 9 章的主体内容，山东省土地综合整治服务中心王志炜参与撰写第 8 章第 7 节的部分内容。在此，一并表示最衷心的感谢！

本书初稿在 2012 年 5 月即已完成，因深感城乡建设用地统筹置换实践复杂，有些研究点处于初步探讨阶段，所以迟迟未能定稿。近年来，城乡建设用地统筹置换实践虽不像 2009 年前后那般火热，但仍在摸索中不断推进，并凸显了支持扶贫开发和异地搬迁的重要意义；且通过作者跟踪调研发现，当前一些研究区在之前实践的基础上，形成稳定的村容村貌或社区形象，时过境迁，当时的一些突出矛盾与问题或很好地得到解决，或以适当的形式得到处理，但曾经轰轰烈烈几年的“增减挂钩”实践仍值得深入研究与反思；加之目前仍缺乏公开发表的城乡建设用地统筹置换实践相关系统性研究，遂重新拿出 5 年前的研究成果，经修改、润色，交付出版。一方面，希望书中的相关观点和研究内容能为学术界和决策部门提供科学参考；另一方面，其中的案例研究、当时的政策解读可作为相关实践与研究的基础资料。

受时间、知识等诸多方面限制，书中存在许多不足或尚待完善的地方，恳请同行专家学者批评指正！

王　婧

2017 年 5 月 18 日

目　录

第1章 绪　　论

土地是人类社会经济活动的重要载体。我国的《土地管理法》依照用途将土地分为农用地、建设用地和未利用地。并严格限制农用地转为建设用地，控制建设用地总量，对耕地实行特殊保护。近年，由于城市化快速扩张及农村建设用地管控不力，城乡建设用地“双增”导致大量耕地流失并逼近18亿亩（1亩≈667m^2）耕地红线。保障经济发展、保住耕地红线的“双保”压力骤增。针对当前我国城市建设用地指标紧缺、农村居民点土地低效利用的重大现实问题，土地整理与建设用地潜力释放成为解决问题的突破口。在未来一段时期，城乡建设用地统筹置换有望成为破解该问题的综合途径。系统分析城乡建设用地统筹置换机理，总结提炼城乡建设用地统筹置换模式，可为科学推进城乡建设用地置换、着力实现城乡土地利用优化配置、切实解决当前土地利用失衡问题提供理论和实践支撑。

本书拟综合应用自然科学和社会科学的相关理论与方法，提出城乡建设用地统筹置换的概念和研究框架，系统探讨城乡建设用地统筹置换的人地背景与综合机制，结合典型实践的调查研究，总结提炼城乡建设用地统筹置换的优化模式并探讨技术路径，以期丰富统筹城乡土地利用和土地置换的理论体系，为相关政策的逐步完善和实践的顺利推进提供决策参考。

1.1 研究背景

1.1.1 城市化迈入快速发展阶段，应更加强调经济发展与资源利用相协调

自20世纪50年代以来，全球城市化进程明显加快。1950~1990年发展中国家城市人口总量从2.86亿人增长到15.15亿人，到2025年有望达到40亿人（Avijit，2002）；到2030年全球将有60%的人口居住在城市地区（Stephen，2004），2050年将上升到70%，其中较发达地区的城市人口比例将达86%，欠发达地区为67%（United Nations，2009）。作为社会经济快速发展中的人口大国，我国的城市化发展速度更是惊人，尤其是改革开放为我国城市化发展注入了新的活力。1978~2014年全国城镇人口总量由1.73亿人增加到7.49亿人，年均增长0.16亿人；城市化水平由17.92%提高到54.77%，年均增长1.02%；城市个数由190个增加到658个，建制镇的数量由2170余个增加到2.04万个。从国际上城市化发展的阶段性规律判断，同世界上所有国家一样，我国的城市化进程基本符合世界城市发展的阶段性规律；从城市化发展的四阶段论来看，我国城市化进程已经经历

了近 60 年的曲折发展历程，期间于 1996 年城市化水平首次突破 30%，并自 1996 年开始迈入城市化快速成长阶段亦或城市化中期阶段（Northam，1975；方创琳，2009）。1996~2014 年城市化水平年均增加 1.35 个百分点，按照年均增加 0.8 个百分点，到 2020 年城市化将达到 60%。

城市化已然成为世界各国社会经济发展的主旋律，中国的城市化体现了社会经济的逐渐壮大与城市建设的快速发展。然而，在城市化进程中过分注重数量与规模，质量与效率却难以跟上步伐。以资源消耗、环境破坏为代价换取经济的高速增长，无疑为现今诸多资源利用问题的出现埋下了隐患，致使形成以高污染、高消耗为代价的高成本城市化，社会经济发展与资源环境保护极不协调（陆大道等，2007；方创琳等，2008）。其中，土地资源消耗失控和严重浪费引发土地资源紧缺、用地供需失衡，成为当前社会经济发展的重要约束，迫使务必十分重视土地资源的科学合理开发、集约高效利用，努力做到社会经济发展与土地资源利用的统筹协调。

1.1.2 城市建设用地需求日益增大，但保障程度堪忧

快速的城市化发展为我国带来了空前活跃的城市建设与发展，体现在基础设施建设取得重要进展、公共服务设施不断完善、居民生活水平显著提高。与此同时，作为人类重要生活资料、城市建设重要载体的建设用地也在城市化进程中快速增长，总量呈现线性上升态势（图 1.1）。随着城市化水平不断提高，城市建设用地需求也越来越大。过去的 30 余年里，我国城市化水平每提高 1%平均需增加城市建设用地 1247 km^2，1978~1996 年平均增加 1190 km^2，自 1996 年进入快速城市化阶段以来城市化水平每提高 1%需增加城市建设用地 1275 km^2。然而，从全国城市建设用地保障程度来看，其整体水平偏低（方创琳，2009）。其中，一个重要的表征是大多数省份城市建设用地指标紧缺，如沿海各省份 2010 年的城市建设用地指标在 2001 年已经用完，2013 年部分省份用地规模已突破 2020 年指标[①]，除西部个别发展较为缓慢的城市外，各大城市发展均面临建设用地指标紧张的局面。到 2020 年，我国将有超过 60%的人口居住在城市，势必带来巨大的用地需求。由于我国大多数城市位于优质耕地区，城市用地扩展必然要占用一定数量的耕地。但是不难预见，随着未来我国人口持续增长及对农产品需求压力的增加，国家对耕地的严格保护政策不会松动，城市用地供需矛盾将越来越尖锐，城市用地规模的刚性增长会受到一定程度的制约（刘彦随等，2005）。面对土地资源紧缺，城市发展陷入进退两难的境地。如此的土地资源约束也会为我国的经济增长带来阻滞，计量研究表明，我国每年的经济增长速度比没有土地资源约束的情形下降低了 0.46%，是美国的 1.91 倍（杨杨等，2007）。由此，如何解除用地约束、保障城市化进程中的土地资源需求，成为当前亟待解决的重大问题。

① 郄建荣. 国土部：有些省建设用地已突破 2020 年控制指标. 2014. http://www.chinanews.com/gn/2014/04-23/6094585.shtml。

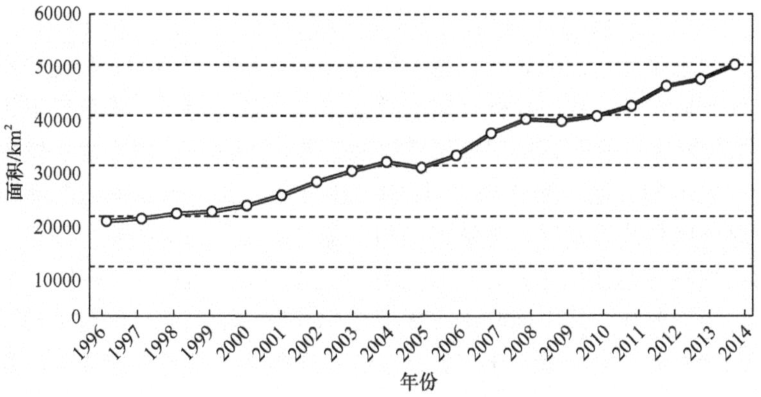

图 1.1 1996~2014 年中国城市建设用地变化曲线图
资料来源：中国城市建设用地统计年鉴（1996~2014 年）

1.1.3 我国农村地区人减地增，用地效率较低

在既有的城乡社会经济发展制度体系下，快速工业化、城镇化过程驱动我国农村地域的人地关系发生不同程度的变化。全国乡村常住人口和农业户籍人口数量分别于 1996 年和 2001 年开始进入快速下降的新阶段。其中，乡村常住人口数量自 1996 年以来年均减少 1121 万人，农业户籍人口数量自 2001 年以来年均减少 579 万人。由于长时间以来农村地区用地管理粗放，在农村人口快速减少的同时，农村居民点用地却未随之退出以供优化利用；相反，农村人均居住用地不断增加，“两栖”占地、空心村现象严重（刘彦随，2007；李裕瑞等，2010；杜官印和蔡运龙，2010）。1996 年以来我国农村居民点用地仍呈增长态势，年均递增 0.12%，年均增长 2 万 hm^2，且模拟分析表明当前仍处于抛物线峰值左端的上升期（李裕瑞等，2010）。“城镇增人就增地，农村减人不减地”的城乡建设用地“双增”态势构成了坚守耕地红线的巨大压力。

事实上，基于我国农村土地利用现状分析，农村地区拥有巨大的建设用地潜力。从全国范围看，农村居民点用地约占城乡居民点及工矿用地的 2/3，是城市和建制镇用地的 4 倍多，户均超过 667 m^2，人均超过 190 m^2；又如，在山东省禹城市的典型调研发现，40 个抽样村的宅基地废弃率平均为 8.4%，最大值为 25%，宅基地空闲率平均为 10.0%，最大值为 18.7%，每个村庄平均可挖掘土地潜力 250 亩，人均增地 0.84 亩，若整理成耕地，可使村庄人均耕地增加 35%（刘彦随等，2009；陈玉福等，2010）。因此，合理整治低效的农村土地、实现其高效利用正成为贯彻最严格的耕地保护制度和最严格的节约用地制度的关键，并且，其中释放巨大的建设用地潜力是解决当前“双保”与土地利用失衡问题的重要突破口。

1.1.4 城乡建设用地统筹利用的历史机遇与现实挑战

当前，我国正处于农村空心化快速上升期、土地供需矛盾的凸显期、保障耕地红线的跨越期、城乡统筹发展的转型期、扩内需保增长的机遇期[①]。在此形势下，城乡建设用地统筹置换的思路应运而生，该思路试图通过整理粗放利用的农村建设用地，并将其部分指标置换到城市中，从而在保证耕地总量不减少的前提下，满足城市建设发展中的用地需求，综合解决目前面临的用地供需失衡问题。2004 年，国家出台城乡建设用地增减挂钩政策（以下部分地方简称为“‘挂钩’政策”），其为国家推出的支撑社会主义新农村建设、促进城乡统筹发展、破解保护与保障“两难”困境的重大举措。自 2006 年，城乡建设用地增减挂钩在国家规定的试点地区逐渐开展。但是，“挂钩”不是简单的土地用途转换与指标置换，其中面临诸多需要深思并解决的问题。经过多轮试点批复，截止到 2010 年，“挂钩”在全国已有 27 个省份开展实施并取得一定成效，建设用地潜力也得到一定程度释放。但执行过程中的方法策略不当，曾出现了一度成为焦点的“过度挂钩”“乱挂钩”“强制挂钩”等问题，频发借“挂钩”之机变相侵占农村集体土地、赶农民“上楼”的恶性事件，带来恶劣的社会影响。由此，2010 年 12 月，国发[2010]47 号文件《关于严格规范城乡建设用地增减挂钩试点 切实做好农村土地整治工作的通知》颁布，2011 年年初，国土资源部叫停部分“挂钩”试点工作。自此，整个实践过程进入严格规范与整顿阶段。

然而，“暂时叫停”并非“长期禁止”。当前我国城乡发展处于转折期，城乡建设用地统筹置换工作意义重大，它不仅是一项解决土地供需矛盾的办法，更是一次探索城乡统筹发展、探索突破城乡二元体制禁锢、探索改革土地管理制度的重要契机。未来，在规范和整顿后，将探索更广阔的、途径更多的、实践更加灵活的、综合效益最大化的城乡建设用地统筹置换。事实上，经过暂时的叫停与整顿后“挂钩”实践以新的面貌继续在探索中推进。所不同的是，新阶段的实践较为稳健、较为规范，对于之前存在的易发的种种问题综合考虑，妥当解决。且在当前，增减挂钩又富有了新的意义，在《关于下达 2015 年城乡建设用地增减挂钩指标的通知》中强调：“增减挂钩不仅是调整优化城乡用地结构布局、推进新农村建设和城乡统筹发展的重要措施，在当前也是支持扶贫攻坚、生态移民的重要抓手”。2015 年 11 月 29 日发布的《中共中央国务院关于打赢脱贫攻坚战的决定》提出：“利用增减挂钩政策支持易地扶贫搬迁”。《国土资源部关于用好用活增减挂钩政策积极支持扶贫开发及易地扶贫搬迁工作的通知》（国土资规[2016]2 号）中指出：“充分认识增减挂钩支持扶贫开发及易地扶贫搬迁的重要意义”“增减挂钩指标向贫困地区倾斜”“拓展贫困地区增减挂钩节余指标使用范围”等。具体地，《中国农村扶贫开发纲要（2011~2020 年）》确定的 11 个连片特困地区和其他国家扶贫开发工作重点县，以及纳入国家相关规划的生态移民搬迁地区，在优先保障本县发展用地的前提下，可将部分增减挂钩节余指标在省域范围内挂钩使用，增加返还农村资金[②]。

任何一项改革创新工作的初期阶段皆在探索中艰难前进，此项工作也是如此。如何科学利用城乡建设用地统筹置换思路解决“两难”问题，如何在空间和数量上形成合理的土地资源配置，如何解决实践中遇到的种种问题，使工作顺利开展，如何结合当前社

① 王卉. 耕地资源潜力重在空心村整治——访中科院地理资源所区域农业与农村发展研究中心主任刘彦随. 2009. http://news.Sciencenet. cn/sbhtmlnews/2009/12/226628.html

② 胡建. 国土资源部下达 90 万亩城乡用地置换指标将向贫困地区倾斜. 2015. http://www.ce.cn/cysc/fdc/fc/201510/29/t20151029-6837339. shtml

会经济发展现状与相关政策，使城乡建设用地统筹置换并不仅是解决单一用地问题的方法，还是兼顾社会、经济、生态综合效益的、具有双重责任的创新发展途径……这些都是当前以及未来实践时所面临的挑战，亟待开展系统深入的研究，进而为宏观决策和地方实践提供科学支撑。

1.2 研究意义

1.2.1 理论意义

土地利用相关研究一直是学术界讨论的热点，从以经济发展为主到经济与资源环境协调发展观念的转变，从人定胜天论到人地关系协调论，从大规模开发建设到土地资源优化配置、集约利用的发展理念，无不反映着人类对土地资源利用问题认识的不断进步。在土地利用问题中，非农土地利用因集合了较多人地关系矛盾、关系着人类社会经济发展而成为重要的研究议题，并由于我国城乡二元体制根深蒂固，凸显了城市与农村建设用地利用的差异，在城乡统筹发展理论的支撑与引导下，统筹城乡土地利用的需求与日俱增。城乡建设用地统筹置换成为当前和未来一段时间内，解决城乡建设用地供需矛盾、保护耕地、践行节约集约土地利用政策、努力实现土地资源可持续利用的重要途径。开展城乡建设用地统筹置换研究尤为必要。人地关系协调理论、可持续发展理论、城乡统筹发展理论、土地资源优化配置理论等为开展相关研究奠定了坚实的理论基础。

城乡建设用地统筹置换是一个涉及自然、社会、经济等多方面的复杂的系统工程，涉及多种参与主体，受多种因素推动与制约。目前，学者对于城乡建设用地统筹置换的研究仍处于起步阶段，已有的研究多见于对政策探讨和立足于案例对某个实践环节的技术研究及相关问题分析与对策探讨，系统地研究城乡建设用地统筹置换机理的还很少，且尚未形成城乡建设用地统筹置换的优化模式。研究城乡建设用地统筹置换机理与模式，是对当前土地资源优化配置和城乡统筹发展理论的有益补充，是统筹城乡土地利用研究的重要组成部分，有助于建立城乡建设用地统筹置换研究的理论框架，可为解决快速城市化、工业化进程中的城市建设用地不足与保障程度低、农村建设用地不合理利用、城乡建设用地供需矛盾突出等问题提供理论借鉴。

1.2.2 实践意义

在城乡建设用地增减挂钩政策的推动下，通过农村居民点土地综合整治实现城乡土地统筹优化配置恰逢其时（徐绍史，2009）。在过去的 5 年多时间里，以在县域范围的项目区内封闭运行“挂钩”工作为主，部分省份与国土资源部签订“部省合作”协议，获得建设用地跨区域流转的特权，指标流转后作为城市发展建设。但在实践过程中，由于操作不规范、方法不得当或存在追逐其他利益的行为，导致一些地区擅自突破实践范围，因此，城乡建设用地增减挂钩实践亟待规范。立足当前社会经济发展现状与问题、土地供需矛盾突出的现实以及“挂钩”政策与实践，在城乡统筹发展理论、土地优化配置理论、综合效益最大化理论等相关理论的指导下，基于典型案例调查，深入探讨城乡建设用地统筹置换机理与模式，有助于梳理影响要素之间、参与主体之间的相互关系与作用机制，有助于掌握社会经济发展与土地利用之间的关系与矛盾，有助于抓住城乡建设用地统筹置换本质内容与关键问题，有助于建立城乡建设用地统筹置换模式；可为目前正在进行的以“挂钩”政策为指导的实践工作提供科学支撑，以解决当前发展与土地资源利用不协调的问题；可为探索统筹城乡土地利用、推动城乡统筹发展、践行土地集约利用理念、改革土地管理制度提供前期研究准备。综上所述，该研究具有重要的实践意义与政策参考价值。

1.3 总体研究框架

1.3.1 研究思路与目标

在快速城市化进程中，土地供需矛盾日益突出，在“保耕地、保增长、促发展”思想的指导下，抓住农村地区建设用地整理与潜力释放的突破口，及时进行城乡建设用地内部结构调整、用地统筹置换，是实现社会经济发展与土地资源利用相协调的重要措施之一。然而，如何进行城乡建设用地统筹置换？它受哪些因素推动与制约、作用机制是什么？引发统筹置换的矛盾是什么？统筹置换过程中的本质内容与关键问题是什么？各地具体是怎么做的？进行合理统筹置换的方法、路径、模式是什么？……清楚了这些便能在一定程度上科学开展城乡建设用地统筹置换。本书拟首先界定城乡建设用地统筹置换概念，初步建立城乡建设用地统筹置换研究的理论框架，之后系统分析城乡建设用地统筹置换的人地背景、影响因素及其作用机理、内在的政府机制与市场机制并通过典型区域的实证调查研究，解析实践操作方法、路径与问题，最后提出城乡建设用地统筹置换的模式，探讨置换实践的技术路径与保障措施。以期为解决当前的建设用地供需失衡和“双保”难题、实现土地资源优化配置与可持续利用提供理论和决策依据。

1.3.2 研究的主要内容

根据研究思路与目标，本书主要研究内容划分 3 个板块，包括 6 个部分（图 1.2）。

1. 基础性研究板块

1）概念界定与相关文献综述

基于发展现实、结合实践与相关研究，界定城乡建设用地统筹置换的概念与内涵；从城市建设用地增长、农村居民点用地增长、统筹城乡土地利用 3 个方面梳理相关经典文献、研究进展与代表性学术观点；梳理国内外农村土地综合整治主要做法，分析我国宅基地相关管理制度及演进，分析与城乡建设用地统筹置换极为相关的“挂钩”政策及其实践情况。为进一步开展人地耦合关系、用地统筹置换综合机制、案例研究、优化模式、技术路径等奠定基础。对应本书的第 2 章、第 3 章内容。

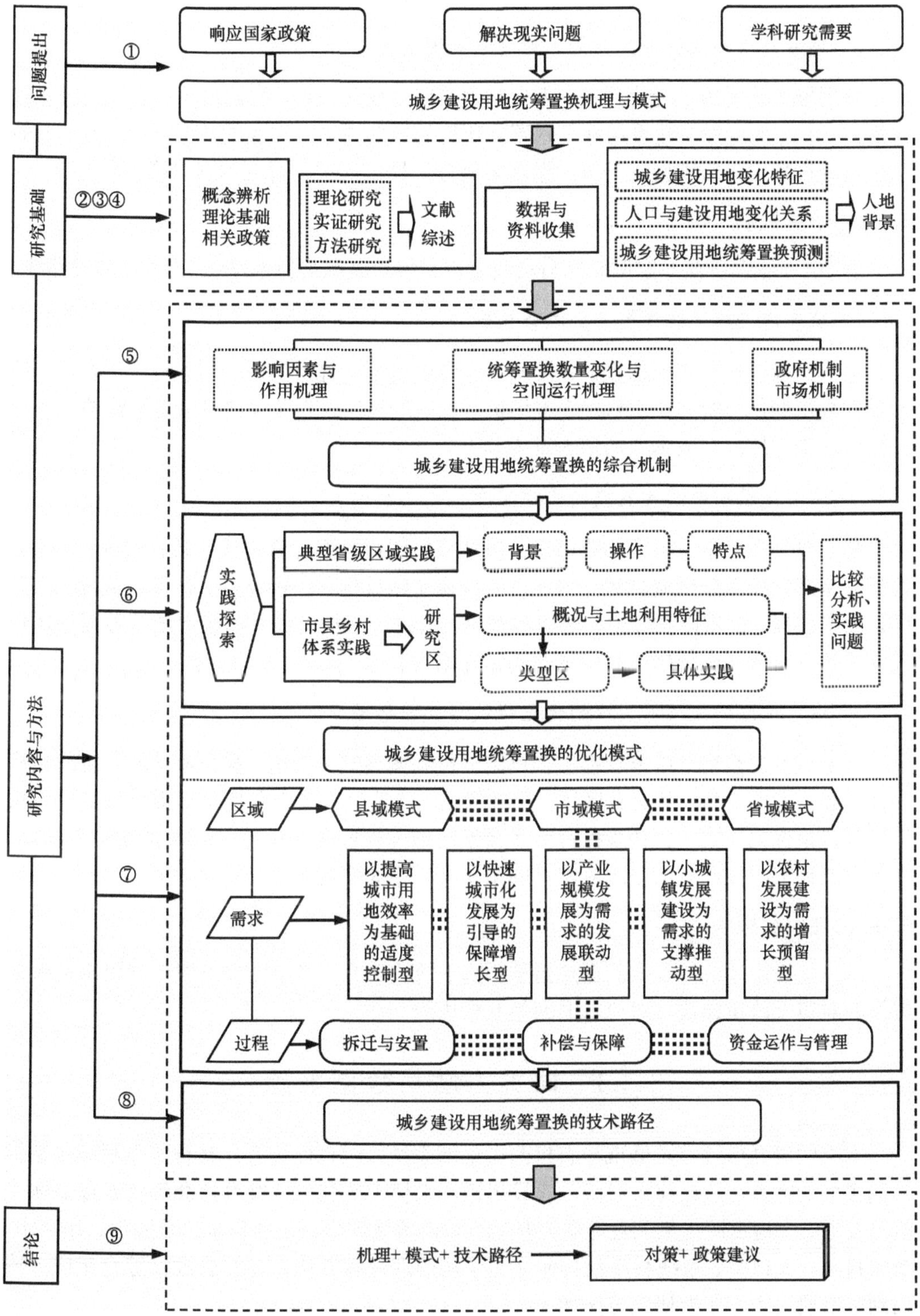

图 1.2 城乡建设用地统筹置换机理与模式研究框架图

①~⑨分别代表本书的第1章至第9章

2）城乡建设用地统筹置换的人地背景和现实需求

分析城乡建设用地变化特征、人口与建设用地变化关系，预测城乡建设用地统筹置换潜力，一方面为城乡建设用地统筹置换研究的重要性提供详实的数据分析；另一方面从定量分析角度为宏观问题分析、微观案例分析提供依据。对应本书的第 4 章内容。

2. 主体研究板块

以“机理综合研究—案例研究与实践分析—模式凝练与技术路径”为主要研究路线。

1）城乡建设用地统筹置换的综合机制

基于文献资料和实地调查，分析城乡建设用地统筹置换的影响因素与作用机理、统筹置换数量变化与空间作用机理、市场机制与政府机制，为城乡建设用地置换的案例分析提供理论支撑。对应本书的第 5 章内容。

2）城乡建设用地统筹置换的实践探索

基于典型省、市、县区实践调研，概括分析国内典型省份实践背景、过程与特点，选择典型案例深入分析城乡建设用地统筹置换实践过程，比较分析多种尺度区域、类型区、操作过程，剖析问题产生、根源与演进。为进一步探讨城乡建设用地统筹置换优化模式和技术路径提供依据。对应本书的第 6 章内容。

3）城乡建设用地统筹置换的优化模式与技术路径

基于城乡建设用地统筹置换综合机制分析和典型案例剖析，综合考量城乡空间结构与社会经济发展类型，从实践区域、用地需求、实践过程 3 个角度总结提炼城乡建设用地统筹置换优化模式，并初步探讨城乡建设用地统筹置换主要过程、环节与技术需求，以及重点环节的技术方法。对应本书的第 7 章、第 8 章内容。

3. 结论性研究板块

城乡建设用地统筹置换的保障措施。基于前述研究，多角度提出城乡建设用地统筹置换的对策及政策建议。对应本书的第 9 章内容。

1.3.3　研究方法与数据来源

本书的研究内容涉及城市与农村两大地域系统，综合性极强，具有跨学科、复杂性和现实性的特点，故在前人对城市建设用地、农村土地利用、城乡社会经济发展、城乡统筹发展、土地资源优化配置等研究基础上，借鉴地理学、土地科学、经济学、社会学、资源科学、人口学、系统科学及其他交叉学科的理论和方法，对方法进行综合集成并应用到本书研究中。主要研究方法如下。

1. 参与式调查研究法

调研主要从区县（市）、乡镇、村和农户 4 个层面，同地方国土局、规划局、农办、物价局、房管局等相关基层干部进行参与式座谈、访谈、问卷调查，获取各区县（市）、乡镇及村（或社区）的实践经验、操作方法、综合效益等信息，并在此基础上对参与主体农户进行抽样调查，获取实践中基础参与主体的意愿、收益分配、生产生活变化等信息。

2. 系统分析法

在系统理论指导下，从要素、结构、功能的综合视角，以要素为主线系统分析城乡建设用地统筹置换影响因素与作用机理，以数量、空间为主线分析数量结构变化与空间运行机理，从政府作用与市场作用的角度分析政府机制与市场机制；在调查研究基础上，以系统要素分解的方法剖析实践问题（图 1.2）。

3. 定量分析法

基于统计数据分析我国及案例区城乡建设用地现状与变化特征、人口与建设用地变化耦合关系，以及未来用地统筹置换的潜力；采用“3S”技术分析典型案例区的土地利用的现状和变化特征。

4. 比较分析法

比较分析国内四个典型省市实践的基本特征；对山东德州研究区进行实践类型区划分，综合比较分析实践背景与具体操作，掌握城乡建设用地统筹置换实践过程，梳理实践差异、效果与问题。

5. 多尺度综合分析法

首先从全国及分省尺度宏观分析建设用地现状与特征、人地关系突出矛盾，而后概括分析 4 个典型省级区域实践特征与差异，之后以“地市-县-乡镇-村”为结构体系深入研究实践过程。

6. 综合表达

应用 SPSS 统计分析软件、GIS、CAD、Photoshop 等绘图分析软件，进行统计分析和图表化处理，综合表达研究过程、数据与结果，增强研究可视性。

数据获取是科学研究的基础环节。本书的数据来源多样，主要来源包括：①国家级统计资料，如《中国统计年鉴》（历年）、《中国城市统计年鉴》（历年）、《中国城市建设用地统计年鉴》（历年）、《中国人口统计年鉴》（历年）、《中国区域经济统计年鉴》（历年）。②地方统计资料，主要为研究区相关统计资料，如《德州统计年鉴》（历年）、禹城市历年及乡镇当年统计资料。③调研一手资料，主要包括德州市、禹城市土地利用图，研究区的区县、乡镇、村域社会经济发展数据、土地利用现状相关数据、实践操作方法及相关数据、基层主体的实践参与情况等，此类数据资料通过与当地政府相关部门、村干部、村民的座谈、问卷调查、深度访谈等方式获取。

第2章 概念、理论与相关政策

2.1 相关概念辨析

2.1.1 城乡建设用地

在新修订的《中华人民共和国土地管理法》中，土地依据用途可分为农用地、建设用地和未利用地。建设用地，是指建造建筑物、构筑物的土地，是城乡住宅和公共设施用地，工矿用地，能源、交通、水利、通信等基础设施用地，旅游用地，军事用地等。建设用地类型划分有多种，如按土地所有权分类，可分为国有建设用地和集体所有建设用地；按用途分类，可分为农业建设用地和非农建设用地；按附着物的性质分类，可分为建筑物用地和构筑物用地。《土地利用现状分类》（GB/T21010—2007）中，所对应的建设用地共包括八大类（表2.1）；2011年发布的《城市用地分类与规划建设用地标准》（GB50137—2011）中，依据土地实际使用性质与规划引导的主要性质，将城乡用地划分为建设用地与非建设用地，建设用地主要包括城乡居民点建设用地、区域交通设施用地、区域公用设施用地、特殊用地和采矿用地，非建设用地包括水域、农林用地和其他非建设用地，并基于与《土地利用现状分类》与《中华人民共和国土地管理法》“三大类”的衔接与部分调整，新标准将非建设用地中的部分地类划为用地平衡和控制的建设用地范围（表2.2）。本书中的城乡建设用地主要包括城市建设用地、镇建设用地、村庄建设用地及部分工矿用地、公共设施用地（主要指农村地区范围内的），在书中村庄建设用地称为农村建设用地或农村居民点用地。

表2.1 土地利用现状分类与《中华人民共和国土地管理法》建设用地对照表

一级类 编码与名称	二级类 编码与名称	含义
商服用地 （05）	指主要用于商业服务业的用地	
	批发零售用地（051）	指主要用于商品批发、零售的用地
	住宿餐饮用地（052）	指主要用于提供住宿、餐饮服务的用地
	商务金融用地（053）	指企业、服务业等办公用地，以及经营性的办公场所用地
	其他商服用地（054）	指上述以外的其他商业、服务业用地
工矿仓储用地 （06）	指主要用于工业生产、物质存放场所的用地	
	工业用地（061）	指工业生产及直接为生产服务的附属设施用地
	采矿用地（062）	指采矿、采石、采砂（沙）场，盐田，砖瓦窑等地面生产用地及尾矿堆放地
	仓储用地（063）	指用于物质储备、中转的场所用地

续表

一级类 编码与名称	二级类 编码与名称	含义
住宅用地（07）	指主要用于人们生活居住的房基地及其附属设施的土地	
	城镇住宅用地（071）	指城镇用于生活居住的各类房屋用地及其附属设施用地
	农村宅基地（072）	指农村用于生活居住的宅基地
公共管理与公共服务用地（08）	指用于机关团体、新闻出版、科教文卫、风景名胜、公共设施等的土地	
	机关团体用地（081）	指用于党政机关、社会团体、群众自治组织等的用地
	新闻出版用地（082）	指用于广播电台、电视台、电影厂、报社、杂志社、通讯社、出版社等的用地
	科教用地（083）	指用于各类教育，独立的科研、勘测、设计、技术推广、科普等的用地
	医卫慈善用地（084）	指用于医疗保健、卫生防疫、急救康复、医检药检、福利救助等的用地
	文体娱乐用地（085）	指用于各类文化、体育、娱乐及公共广场的用地
	公共设施用地（086）	指用于城市基础设施的用地
	公园与绿地（087）	指城镇、村庄内部的公园、动物园、植物园、街心花园和用于休憩及美化环境的绿化用地
	风景名胜设施用地（088）	指风景名胜（包括名胜古迹、旅游景点、革命遗址等）景点及管理机构的建筑用地
特殊用地（09）	指用于军事设施、涉外、宗教、监教、殡葬等的土地	
	军事设施用地（091）	指直接用于军事目的的设施用地
	使领馆用地（092）	指用于外国政府及国际组织驻华使领馆、办事处等的用地
	监教场所用地（093）	指用于监狱、看守所、劳改场、劳教所、戒毒所等的建筑用地
	宗教用地（094）	指专门用于宗教活动的庙宇、寺院、道观、教堂等宗教自用地
	殡葬用地（095）	指陵园、墓地、殡葬场所用地
交通运输用地（10）	指用于运输通行的地面线路、场站等的土地	
	铁路用地（101）	指用于铁道线路、轻轨、场站的用地
	公路用地（102）	指用于国道、省道、县道和乡道的用地
	街巷用地（103）	指用于城镇、村庄内部公用道路（含立交桥）及行道树的用地。
	机场用地（105）	指用于民用机场的用地
	港口码头用地（106）	指用于人工修建的客运、货运、捕捞及工作船舶停靠的场所及其附属建筑物的用地，不包括常水位以下部分
	管道运输用地（107）	指用于运输煤炭、石油、天然气等管道及其相应附属设施的地上部分用地
水域水利设施用地（11）	指陆地水域、海涂、沟渠、水工建筑物等的用地	
	水库水面（113）	指人工拦截汇集而成的总库容大于或等于 10 万 m^3 的水库正常蓄水位岸线所围成的水面
	水工建筑物用地（118）	指人工修建的闸、坝、堤路林、水电厂房、扬水站等常水位岸线以上的建筑物用地
其他土地（12）	空闲地（121）	指城镇、村庄、工矿内部尚未利用的土地

资料来源：中华人民共和国国家标准《土地利用现状分类》（GB21010—2007）。

表 2.2　城乡用地分类与《中华人民共和国土地管理法》建设用地对照表

大类编码与名称	中类编码与名称	小类编码与名称	
H 建设用地	H1 城乡居民点建设用地	城市、镇、乡、村庄以及独立的建设用地	
		H11 城市建设用地	城市和县人民政府所在地镇内的居住用地、公共管理与公共服务用地、商业服务业设施用地、工业用地、物流仓储用地、交通设施用地、公用设施用地、绿地
		H12 镇建设用地	非县人民政府所在地镇的建设用地
		H13 乡建设用地	乡人民政府驻地的建设用地
		H14 村庄建设用地	农村居民点的建设用地
		H15 独立建设用地	独立于中心城区、乡镇区、村庄以外的建设用 地，包括居住、工业、物流仓储、商业服务业设施以及风景名胜区、森林公园等的管理及服务设施用地
	H2 区域交通设施用地	铁路、公路、港口、机场和管理运输等区域交通运输及其附属设施用地，不包括城市建设用地范围内的铁路客货运站、公路长途客货运站以及港口客运码头	
		H21 铁路用地	铁路编组站、线路等用地
		H22 公路用地	高速公路、国道、省道、县道和乡道用地及附属设施用地
		H23 港口用地	海港和河港的陆域部分，包括码头作业区、辅助生产区等用地
		H24 机场用地	民用及军民合用的机场用地，包括飞行区、航站区等用地
		H25 管道运输用地	运输煤炭、石油和天然气等地面管道运输用地
	H3 区域公用设施用地	为区域服务的地面公用设施用地，包括区域性能源设施、水工设施、通信设施、广播电视设施、殡葬设施、环卫设施、排水设施等用地	
	H4 特殊用地	特殊性质的用地	
		H41 军事用地	专门用于军事目的的设施用地，不包括部队家属生活区和军民共用设施等用地
		H42 安保用地	监狱、拘留所、劳改场所和安全保卫设施等用地，不包括公安局用地
	H5 采矿用地	采矿、采石、采沙、盐田、砖瓦窑等地面生产用地及尾矿堆放地	
E 非建设用地	E1 水域	E12 水库	人工拦截汇集而成的总库容不小于 10 万 m^3 的水库正常蓄水位岸线所围成的水面
	E3 其他非建设用地	E31 空闲地	城镇、村庄、独立用地内部尚未利用的土地

资料来源：中华人民共和国国家标准《城市用地分类与规划建设用地标准》（GB50137—2011）。

2.1.2　城乡建设用地供需失衡

现代西方经济学认为，所谓供给与需求是指商品生产者和消费者的一种经济活动。“供给”是指可利用商品或资源的数量，“需求”则指人们需要并意愿购买的商品的数量，商品的供给与需求通过市场机制由价格来体现（巴洛维，1989）。土地经济学认为，土地通过供给进入土地市场以实现土地需求，这一土地商品化的过程体现了土地作为特殊商品的使用价值，由于土地自然供给数量有限性并受自然特性的制约，土地的供不应求是绝对的、普遍的，这种供求关系永远都不能仅通过价格来解释，它反映了一种发展过程中的人地关系，这种关系的协调依赖于政府调控与管理。当前，在城乡建设用地总量结构中，城市建设用地指标数量紧缺，而农村建设用地数量庞大但利用效率极低，可以说，城乡建设用地利用处于供需失衡的状态。所谓城乡建设用地供需失衡，本书中具体指在有限的建设用地资源数量的约束下，社会经济发展的用地需求与土地资源供给、利用不协调。一方面，城市地区建设用地供不应求且供给源枯竭。如此土地资源供给不足无疑成为城市地区社会经济发展的重要制约。事实上，当前建设用地总量增长已临近阈值，不论城市地区还是农村地区的建设用地增长都将受到限制。另一方面，农村地区建设用地供大于求且用地效率极低。农村地区建设用地历来总量庞大、人均建设用地面积亦大，而不断推进的城市化进一步加重了农村地区建设用地低效利用症结。

2.1.3　城乡建设用地统筹置换

土地置换是指通过土地用途更新、结构与布局调整、产权重组等措施使土地资源功能得到再开发、土地资产得到增值，从而不断优化土地资源配置并实现土地的可持续利用，达到区域土地利用生态、经济、社会效益的最大化。土地置换可以包括国有土地置换、集体土地换置、“国有—集体”土地置换（按权属性质分类），也可以包括建设用地置换、农地置换、建设用地—农地置换（按土地用途分类）。在实践中，主要以价值衡量的等值置换来界定土地置换的规模与标准。20 世纪 90 年代，我国土地置换的主要实践是城市土地置换，是指依据城市土地价值规律，通过转换城市土地功能和空间替代来调整城市土地利用结构，提高城市土地利用综合效率的一种城市可持续发展策略（石忆邵，1997）。

本书中的城乡建设用地统筹置换是一种明确土地置换类型与区域的土地置换，是以坚持最严格的耕地保护制度和节约用地制度为前提，优化调整城乡建设用地内部结构，实现耕地总量不减少、建设用地总量不增加，从而保障城市发展用地需求、坚守耕地“红线”，解决当前城乡建设用地供需失衡的问题。城乡建设用地统筹置换，强调在城乡两大地域系统中统筹土地利用和合理配置土地资源的双重含义，是推动农村地区发展建设、加快城乡统筹发展的重要抓手。具体而言，是将农村地区低效利用的建设用地统一整理、统一管理、统一分配置换到发展速度快、用地需求大的城市、镇区及部分重点发展建设的农村集聚区。城乡建设用地统筹置换主要体现在建设用地数量与空间两个层面的结构调整，在数量层面，即在总量控制的前提下，减少农村建设用地数量并增加城市建设用地数量；在空间层面，即将农村地区闲置的建设用地通过整理复垦转化为用地指标统筹置换到城市地区使用。

城乡建设用地统筹置换具有五大特性：①政策性。支撑城乡建设用地统筹置换的相关政策为“城乡建设用地增减挂钩”，它是由国家提出的为破解保护耕地、保障发展“两难”困境的重要土地管理措施，是指依据土地利用总体规划，将若干拟整理复垦为耕地的农村建设用地地块（即拆旧地块）和拟用于城镇建设的地块（即建新地块）等面积共同组成建新拆旧项目区（以下简称项目区），通过建新拆旧和土地整理复垦等措施，在保证项目区内各类土地面积平衡的基础上，最终实现增加耕地有效面积，提高耕地质量，节约集约利用建设用地，城乡用地布局更合理的目标。该政策的实施在范围与具体操作中具有较强的局限性，今后在相关政策支撑下，在实践探索、经验收获的基础上，将探索更广泛、更灵活、综合效益最大化的城乡建设用地统筹置换。②时代性。城乡建设用地统筹置换是适时提出的解决当前人地矛盾的重要措施，是对快速城市化过程中土地城市化速度过快，以及在城乡二元体制下农村长期缺失建设规划、村民建设行为失范而“酿下的苦果”进行买单。③实践性。城乡建设用地统筹置换更多应用于在自上而下监督管理体系下的地方工作中，在逐步探索中检验实践操作的可行性与科学性，并进一步改革、创新、发展。④综合性。城乡建设用地统筹置换不是简单的用地指标置换使用，而是关系到经济发展、社会和谐稳定、土地资源可持续利用、生态环境保护等多方面。⑤复杂性。在具体实践中，城乡建设用地统筹置换受自然条件、社会经济发展、产业发展、城市化发展、政策、生活与生态环境等多种因素影响，涉及多个主体参与，并将面对农村建设用地整理、土地权属变更、城乡不同地域系统土地市场运行与收益分配、统筹城乡要素综合发展等诸多难题。

2.1.4　机理与模式

机理与机制的意思相近，是指一个工作系统的组织或部分之间相互作用的过程和方式，它的另一种解释是事物变化的理由与道理。在经济学、社会学、地理学等学科中，机理主要指引起事物变化的内外部因素及其相互作用的方式、原理和规律。可理解为制度化了的方法，是经过实践检验证明行之有效、相对稳定的多种方式、方法的总结和提炼。本书中的“机理”是指在城乡建设用地统筹置换系统中，各要素之间相互联系、相互作用规则和原理，系统内部结构变化、实践运行机制、参与主体相互关系等方面。深入探讨城乡建设用地统筹置换机理，对于全面认识城乡建设用地统筹置换原理、把握城乡建设用地统筹置换的关键要素与运行机制，进而适当通过制度安排与政策引导推动实践顺利开展，具有重要价值。

模式是某种事物的标准形式或便于仿照的标准样式。学者们在不同的领域针对不同的研究对象与研究内容提出不同的模式，以为人类探索世界与人类社会自身发展提供参考。区域经济发展模式是指在特定的地域和特定的历史条件下，根据区域内外的基本条件，确定一个共同经济发展战略以及为实现这一战略目标而采取的方法、路径和机制的抽象概括（方创琳，2005）。费孝通教授最先提出“苏南模式”，他认为模式是指“在一定地区，一定历史条件，具有特色的经济发展的路子”（费孝通，1997）。模式只有在一定地域范围限制下才具有普适意义，并且在系统内部特征、运行机制和外部资源环境条件方面具有相似的发展形式或道路，才能形成一个区域模式。对于模式而言，它的实践意义既不在于简单地提出一个可供模仿的“样板”，也不在于笼统地评判它们之间的优劣以进行“择优”，而主要在于从经验事实中探索出适合自己发展的路径（林坚，1987）。本书将“城乡建设用地统筹置换模式”定义为，综合空间尺度、需求特征与实践运行机制，以助推社会经济发展为目的，对土地资源可持续利用程式的一种理论概括，是实践类型划分、方法路径与顺利开展的参照。充分认识不同空间尺度、需求类型、操作方法的城乡建设用地统筹置换模式的形成背景、内涵、思路、存在问题及发展趋向，并总结提出适合于特定区域城乡建设用地统筹置换的一般模式与途径，有助于加深对我国城乡建设用地统筹置换实践的共性认识，有助于探索具有针对性、综合效益最好的实践。

2.2　理论基础

2.2.1　统筹城乡发展理论

党的十六大提出："统筹城乡经济社会发展，建设现代农业，发展农村经济，增加农民收入，是全面建设小康社会的重大任务"；党的十六届三中全会中进一步明确提出"统筹城乡经济发展、统筹区域发展、统筹经济社会发展、统筹人与自然和谐发展、统筹国内发展与对外开放"的五大统筹战略，并提出"坚持以人为本，树立全面、协调、可持续的发展观"。统筹城乡发展[①]是我国立足国情，科学判断在历史条件下形成的新的发展态势后，针对城乡发展关系所作出的重大战略决策，是围绕解决"三农"问题，改善城乡二元经济结构，缩小城乡贫富差距，实现农民与城市居民的共同富裕，全面建设小康社会所作出的重大举措。国内不少学者在此思路的引导下，围绕当前城乡发展弊端，深入探讨统筹城乡发展理论与实践，并由此逐渐建立了可持续发展的理论体系和框架。例如，周琳琅（2005）认为，统筹城乡发展是指，要站在国民经济和社会发展的全局高度，把城市和农村的经济社会发展作为整体统一筹划，通盘考虑，把城市和农村存在的问题及相互关系综合起来研究、统筹解决，主要任务是建立城乡统一制度，构筑平等和谐的城乡关系、统筹城乡经济发展、统筹城乡社会发展，促进农村经济社会全面进步、统筹城乡建设规划，提高城市化质量，实行城乡空间结构优化、完善对农业的政策支持体系，推进农业现代化。许多学者从统筹城乡发展的角度探讨产业发展、土地利用、城镇建设、社会保障等，部分学者对地方案例进行分析，并建立统筹城乡发展效率评价方法。

统筹城乡理论是在城市偏向论和乡村偏向论发展实践证明基础上产生的。城市与乡村作为区域经济系统的一个整体是不可分割的，从长远和整体看，二者的统筹、协调发展才是最终目标（刘荣增，2008）。目前，我国整个社会经济发展的实力已经具备了城市反哺农村、工业反哺农业的实力和条件，在新时期和新形势下，应彻底打破城乡二元结构，不断增强城镇对乡村的带动作用和乡村对城市的促进作用，形成城乡互动共进、融合发展的格局（蔡运龙，1999）。统筹城乡发展理论作为城乡建设用地统筹置换研究的基础理论之一，要求在研究过程中，把城市与农村两大系统统筹考虑，把城市建设用地增长需求和农村建设用地潜力释放统筹考虑，把社会经济发展与土地资源保护利用统筹考虑，在实践过程中，统筹城乡社会经济发展、统筹城乡规划与谋划，统筹城乡基础设施建设、产业发展、就业和社会保障等，并依托相关政策，正确指导城乡建设用地置换研究与实践。

---

① "统筹城乡发展"与"城乡统筹发展"虽用词顺序颠倒但涵义相近，不同之处在于"统筹城乡发展"强调"统筹"的行动和主观能动性，"城乡统筹发展"强调城乡发展的整体协调状态、思路与方向，在本书中根据不同语境选择使用。

2.2.2 土地资源优化配置理论

土地利用配置可以认为是为了达到一定的生态经济最优目标，依据土地特性和土地系统原理，依靠一定的科学技术和手段，对区域有限的土地资源的利用结构、方向，在时空尺度上分层次进行安排、设计、组合和布局，以提高土地利用效率和效益，维持土地生态系统的相对平衡，实现土地资源的可持续利用（刘彦随，1999）。土地资源优化配置是针对土地资源经济供给的稀缺性与不平衡性，以及土地利用过程中的不合理性而提出来的，以期实现资源系统的最大功能和综合效益（刘书楷和曲福田，2006）。“优化”既是相对于不合理的土地利用问题而存在的人类期望和目标，也是科学决策操作与及时反馈调节相结合的双向行为过程。由此，土地作为一种资源，其优化配置是区域多种土地利用类型的宏观构成及其在国民经济各产业部门之间的高效组合；作为一种资产，它是土地产权在不同财产行为主体之间的优化分配；作为一种生产要素，它是微观层次上对土地与劳力、资本、技术等生产要素的配比投入的优化（倪绍祥和刘彦随，1999）。与土地资源优化配置相关的理论包括地域分异理论、系统控制理论、地租理论、土地产权理论、空间结构关联理论、报酬递减理论等。土地资源优化配置理论作为城乡建设用地统筹置换研究的基础理论之一，要求在研究过程中，综合考虑城乡土地空间结构与数量结构，以供给平衡和合理、高效、集约利用为配置目标，通过适当挖掘结构内部用地潜力、科学重构土地利用结构，以价格、产权和综合效益为约束配置的媒介，正确指导城乡建设用地置换研究与实践。

2.2.3 综合效益最大化理论

效益，意为效果、收益，综合效益指多方面的综合效果和收益，它是衡量事物作用价值和有益效果的标准。不同领域均有对事物的综合效益评价，且所包含的内容不同。对于社会经济发展而言，其综合效益一般包括经济效益、社会效益和生态效益三大方面。综合效益越大，体现事物所起到的积极作用越大，越有利于社会经济发展。反之，则有不利的趋势，对综合效益进行评价是掌握事物作用价值的重要措施，其结果是改革、发展、创新并推动社会经济发展的重要依据。综合效益最大化是事物作用结果所追求的理想目标，诸多领域对综合效益的理解、理论分析与评价逐渐构成综合效益最大化的基本理论框架。

该理论是对城乡建设用地统筹置换意义认识和其目标实现的理论指导。城乡建设用地统筹置换的综合效益是指项目对国民经济所作的贡献，它包括项目本身得到的直接效益和由项目引起的间接效益。这里的直接效益主要包括经济效益，指资金投入、成本支出与收益成果之间的比较。间接效益主要包括社会效益和生态效益。社会效益是指项目实施后为社会所作的贡献，也称外部间接经济效益；生态效益是指项目实施后系统内部要素变更对生态环境带来的有益作用。在综合效益最大化理论的指导下，应明确城乡建设用地统筹置换有利于社会经济发展和生态环境改善，通过统筹置换建设用地实现用地增值收益，降低土地资源浪费与低价值利用，满足社会经济发展需求、产业发展需要，推动农村发展建设与劳动力转移，改善农村生态卫生环境。同时，值得明确的是应以综合效益最大化为努力实现目标，注意经济、社会和生态三大效益中“此消彼长”的相互关系，重视城乡建设用地统筹置换具体实践方法、路径，择取最优模式平衡三大效益，以追求最大综合效益。

2.2.4 参与主体利益博弈理论

博弈论是指研究多个个体或团队之间在特定条件制约下对局中利用相关方的策略，并实施对应策略的学科。它是应用数学的一个分支，既是现代数学的一个新分支，也是运筹学的一个重要学科。博弈论经历了漫长的发展过程，博弈之论自古便有。最初主要研究象棋、桥牌、赌博中的胜负问题，人们对博弈局势的把握只停留在经验上，没有向理论化发展，正式发展成一门学科则是在 20 世纪初。通常认为，现代经济博弈论是在 20 世纪 50 年代由美国著名数学家冯·诺依曼与经济学家奥斯卡·摩根斯坦引入经济学的，目前已成为经济分析的主要工具之一，对产业组织理论、委托代理理论、信息经济学等经济理论的发展作出了非常重要的贡献。目前在生物学、经济学、国际关系学、计算机科学、政治学、军事战略和其他很多学科都有广泛的应用。

自博弈论于20世纪80年代引入中国以来，我国有许多博弈论研究学者开展了卓有成效的理论研究和应用研究。目前，博弈理论已广泛应用到各行各业各种利益主体间的行为关系研究中。实际上，博弈论是研究决策者在决策主体各方相互作用情况下如何进行决策及有关这种决策的均衡问题的理论。在城乡建设用地统筹置换研究中，博弈论是梳理其实践过程中参与主体之间的利益关系的重要理论指导，在该理论的指导下，应明确参与主体分类、利益界定及利益关系，如此有利于深入剖析实践中的矛盾冲突并提出解决问题的策略。

2.2.5 人地关系地域系统理论

人地关系是人类活动与地理环境之间的相互关系，诸多学科共同关注的基本命题之一，在地理学的理性思维中逐渐发展成地理学的基本理论。人地关系涉及人类社会和地理环境两个系统，这两个系统按照一定规律交织在一起，交错构成复杂的、具有一定结构和功能机制的巨系统，这便构成人地关系地域系统。它是以地球表层一定地域为基础的人地关系系统，也是人与地在特定的地域中相互联系、相互作用的一种动态结构（吴传钧，1991）。在这个复杂的人地关系地域系统中，人始终占有主导地位，人与地关系矛盾的协调过程从古至今一直是地理学和其他相关科学重点研究的综合课题（毛汉英，1995）。随着社会文明发展、社会生产力提高以及人类开发利用自然过程的演进，人类作用于自然环境的强度和范围愈来愈大，因而愈来愈强烈地改变着自然结构和社会经济结构，在“人地关系地域系统”中，每一个要素的变化都可能引起其他要素的变化和整个系统的变化，人地关系地域系统正在向着深度和广度发展（陆大道，2002）。人地关系地域系统理论也成为指导研究人地关系、推动人类与自然和谐共生的重要理论，人地关系的和谐对于人类的发展具有重要的意义。近 20 年，在全新视角的研究下中国对人地关系的研究逐步形成人地系统协调共生与耦合优化理论、人地系统危机冲突与错位异化理论、人地关系分形辩证与系统构型理论共三大类理论研究流派，研究方法也正趋于多元化（方创琳，2004）。

人地关系地域系统理论是地理学研究的核心灵魂和理论基石（樊杰，2008），是本书研究城乡建设用地统筹置换机理与模式的重要理论基础。在人地关系地域系统中，应努力形成人地系统协调共生发展的最佳状态。在此理论与发展思路的指导下，应该明确社会经济发展与土地资源利用之间是相互影响、共生发展的两大系统。从相互影响的一面来讲，伴随发展土地资源越发得到开发与利用，然而土地资源终将不能无限制、无规则开发。人类的主观物质要求同资源的客观属性之间，人类有目的的经济活动同资源的客观存在过程之间，不可避免地存在着矛盾，当因不合理开发利用导致资源紧缺时，发展将受到限制。从共生发展的角度来看，只有生产活动的开展尊重客观自然规律，合理开发利用土地资源，实现发展与土地资源利用相互协调，才能在土地资源可持续利用中寻求社会经济可持续发展。城乡建设用地统筹置换研究就是要寻找这两大系统之间相互作用机制，在利用和改造自然的过程中，趋利避害，引导并最终实现两者的协调发展。

2.3 相关政策

2.3.1 我国宅基地管理制度演进与阶段性划分

新中国成立以来，我国宅基地制度大致经历了三个阶段变化。

1. 1949~1958 年宅基地私有制阶段

新中国成立初期，中央在总结各解放区土地改革经验的基础上制定了《土地改革法》。规定土改后农民对宅基地享有完全的所有权，可以买卖、出租、抵押和继承，且农民根据法律的规定取得房地产权证书。在农业合作化时期，农村耕地、牲畜、农具变为集体所有，但宅基地所有权及地上房屋产权仍归农民所有。

2. 1958~1978 年宅基地公有私用制度确立阶段

1958 年开始进入人民公社化时期，宅基地所有权调整为集体所有，农民只享有使用权，但同时又明确指出，宅基地之上的房屋“永远归社员所有”。

1962 年通过的《农村人民公社工作条例修正草案》（即《六十条》）规定，“生产队所有的土地，包括社员的自留地、自留山、宅基地等等，一律不准出租和买卖。房屋仍归社员私有，可以出租和买卖。”从此，农村宅基地所有权和使用权相分离，确立了“房地分离、一宅两制”的基本制度框架。

3. 1978 年至今宅基地公有私用制度强化和使用权限制流转阶段

20 世纪 80 年代后，农村出现建房高潮，乱占耕地现象突出。党中央、国务院相继发文，逐步加大对宅基地的管理。1982 年的《宪法》规定："宅基地和自留地、自留山，也属于集体所有。"强化了宅基地的所有权归集体、宅基地的使用权归农民的制度格局。

2.3.2　改革开放以来宅基地管理制度政策回顾

从政策形式、颁布时间、主要内容等方面重点梳理改革开放以来国家层面与地方层面[①]颁布实施的宅基地管理相关法规、文件等。从政策颁布及实施的时间上来看，早在 20 世纪 80 年代中期，国家先后颁布了《土地管理法》等一系列法律法规，各地依据当地农村宅基地利用与管理形势，在国家层面规定的基础上针对农村居民建房用地也出台了相应的管理办法。从政策的文本形式及内容上来看，省级政策主要对"一户一宅"制度和宅基地面积标准以及审批程序的权限进行规定；从政策的文本形式上来看，中央与省部级层面的管理政策主要以法律、地方法规、政府及部门规章等形式出现，同时辅以"意见""通知"等其他规范性文件（表 2.3）。

表 2.3　中央与地方层面农村宅基地管理政策汇总

政策名称	颁发部门	颁发时间	与宅基地相关要点
《中共中央国务院关于加强土地管理、制止乱占耕地的通知》（中发[1986]7 号）	中共中央	1986 年 3 月 21 日	决定成立国家土地管理局，制定《中华人民共和国土地法》，要求各地在《土地法》公布后结合实际情况制定本地区的土地管理实施办法，并指出要制止乡镇企业和农村建房乱占耕地
《中华人民共和国土地管理法》	全国人大常务委员会	1986 年 6 月 25 日	第三十八条"农村居民建住宅，应当使用原有宅基地和村内空闲地。""农村居民建住宅使用土地，不得超过省、自治区、直辖市规定的标准。""出卖、出租住房后再申请宅基地的，不予批准。""城镇非农户口使用集体土地建住宅，须县级人民政府批准"
《山东省实施〈中华人民共和国土地管理法〉办法》	山东省人大常务委员会	1987 年首次颁布，1989 年、1992 年修改，1999 年制定新办法	规定了宅基地所有权、使用权，对宅基地的申请、使用作出了原则性规定，尤其是提出了一户多宅的处理原则
《山东省人民政府办公厅转发省土地管理局关于农村宅基地有偿使用试点工作情况的报告的通知》（鲁政办发[1989]62 号）	山东省人民政府办公厅	1989 年 5 月 29 日山东省土地管理局报告，1989 年 6 月 9 日山东省人民政府办公厅转发	肯定了 1985 年以来全省 8 个地市开展的宅基地有偿使用工作，积极稳妥地扩大试点范围，要求各地合理确定收费标准和方法，健全机制，加强领导
《山东省土地管理局关于加强农村居民建房用地管理工作的暂行规定》[（89）鲁土字第 40 号]	山东省土地管理局	1989 年 10~11 月	农村建设应以旧村改造为主，鼓励不占或少占耕地，利用原宅基地或村内空闲地、荒地、坡地、劣地建房；建房用地实行计划管理，村民按规定面积建设，不得随意改变用途，不得随意交换或交易，买卖须审批，买主须符合建房条件，卖房不得再申请宅基地；详细规定了申请宅基地的条件，超出规定面积的，村委会有权调剂安排，调剂时对地上附着物和树木等，按政策要求补偿；城镇非农户口使用集体土地建住宅，须县级人民政府批准，并参照国家建设征地补偿标准支付费用
《国务院批转国家土地管理局关于加强农村宅基地管理工作请示的通知》（国发[1990]4 号）	国务院	1989 年 12 月 15 日国家土地管理局请示，1990 年 1 月 3 日国务院批转	建立健全宅基地管理制度，加强法制建设；抓好宅基地有偿使用试点工作，肯定了 1988 年以来山东德州地区和全国 200 多个县试行的宅基地有偿使用工作，并提出"差别化收费"、"取之于户，收费适度；用之于村，使用得当""专款专用于村内基础设施和公益事业建设"等原则要求

① 这里以山东省为例，梳理相关法规、文件。

续表

政策名称	颁发部门	颁发时间	与宅基地相关要点
《山东省人民政府关于进一步加强农村宅基地管理工作的通知》（鲁政发[1990]76 号）	山东省人民政府	1990 年5 月19 日	加强农村宅基地审批管理； 继续搞好农村宅基地有偿使用试点，注意与林业、计划生育等农村现行政策相衔接，军烈属、五保户以及特殊困难户，可实行减免缓等优惠政策；把保护耕地、加强农村宅基地管理作为乡镇政府任期责任目标和考核干部政绩的一项重要内容
《关于农村宅基地有偿使用试点单位的收费标准及资金管理问题的通知》（鲁土法字[1990]19 号）	山东省土地管理局、山东省物价局、山东省财政厅、山东省农业厅、中国农业银行山东省分行联合发文	1990 年 10 月 20 日	对收费范围、收费标准、收费时间、适用范围、资金管理作出了详细规定
《山东省土地管理局关于进一步做好农村宅基地有偿使用费收管用工作的通知》（[1990]鲁土法字第 3 号）	山东省土地管理局	1993 年 2 月 17 日	充分肯定农村宅基地有偿使用试点，及时指出少数地区宣传不到位、未严格执行收费标准、未执行专款专用、未落实好减免缓政策等错误，要求加强宣传、严格执行标准、认真落实减免缓政策、严格资金使用和财务管理，并指出农村宅基地有偿使用已从试点阶段转入全面推行阶段，要加强研究，不断完善
《中共中央办公厅 国务院办公厅关于涉及农民负担项目审核处理意见的通知》（中办发[1993]10 号）	中共中央办公厅 国务院办公厅	1993 年 7 月 22 日	取消农村宅基地有偿使用费、农村宅基地超占费
《中共中央 国务院关于进一步加强土地管理切实保护耕地的通知》（中发[1997]11 号）	中共中央 国务院	1997 年 4 月 15 日	“农村居民的住宅建设要符合村镇建设规划。有条件的地方，提倡相对集中建设公寓式楼房。农村居民建住宅要严格按照所在省、自治区、直辖市规定的标准，依法取得宅基地。农村居民每户只能有一处不超过标准的宅基地，多出的宅基地，要依法收归集体所有。”
《中华人民共和国土地管理法》	全国人大 常务委员会	1998 年 8 月 29 日	第六十二条“农村村民一户只能拥有一处宅基地，其宅基地的面积不得超过省、自治区、直辖市规定的标准。农村村民建住宅，应当符合乡（镇）人民政府审核，由县级人民政府批准；其中，涉及占用农用地的，依照本法第四十四条的规定办理审批手续。农村村民出卖、出租住房后，再申请宅基地的，不予批准”
《山东省实施〈中华人民共和国土地管理法〉办法》	山东省 人大常务委员会	1999 年 8 月 22 日	规定农村村民一户只能拥有一处宅基地。农村村民建住宅，必须符合乡（镇）土地利用总体规划，结合旧村改造，充分利用原有的宅基地、村内空闲地和山坡荒地，严格控制占用农用地。并详细规定了新建宅基地面积限额、申请条件及一户多宅的处理办法和补偿事项
《山东省人民政府关于加强农村宅基地管理的通知》（鲁政发[2001]89 号）	山东省人民政府	2001 年8 月31 日	提出进一步加强和完善村庄规划管理，严格审批农村居民宅基用地，依法妥善处理农村宅基地管理中存在的问题，切实加强对农村宅基地管理工作的领导
《山东省农村宅基地管理办法》	山东省人民政府	2001 年	对宅基地规划和计划管理、宅基地审批管理、超占多占宅基地的管理等进行了详细规范
国土资源部印发《关于加强农村宅基地管理的意见》的通知（国土资发[2004]234 号）	国土资源部	2004 年 11 月 2 日	严控村镇建设用地；加强农村宅基地用地计划管理；改革完善农村宅基地审批；规范农村宅基地申请；积极推进农村建设用地整理，加大盘活存量建设用地力度，加大农村建设用地整理的资金（从用于农业土地开发的土地出让金、新增建设用地有偿使用费、耕地开垦费拿出一部分）投入
国土资源部关于印发《关于规范城镇建设用地增加与农村建设用地减少相挂钩试点工作的意见》的通知（国土资发[2005]207 号）	国土资源部	2005 年 10 月 11 日	对农村建设用地（包括宅基地）整治挖潜作出了指导和规范

续表

政策名称	颁发部门	颁发时间	与宅基地相关要点
国土资源部关于坚持依法依规管理节约集约用地支持社会主义新农村建设的通知（国土资发[2006]52 号）	国土资源部	2006 年 3 月 27 日	“我国农村建设用地总量大，节约集约用地大有潜力。在新农村建设中，要依据土地利用总体规划和村镇建设规划，立足现有基础进行房屋和基础设施改造，充分利用村内空闲地、闲置宅基地等存量建设用地，充分利用低丘缓坡和‘四荒地’，尽量不占或少占耕地。有条件的地方，要在充分尊重农民意愿的前提下，在依法依规的基础上，引导农民集中建房，以集中促进节约集约，提高农村建设用地利用率。”
《山东省城镇建设用地增加与农村建设用地减少相挂钩管理办法》（试行）	山东省国土资源厅	2006 年6 月30 日	对城乡建设用地增减挂钩中的宅基地拆旧、农民安置及周转指标管理等进行了规范
国务院办公厅关于严格执行有关农村集体建设用地法律和政策的通知（国办发[2007]71 号）	国务院办公厅	2007 年 12 月 30 日	再次强调农村宅基地只能分给本村村民，且一户只能拥有一处不超面积的宅基地，不得用于房地产开发，城镇居民不得购买；要求严控集体建设用地使用权（包括宅基地）流转范围，同时要求国土资源部会同有关部门深入研究农村集体建设用地管理和流转政策。（国土资源部于 2008 年 1 月 21 日发文“国土资发〔2008〕15 号”贯彻落实）
国务院关于促进集约节约用地的通知（国发[2008]3 号）	国务院	2008 年 1 月 3 日	鼓励提高农村建设用地的利用效率。依法开展农村集体建设用地整理，对村民自愿腾退宅基地或符合宅基地申请条件购买空闲住宅的，当地政府可给予奖励或补助。严格执行农村一户一宅政策。逐步清理历史遗留的一户多宅问题（国土资源部于 2008 年 1 月 29 日发文“国土资发〔2008〕16 号”贯彻落实）
山东省人民政府关于推进土地节约集约利用的实施意见（鲁政发[2008]90 号）	山东省人民政府	2008 年 9 月 16 日	加强农村宅基地管理。严格执行农村一户一宅政策，严格控制农民超用地标准建房，逐步清理历史遗留的一户多宅问题，坚决防止产生超面积占用宅基地和新的一户多宅现象。完善宅基地管理的政策激励机制，对村民自愿腾退空闲宅基地或符合宅基地申请条件购买空闲住宅的，当地政府可给予奖励或补助。对在城镇有稳定职业和住所的农民自愿腾退宅基地的，市、县（市、区）政府应根据具体情况给予相应补偿，对符合条件的，及时按规定纳入社会保险范围
国土资源部关于进一步完善农村宅基地管理制度切实维护农民权益的通知（国土资发[2010]28 号）	国土资源部	2010 年 3 月 2 号	加强了宅基地的规划计划管理，要求结合科学合理的农村居民的布局规模，在年度土地利用计划中优先安排农村宅基地用地计划指标，依法维护农民宅基地的取得权，加强登记发证；同时严控总量盘活存量，因地制宜地推进“空心村“治理和旧村改造，引导农民适度集中居住；并要求国土资源部门建立政府各部门对宅基地的动态巡查和共同责任追究制度
《关于加强土地综合整治推进城乡统筹发展的意见》（鲁政发[2010]73 号）	山东省人民政府	2010 年8 月2 日	明确了农村建设用地挖潜任务，对城乡建设用地增减挂钩、农村社区建设等提出了规范要求

2.3.3　城乡建设用地增减挂钩政策

“挂钩”政策是我国推出的促进城乡统筹发展、加快社会主义新农村建设、破解保护与保障“两难”困境的重要管理措施。“挂钩”一词最早出现在 2004 年的《国务院关于深化改革严格土地管理的决定》（国发[2004]28 号）中，但在国务院 28 号文件之前已有多个文件涉及此政策，例如《中共中央国务院关于促进小城镇健康发展的若干意见》

（中发[2000]11 号）、《关于加强土地管理促进小城镇健康发展的通知》（国土资发[2000]337 号）、《关于加强耕地保护促进经济发展若干政策措施的通知》（国土资发[2000]408 号）等（张宇等，2006；覃莉和周旭，2010）。“挂钩”政策于 2005 年正式提出、于 2008 年得到明确（表 2.4），“挂钩”先后经历了提出与建议、试点批复、规范管理等阶段。

表 2.4 城乡建设用地置换相关政策及其内容比较

时间	文件名称	重要内容										
		概念	任务	内容	原则	规模	范围	申报审查	管理	土地复垦	补偿	监督检查
2004 年 10 月	《关于深化改革严格土地管理的决定》（国发[2004]28 号）	鼓励农村土地整理，城市建设用地增长与农村建设用地减少相挂钩										
2005 年 10 月	《关于规范城镇建设用地增加与农村建设用地减少相挂钩试点工作的意见》（国土资发[2005]207 号）	√	√	√	√		√	√	√			√
2006 年 4 月	《关于天津等五省（市）城镇建设用地增加与农村建设用地减少相挂钩第一批试点的批复》（国土资函[2006]269 号）					√	√					
2007 年 7 月	《关于进一步规范城乡建设用地增减挂钩试点工作的通知》（国土资发[2007]169 号）							√	√	√	√	√
2008 年 6 月	《城乡建设用地增减挂钩试点管理办法》（国土资发[2008]138 号）	√			√			√	√	√	√	√
2010 年 12 月	《关于严格规范城乡建设用地增减挂钩试点切实做好农村土地整治工作的通知》（国发[2010]47 号）	针对所出现的侵害农民利益、影响土地管理秩序等问题对试点进行规范、错误纠正										

依据 2008 年国土资源部印发的《城乡建设用地增减挂钩试点管理办法》（国土资发[2008]138 号）中对城乡建设用地增减挂钩的定义可知，它是指依据土地利用总体规划，将若干拟整理复垦为耕地的农村建设用地地块（即拆旧地块）和拟用于城镇建设的地块（即建新地块）等面积共同组成建新拆旧项目区（以下简称项目区），通过建新拆旧和土地整理复垦等措施，在保证项目区内各类土地面积平衡的基础上，最终实现增加耕地有效面积，提高耕地质量，节约集约利用建设用地，城乡用地布局更合理的目标。当前，“挂钩”政策对实践的范围、原则、操作要求、程序和农民利益保护等均作了明确规定：①实践范围，“以项目区为主体组织实施”。②实践原则，“总量控制、封闭运行、定期考核、到期归还”。③操作要求，“项目区内建新地块总面积必须小于拆旧地块总面积，拆旧地块整理复垦耕地的数量、质量，应比建新占用耕地的数量有增加、质量有提高”。④操作程序，“专项调查—试点专项规划—编制项目区实施规划—方案制订—申请与审批—实施—竣工验收”。⑤农民意愿与补偿，“严禁违背农民意愿，大拆大建和强迫农民住高楼”“涉及集体土地征收的，对集体和农民妥善给予补偿和安置”“严禁侵害农民权益”。该政策是城乡建设用地置换实践的重要参照依据。

第3章 相关研究进展与实践进展

城乡建设用地统筹置换研究涉及城市与农村两大系统，极具政策性与实践性。全面梳理城市地域系统内的建设用地增长特征、影响因素、发展趋势、控制与保障相关研究进展，农村地域系统内的居民点用地增长特征、空心化、土地综合整治相关进展，以及统筹城乡土地利用相关进展，有助于把握城乡建设用地供需特征、相互关系、突出矛盾；同时，充分了解和掌握城乡建设用地统筹置换相关实践，有利于把握国家政策导向、实践推进及所存在的问题。本章将针对以上方面进行综述，为进一步研究奠定基础。

3.1 关于城市建设用地增长

3.1.1 城市建设用地增长时空过程与特征

城市建设用地增长时空过程与特征研究，主要采用传统统计数据或遥感数据，积累时间序列下的建设用地数据，通过一定技术手段分析城市建设用地增长空间分布特征与变化规律。城市建设用地作为城市用地的主要部分，国外对其增长研究主要由城市用地增长与城市扩张研究来体现。城市建设用地增长的时空过程研究不仅是城市发展研究中的重要内容，同时也是全球环境变化的一项基础研究内容（Turner et al.，2007）。全球普遍性的城市化发展进程中，随着城市吸纳人口逐渐增多，城市用地不断扩张、城市数量不断增加，这在发展中国家体现得尤为明显（Lambin and Geist，2006）。学者对城市建设用地（或城市用地）增长进行了大量实证研究，不同国家、区域的用地增长研究反映出不同的增长速度、模式与空间变化（Fazal，2000；Li and Zhao，2003；Geymen and Baz，2008；Schneider and Woodcock，2008），而亚洲与南美洲为城市用地增长最快的地区（Angel et al.，2005；Schneider and Woodcock，2008）。一项对全球120个城市的研究表明，在过去的20年里，城市人口年均增长1.7%，而城市用地增长却为3.3%，预计发展中国家城市建设用地面积将由2000年的20万km^2增长到2030年的60万km^2（Angel et al.，2005）。由全球城市人口密度分布格局可见，东亚、美国沿海和西欧均为城市用地研究的重点区域（Lambin and Geist，2006）。目前大部分研究集中在中国、印度、欧洲和美国（Seto and Shepherd，2009），另外，由城市发展带来诸多问题引起的关于城市蔓延的探讨也是城市建设用地增长相关典型研究，尤其是20世纪90年代以后城市蔓延成为美国学术界研究的热点问题（林坚，2009）。

中国作为重要的发展中国家，改革开放以来，社会经济迅速发展，城市化速度更是惊人，高出世界平均发展水平的2.14%。中国为城市发展和城市建设用地增长研究提供了较好的实证研究地域与素材，吸引了大量国内外学者开展相关研究，研究的时段主要集中在 20 世纪 90 年代。田光进等（2003）研究表明，90 年代前 5 年城镇用地增长为 67.7 万 hm^2，后 5 年是前 5 年的 21.03%；Tan 等（2005）研究表明，我国 145 个大中城市建设用地增长 3534 km^2，东、中、西部分别占 75.3%、14.5%和 10.4%，其中东部增长速度最快；黄季焜等（2007）对县级单元城镇建设用地扩张的研究发现，1989~2000 年东部地区建设用地增长速度有所减缓，中、西部地区明显加速；1990~1995 年城市用地增长速度远大于 1995~2000 年，主要在京津冀、长三角和珠三角区域，其中京津冀地区增长最高（Liu et al.，2005；Tan et al.，2005）；长三角城市用地在 1979~2005 年期间增长速度明显加快（李加林等，2007）。除了探讨全国以及宏观经济区域尺度的城市建设用地增长外，学者对于重点城市如北京、石家庄、上海、常熟、无锡、东莞、广东、深圳、长沙、乌鲁木齐等城市也进行了大量研究（黎夏和叶嘉安，1997；Liu et al.，2002；薛东前和王传胜，2003；马荣华等，2004；Seto and Fragkias，2005；雷军等，2005；Xiao et al.，2006；张心怡等，2006；周国华和贺艳华，2006；吴大放等，2010；熊黑钢等，2010），见表 3.1。总体来看，不同地区、不同时段，城市建设用地增长程度不同，增长轴向、模式不同，且在 20 世纪 80 年代后期增速提高，部分城市在 21 世纪初期增速减缓；增长特征以各种指数表达，部分城市研究了建设用地增长分异格局。

表 3.1 部分研究中城市建设用地增长特征

研究区域	数据来源	研究时段	城市建设用地增长特征
北京	1∶1 万土地利用现状图	1982~1992 年	年均增长 38.35km^2，圈层式增长
石家庄	1∶15 万土地利用图，Landsat TM/ETM 遥感影像	1992~1997 年	年均增长 29.84km^2，圈层式增长
		1934~1949 年	初始增长阶段，年均增长 1.15km^2
		1950~1955 年	短期增长复苏，年均增长 3.65km^2
		1956~1980 年	缓慢增长阶段
上海	Landsat TM 遥感影像，1∶5 万地形图	1981~2001 年	快速增长阶段，年均增长 5.60km^2
		1995~1997 年	年均增长 24.96km^2
		1985~1995 年	年均增长 19.33km^2
常熟	Landsat TM/ETM 遥感影像	1997~2000 年	年均增长 15.58km^2
		1984~2002 年	扩展强度指数：1988~1994 年< 1994~2000 年< 1984~1988 年< 2000~2002 年
无锡	统计年鉴	20 世纪 50 至 90 年代	年均增长 1.02km^2，80 年代以后增幅最大
东莞	Landsat TM 遥感影像	1988~1990 年	增长不明显
广州	Landsat TM 遥感影像	1990~1993 年	迅速增长
		1988~1999 年	在不同缓冲区增长特征不同：0~3km 区域增长变化不大；3~10km 区域在 1995~1996 年斑块增大、数量减少、总体面积增大等
长沙	土地利用现状图	1949~1965 年	年均增长 0.89km^2，围绕老城区圈层式增长
		1965~1978 年	年均增长 2.29km^2，东南方向增长为主
		1978~1989 年	年均增长 3.15km^2，穿插式增长
		1989~2004 年	年均增长 3.94km^2，增长速度最快
新疆	Landsat TM 遥感影像	1990~2000 年	年均增长 15.25km^2

3.1.2　城市建设用地增长对耕地的占用

城市建设用地增长是人类作用于地球表层最直接的痕迹。随着城市人口增长和城市规模扩张加快，世界各国尤其是发展中国家城市建设用地增长迅速，引起前所未有的土地利用格局变化。尤其是因城市建设用地增长而导致的耕地流失，是目前全球变化研究中极为关注的重大问题之一。城市建设用地和耕地是两个联系紧密且敏感的土地类型，已有研究主要为不同尺度研究区域内两种类型土地格局变化。据预测，从 20 世纪 80 年代末期到2000年，全球约有2400hm^2耕地转化为城市用地，占全球耕地总量的2%（Fazal，2000）；发展中国家每年约有 200 万 hm^2 耕地用于房屋、基础设施等建设（Lambin and Geist，2006；Döös，2002）。对印度耕地流失的研究表明，1955~1985 年 150 万 hm^2 的土地用于城市发展，1985~2000 年，超过 80 万 hm^2 的土地转化为城市用地，其中大部分是耕地（Chhabra，1985）。而在我国，对 20 世纪 90 年代城镇用地增长的时空特征研究表明，城镇用地扩展的来源中 59.16%为耕地，15.24%是农村居民点规模扩大转变为城镇用地或城镇扩展兼并农村居民点用地，且第一级城镇用地（包括辽东胶东山地丘陵、华北平原、鲁中山地丘陵、淮河及长江中下游平原、粤桂闽丘陵平原和华北山地丘陵）扩展造成耕地资源减少的数量占全国耕地减少总量的 69.88%（田光进和庄大方，2003）；对我国大中城市建设用地扩张研究表明，145 个城市的建设用地扩张中，有 70.0%的新增城市建设用地来自耕地，东部的长三角、珠三角、京津唐地区、山东半岛和西部成都平原等地区是中国城市建设用地扩张快、占用耕地比例高的区域（Tan et al.，2005）；自 1958 年以来，长三角地区耕地数量总体上呈明显减少的趋势，经历了“急剧减少-缓慢减少-快速减少”的变化过程，其中城市建设用地增加是耕地减少的重要原因（杨桂山，2001）；1988~1996 年，珠三角地区城市区域增长 364%，其中 70%新增城市用地源于占用耕地（Seto et al.，2002）；1990~2000 年，京津冀地区城市用地增长 71%，其中 74%由耕地转换而来（Tan et al.，2005）。

3.1.3　城市建设用地增长影响因素与动力机制

城市建设用地增长影响因素与动力机制研究是城市发展研究的重要内容之一。它直接揭示了城市建设用地增长的原因和作用途径，为预测城市建设用地未来发展并制定相应对策提供依据。城市建设用地增长为具有阶段性、多样性和复杂性特征的过程，无论处于哪个时段，总受着多重驱动力的共同作用（周国华和贺艳华，2006）。总的来说，城市建设用地增长影响因素分为自然因素与社会经济因素，相对于前者，社会经济因素活跃且易于探测（刘纪远和邓祥征，2009）。对城乡建设用地增长的动力机制研究更多的关注社会经济因素及其影响途径，涉及人口增长、经济发展、固定资产投资、城市化、工业化、交通条件、政策制度、社会行为、城市环境、绿化覆盖面积等（Tan et al.，2005；谈明洪等，2003；邱道持等，2005；安祥生，2006；彭保发等，2007；刘瑞等，2009；Deng et al.，2010；石忆邵等，2008）。

人口增长和经济发展是城市用地增长的主要影响因素。梁进社研究得出，城市用地增长率和人口增长率之比是一个不变的常数（梁进社和王旻，2002）；Li 等（2003）研究表明人口密度是城市规模扩张的内部驱动因素，经济是城市用地规模扩张的外部推动因素；Deng 等（2010）研究表明，经济增长 10%对应城市用地增加 3%，且经济结构对我国城市用地规模有重要影响；赵涛认为，经济发展是促使我国城市用地扩展的最根本动因，产业结构调整是我国现阶段城市用地快速增长的直接推动力，人均 GDP 提高和人口数量增长进一步加剧了城市用地增长速度，而农业经济发展对城市扩展的影响较弱（赵涛，2005）；Seto 和 Kaufmann（2003）对珠三角地区城市用地增长的研究发现，外商直接投资（FDI）的增加和农业土地生产率与城市土地生产率之比的递减是主要原因；在长三角地区，乡镇企业则为内部环境因素，它为城市建设提供保障、加速非农人口转化、促进小城镇的发展（姚士谋和陈爽，1998）。

除了人口与经济影响因素外，Sheshinski、Brueckner 与 Fansler 等认为交通是影响城市用地规模的重要因素（Xiao et al.，2006；Sheshinski，1973；Brueckner and Fansler，1983；汪小钦等，2000；Zhang，2000；吴宏安等，2005），交通条件改善对城市用地扩展有着不同程度的促进作用（赵涛，2005）；Henderson（1974）、孔爱国和郭秋杰（1996）认为对污染征收污染税将提高城市居民的福利水平，进而有效促进城市用地增长；相对应的城市环境改善与绿化覆盖面积对城市建设用地增长具有正向作用（刘纪远和邓祥征，2009；张金前和韦素琼，2006；唐礼智，2007）；姚士谋和陈爽（1998）认为国家宏观调控能刺激长三角地区经济飞跃、加快城市建设，驱动城市建设用地增长、扩展。图 3.1 为社会经济因素驱动城市建设用地增长的示意图。

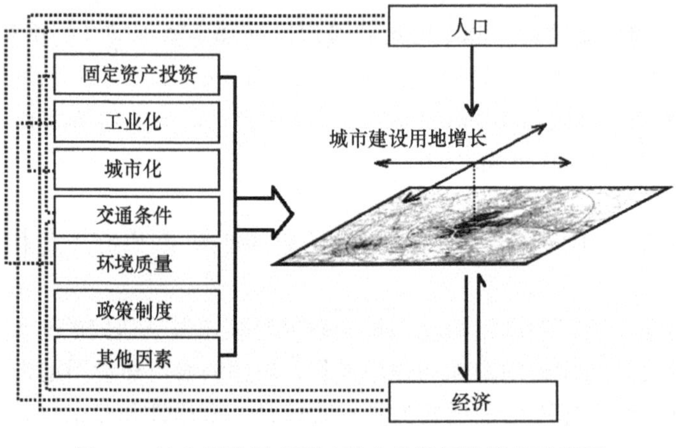

图 3.1 社会经济因素驱动城市建设用地增长示意图

3.1.4 城市建设用地增长预测

快速城市化使得城市建设用地需求不断增加，对城市建设用地增长预测具有十分重要的意义。城市建设用地增长预测是城市土地利用总体规划的基础工作。目前，城市建设用地增长预测研究大致可分为两类：一类是用地时空扩展模拟；另一类是对用地规模的预测。早在 20 世纪 60 年代城市模型广泛用于城市发展研究，并在新技术的支持下逐渐能够模拟城市未来发展，但直到 CA 模型的出现才真正实现了城市扩张的二维空间特征研究（黎夏和叶嘉安，1999；Li et al.，2003；Syphard et al.，2005），该预测研究主要是在空间数据基础上和空间扩展规则约束下实现。而对城市建设用地未来增长数量与规模的预测则是建立在不同的预测指标与数学模型基础上。预测指标主要为人口与社会经济指标，如非农人口、固定资产总额、地区生产总值等（邱道持等，2005；安祥生，2006；刘学伟和宋戈，2007）。并且采用不同指标和模型的预测结果不同，如安祥生（2006）以山西省为例，用城镇人口与经济因素分别进行城镇用地预测，并进行比较，发现前者更符合规划的要求而后者预测结果偏大，因此提出在规划编制实践中，可以采用多种方案组合预测结果加权求和。另外，城市建设用地增长是由对部分甚至大部分的耕地占用来实现的，部分学者从耕地转化为城市建设用地的角度来预测城市建设用地增长（曾辉等，2007）。总的来说，城市建设用地增长是受各种因素共同作用的非线性复杂过程，预测研究中需要一定规则、指标或者模型支撑，虽然预测具有不确定性与片面性，但在一定程度上为城市发展中的用地规模需求与未来土地空间发展研究提供科学参考。

3.1.5　城市建设用地增长控制

国外城镇用地扩张控制产生于 20 世纪 20 年代，多以统一规划和严格的政策、法律来限制，一般都将城镇土地按其利用目的划分为若干区域，并对每个区域的用途、建筑容积率、建筑密度、建筑物高度等加以规定（杨钢桥，2004）。在欧洲，以英国为代表的国家从 20 世纪初颁布控制城市土地开发的法律，实施较严格的“绿带”（greenbelts）政策，一定程度上控制了城市蔓延对环境和社会的冲击（吕小彪等，2004）；在美国，围绕如何解决城市蔓延所带来的问题，规划界出现了“区域主义”（regionalism）、“城市增长管理”（urban growth management）、“新城市主义”（new urbanism）、“精明增长”（smart growth）等理念和思潮，重要措施集中在“城市增长管理”和“精明增长”。其中，设定“城市增长边界（UGB）”与英国的“绿带”政策具相同之处，是一种严格的控制蔓延并引导合理增长的规划方法（刘海龙，2005；黄慧明，2007）。Kline 和 Alig（1999）研究表明，设立城市增长边界对郊区农用地转为城市用地有明显的作用，“精明增长”是计划好的开发，保护开放空间和农田，综合集约利用土地等，内容更丰富。美国的控制政策基本上是自下而上的，与中国自上而下的法令的做法不同（张庭伟，1999）。在我国，主要是通过土地利用规划、城市规划来引导、控制城市建设用地增长，部分学者做了相关定量研究。如邱道持等（2005）在定性分析城镇人口增长和固定资产投资作为拉动城镇建设用地的两个主要因素的基础上，通过计算两要素拉动城镇建设用地增长的理论峰值，提出以建设用地控制系数计算规划期建设用地增量目标的方法；刘瑞等（2009）将地方法规政策列入城市建设用地扩张驱动力的定量分析中，结果得到以城市规划为代表的地方法规政策是建设用地扩张的主导因素；冯科等（2010）引进“界线评价法”对土地利用总体规划中的规划建设用地边界控制成效进行定量探讨。

3.1.6　城市建设用地保障程度

国内外对城市建设用地保障的研究较少，多从确保城市发展的用地规模和用地需求预测方面进行研究，以法律规范下的土地集约利用、土地整理、土地储备等为重要对策（杨遴杰和张建，2006；孙强和蔡运龙，2008；冯长春，2008）。方创琳（2009）首次对我国城市建设用地保障进行较为系统的研究，研究成果包含了城市建设用地保障程度定义、影响因素及影响机理、城市建设用地与城市化水平相关关系、城市建设用地保障程度综合测度与预测等内容（图 3.2）。目前，我国城市建设用地增长正面临巨大挑战，面对城市化推动下的城市建设用地快速增长与耕地的严格保护政策，城市发展继续占用耕地、城市建设用地规模的刚性增长会受到制约。然而，针对当前我国农村建设用地并未随人口而转化、用地闲置且效率低的发展现状，城乡建设用地置换成为研究热点与新方向，并成为城市建设用地增长保障的新对策研究。城市建设用地增长保障研究中的用地置换研究较少，处于理论探讨和结合现实进行问题分析的初步探索阶段（刘忠庆等，2005；刘永怀，2009），还没有深入的理论与实践研究，尤其缺少量化研究。

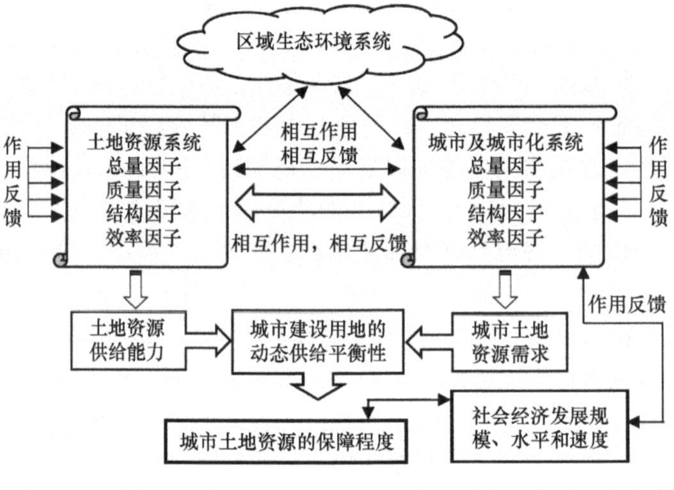

图 3.2　城市建设用地保障程度的影响因素及影响机理分析示意图（方创琳，2009）

3.2　关于农村居民点用地增长

3.2.1　农村居民点用地增长

近 20 年，农村居民点用地增长研究以国内研究最为突出。我国农村居民点用地在经历了长时期的粗放管理与增长后，21 世纪初期，该类型用地增长过程、规模与特征等相关研究得到广大学者重视，主要从全国和省级尺度进行研究。田光进等（2003）利用 20 世纪 90 年代初、中、末三期 Landsat TM 遥感图像对 1990~2000 年全国尺度的农村居民点用地时空特征进行分析。结果表明，90 年代中国农村居民点用地增长了 78.8 万 hm^2，

1990~1995 年增长了 55.4 万 hm^2，增长主要集中在东部沿海地区，尤其是华北平原、长江三角洲和珠江三角洲地区，1996~2000 年农村居民点用地增长了 23.4 万 hm^2，增长重心由东部转向西部。Long 等（2009）对苏、锡、常地区快速城镇化进程中的农村居民点用地扩张分析结果表明，1990~1995 年、1995~2000 年和 2000~2006 年三个时段耕地分别减少 32.66%、6.31%和 11.95%，城市居民点、农村居民点和建设用地分别增加 76.65%、41.32%和 52.65%。朱莉芬和黄季焜（2007）按照乡村、小城镇和城市三种城乡建设用地模式，分析了 1989~2000 年全国不同地区城乡建设用地扩展特征，其中乡村建设用地增长率由 0.06%提高到 0.64%，但其增长率远低于小城镇模式和城市模式建设用地同时期的增长率。通过对北京市顺义区 1999 年、2000 年和 2006 年三年 1∶1 万的土地利用现状图分析可看出，城镇用地、农村居民点用地均快速增长，其增长特征分别为农村居民点用地总量扩展大，而城镇用地年际间增幅更显著；城镇用地对区域建设用地扩展的贡献率呈上升趋势；耕地是城镇用地和农村居民点用地扩展的主体来源（赵婷婷等，2008）。又有研究表明，1996 年以来中国农村居民点用地呈增长态势，年均递增 0.12%，年均增长 20 万 hm^2，大致到 2013 年才可扭转增长态势（李裕瑞等，2010）。随着社会经济的发展，作为农村居民点中主要建设用地的农村宅基地在增加的建设用地总量中所占比例将由高逐渐降低，直到这一比例趋向于一个固定值（龙花楼，2006）。

3.2.2 农村“空心化”

乡村发展滞后、快速城镇化进程中的农村人口减少及空心化现象在国际上具有一定的普遍性。比如，韩国在 20 世纪 60 年代经济起飞以前一直是落后的农业国（朴振焕，2005）、日本 20 世纪 50 年代以来也经历了快速城镇化进程中乡村人口减少的“过疏化”问题（焦必方和孙彬彬，2009）、第二次世界大战后欧洲国家（如英国等）在城镇化进程中乡村也逐渐衰落（Clout，1972；Cloke，1979；Hoggart and Buller，1987）。在国内，随着工业化、城镇化快速发展，农村人口的非农化转移带来农村常住人口的逐渐减少，农村经济快速发展和农民收入水平的提高，促使农村住宅的空间布局也发生重大变化，农村建设用地“外扩内空”的现象日益严重，聚落空心化问题开始受到关注（冯文勇等，2007）。胡贤辉等（2007）和姜广辉等（2007）探讨了农村居民点用地变化的驱动力，初步得到农村居民点利用粗放、宅基地闲置的现象，探讨了这一现象的原因。宋伟等（2008）基于统计数据分析了我国农村宅基地资源现状，2005 年我国农村宅基地的总量达到了 911.61 万 hm^2，户均农村宅基地面积达到了 361.43 m^2，农村宅基地的平均容积率为 0.268，户均农村宅基地的超标现象严重且容积率低。陈玉福等（2010）采用高分辨率航空遥感影像数据和典型农户问卷调查方法，对山东省禹城市 48 个典型村进行调查研究，结果表明“一户多宅”现象十分普遍，多于 1 处宅基地户数占总宅基地数量的 41%；空闲房屋和闲置宅基地大量存在，多数村庄内部的老宅基地出现成片闲置。薛力等剖析了典型村域空心化的特征与原因（薛力，2001；王成新等，2005；李君和李小建，2009）；龙花楼等（2009）探讨了空心化村庄演化特征及其动力机制；刘彦随和刘玉（2010）从资源与环境因素、经济与社会因素、体制与制度因素、管理与政策因素梳理了农村空心化产生的原因。学者们从改革农村宅基地使用制度、建立和完善宅基地退出机制、加强农村土地管理与监控、开展农村土地综合整治等角度提出了相关建议。

国际上诸多国家针对农村人口减少及空心化现象，大多结合其基本国情和地域特征，因地因时制宜，出台了系列支持乡村发展的政策。如韩国开展新农村建设运动（朴振焕，2005）；日本自 1970 年开始连续出台了 4 个十年期的过疏化地区振兴法案（焦必方和孙彬彬，2009），且在乡村地域创新推行了著名的“一村一品”战略（秦富等，2009）；英国于 20 世纪 50~70 年代实施了中心村建设计划，荷兰、匈牙利、苏联、以色列等国家也着力推进了中心村建设的相关计划，以实现集中、集聚、集约化发展（Clout，1972；Cloke，1979；Hoggart and Buller，1987）。

在国内，针对农村“空心化”逐步开展农村土地综合整治相关工作。国家坚守 18 亿亩耕地红线、扎实推进新农村建设、实行耕地“补占平衡”、促进乡村空间重构与统筹城乡发展，都对深入开展空心化村庄整治提出了迫切要求（刘彦随和刘玉，2010）。

3.2.3 农村土地综合整治

国际上对于土地综合整治的叫法不一，以“土地整理”的叫法较多，如德国、荷兰、日本、韩国、瑞士等，也有的称“土地联营”（如澳大利亚）、“土地重置”（如加拿大）等。在我国，最早也称“土地整理”，并在不同的历史阶段经历了不同的土地整理内容和意义，经历了从社会自发到政府导向、从分散到集中、从小范围到大规模、从单一目标到综合目标的发展过程；直到 2010 年前后，从中央层面开始认识到土地整理不再是单一完善农村基础设施配套问题，而是要系统解决“三农”问题、调整生产关系、提高生产力，自此土地整理开始向土地综合整治升级（唐琰等，2011）。

1. 典型国家的主要做法

国外较早开展土地整理，且较为典型的国家，如德国、荷兰、俄罗斯等。德国的土地整理工作始于 20 世纪 30 年代。起初，土地整理的主要任务是改善农业生产条件、增加农作物产量，之后随着城镇化发展、农业人口不断减少，土地整理的内容也随之发生变化，增加了保护农村景观环境、农民生活居住等内容，由此从单纯地追求经济效益转变到注重社会、经济、环境多重综合效益。德国土地整理发展到现在，已形成有政策扶持、法律保障、规划管控、自主申请、多方参与的稳定发展格局（田玉福，2014）。德国土地整理的主要内容包括：合并分散零乱土地，为改善村镇环境在交通、公共设施、建筑物等方面进行的村镇改造，为工业、居住、公共设施等准备土地而开辟或新增建设用地，为高速公路、运河等大型公共建设进行土地调整，为塑造景观、保护生态环境、保护自然资源等进行的修护或森林土地整理等，为改变特种经济作区落后分散经营方式进行土地整理，为原有的地籍数据和资料变更进行全面的更新测量。德国通过土地整理，1834~1939 年新增耕地 30 万 hm^2，约占当时全德国总耕地面积的 1/3；在 1939 年至第二次世界大战结束期间，改变了土地细碎化，实现了土地集中；在第二次世界大战结束后，基本满足了交通、能源、水利等对土地的需求（曲福田，2007）。

荷兰的土地整理开始于 20 世纪初，也是世界上较早开始土地整理的国家之一。荷兰土地整理突出特点是受法律保护与指导。1924 年荷兰国家层面出台了第一部《土地整理法》，第一次在法律意义上明确了土地整理；1938 年，第二部颁布实施，其中简化了土地整理项目的批准程序；1954 年，第三部《土地整理法》指出土地整理要促进农业、园艺、林业以及养殖业的生产力提高；1985 年，《土地开发法》出台，其中根据项目区特点和项目主要目的，设计适宜的土地整理方式方法，同时保留了 1954 年法案中土地所有者和租赁者的投票表决权利。不断完善的法案中对土地整理的目标、类型、程序等有详细界定。荷兰的土地整理包括四种类型：一是对非农用地占主导地位的区域进行的土地整理，项目的决策者是土地所有者和使用者；二是对农业用途区域进行的土地整理，项目的决策者是政府；三是涉及道路、铁路、河流整治等基础设施建设而开展的土地调整，调整范围受限且被调整的通常是不进行基础设施建设的土地；四是为改善小范围内、有限数量的土地所有者土地分布而开展的土地整理，实际上是土地所有者之间的土地分配协议，主要是通过地块交换的方式来完成（廖蓉和杜官印，2004；曲福田，2007）。

俄罗斯是世界上开展土地整理最早的国家，对土地的利用和保护十分重视，于 17 世纪便开始了土地整理，并在 1789 年建立了世界上最早的土地整理大学，即现在的俄罗斯国立莫斯科土地整理工程大学。俄罗斯土地整理的核心是调整土地关系、改善人地关系，政府一直以来开展土地整理的目的是引导土地合理利用和管理国家土地资源，并通过土地整理解决诸多生态、社会、经济问题。经过长时间的发展，俄罗斯的土地整理技术体系已十分完善。为了保障土地整理工作规范有序开展，俄罗斯制定了许多法律法规，其中 2001 年 6 月生效的《俄罗斯联邦土地整理法》对于土地整理给出定义（刘燕平，2009），即：“土地整理，是指采取措施研究土地状况，规划和组织合理利用和保护土地，建立新的和整顿现有的土地整理目标，就地确定其边界（为地域土地整理），组织公民和法人合理利用地段进行农业生产，以及采取措施建立俄罗斯联邦北部、西伯利亚和远东当地少数民族社团和属于俄罗斯联邦北部、西伯利亚和远东本地少数民族个人利用的地域，以保证他们的传统生活方式（为地域内部土地整理）。”

以德国、荷兰和俄罗斯为例，国外的土地整理突出特点：一是有完善的法律体系作为依据与保障；二是土地整理是农业、农村和区域发展的重要推动力；三是十分注重资源、自然景观与生态环境保护；四是公众参与程度高；五是有完善的规划体系和严格规划限定。除以上特点外，还有专门的土地整理机构、土地权属与地籍管理严格且紧密、融资渠道多样，等等。在以德国、荷兰、俄罗斯为例的国外土地整理中虽然也涉及城市、城镇、农村居民点的界线设定与更新，以及土地合并、非农用地整理等，但没有十分突出废弃农村居民点用地整理、城乡建设用地统筹管理与增减挂钩。

2. 我国的主要做法与相关研究进展

依据《土地管理法》、《国民经济和社会发展第十二个五年规划纲要》和《全国土地利用总体规划纲要（2006~2020 年）》，在编制实施《全国土地开发整理规划（2001~2010 年）》基础上，2011 年，我国制定《全国土地整治规划（2011~2015 年）》，2016 年，又制定了《全国土地整治规划（2016~2020 年）》。在农村建设用地整治、城乡建设用地增减挂钩方面取得一定成效，并不断加大整治力度。2006~2010 年，“通过增减挂钩，实际复垦还耕面积 9.9 万 hm^2（148.1 万亩），实际建新占用耕地面积 7.6 万 hm^2（113.7 万亩），确保了耕地面积有增加，建设用地总量有减少、布局更合理”。在《全国土地整治规划（2011~2015 年）》中，目标“整治农村建设用地 30 万 hm^2（450 万亩），加强散乱、废弃、闲置和低效利用农村建设用地整治，农村建设用地格局得到优化，土地利用效率得到提高”；要求“坚持局部试点、封闭运行、规范管理、结果可控的原则，依据土地整治规划，合理安排增减挂钩试点规模、布局和时序”；“严禁突破增减挂钩指标规模设立项目区，严禁项目区跨县级行政区域设置和循环使用增减挂钩指标”。在《全国土地整治规划（2016~2020 年）》中制定目标为“有序开展城乡建设用地增减挂钩，整理农村建设用地 600 万亩，城乡土地利用格局不断优化，土地利用效率明显提高”；“支持当地应用增减挂钩政策推动扶贫开发和易地扶贫搬迁等工作”；“对集中连片特困地区、国家扶贫开发重点县、开展易地扶贫搬迁的贫困老区，可将增减挂钩节余指标在省域范围内流转使用”；“其他因灾后重建、生态移民等需要，经国务院同意，在保障农民安置和农村发展用地的前提下，可适当扩大增减挂钩节余指标挂钩使用范围”。

除在国家层面编制土地整治规划、推进农村土地整理，在学术界也展开农村土地综合整治相关研究：①空心村整治的基础理论研究。刘彦随等（2009）提出了空心村演进的生命周期、代际演替空间型式、农村空心化动力学机制和农村空心化调控“三整合”等基础理论。并指出，地理学研究农村空心化问题，应着眼于乡村地域系统综合性、动态性和区域性视角，侧重梳理并规范农村空心化现象描述与空间模式构建、形成机理与动力机制、空心化效应与响应机制、整治潜力类型与优化调控等农村空心化命题研究。②潜力分析与相关技术方法研究。农村建设用地土地整理潜力测算方法包括政策指标测算法、抽样调查法、建筑容积率法、空间技术支持下的全面调查与评价测算法等（胡道儒，1999；贾玫，1999；徐红，2006；宋伟等，2006；林坚和李尧，2007；李衡等，2007；朱晓华等，2010）；叶艳妹和吴次芳（1998）、李宪文等（2004）、宋伟等（2006）、林坚和李尧（2007）等探讨了不同尺度区域农村居民点土地整理的潜力。③整治模式研究。陈玉福等（2010）基于 48 个典型村庄的农户问卷资料，提出了城镇化引领型、中心村整合型和村内集约型等空心村综合整治模式；杨庆媛等（2004）提出了西南丘陵山地区农村居民点土地整理的模式；高建华和李会勤（2003）以河南温庄村为例，剖析了该村的农村居民点整理模式与问题。另外，刘勇等（2008）对近年我国在农村居民点变化规律、农村居民点整理的潜力评价、农村居民点整理的模式与规划、农村居民点整理的驱动力、农村居民点整理的效益评价等方面的研究进展进行了综述。

3.3 关于城乡建设用地统筹置换

我国是一个人均耕地面积较少的国家，随着城市化和城市建设步伐的加快，耕地减少带来诸多问题，并且耕地保护与建设用地扩张之间矛盾日益突出。2005 年及之后提出的一系列城乡建设用地增减挂钩相关政策，为解决这一矛盾提供了新思路，也由此引发国内学者与相关政府管理人员对“挂钩”政策以及在实施中所出现问题的思考。

3.3.1　统筹城乡土地利用

纵观世界各国社会经济发展和土地利用变化历程，人口向城市大规模转移、城市建设用地不断增加、耕地被大量占用的现象均较为普遍。日本与韩国作为土地资源稀缺的两个发达国家，其应对方法与我国有相似之处，较为典型。日本是个土地资源稀缺、人均土地资源极为有限的国家，日本的城市化过程虽然也引起了耕地流失，但是集中型的城市化道路（都市圈紧凑式发展模式）和必要的土地整理复垦措施（町村合并），在减少耕地被建设占用的同时，弥补了发展用地的不足，见图 3.3（孙强和蔡运龙，2008）。韩国是另外一个土地资源稀缺、城市化水平较高的国家，其土地重整（即建设用地整理）在韩国城市化快速发展过程中保障用地、控制对耕地的占用起到重要作用（杨遴杰和张建，2006）。从日本和韩国的发展经验看出，城市化与耕地不仅仅是简单的占用与被占用的关系，从短期发展来看，城市扩张占地为主要表现；从长期发展来看，城市通过吸引人口聚集，减少农村占地，发挥集聚效应，从而减少耕地占用（马克伟和张巧玲，2001）。除此之外，两国更注重的是城市建设用地的整理与提高利用率的措施，并且相关法律法规在其中起到较好的约束作用（吴殿廷等，2006）。我国土地利用正处在加速非农化的时期，土地需求激增、耕地数量不断减少，在“耕地总量不减少、建设用地总量不增加”思想的指导下，国内学者开始注重统筹城乡土地利用研究，但研究处于起步阶段且尚未形成体系。研究涉及统筹城乡发展的土地资源优化配置（杜军，2010）、统筹城乡土地利用模式、绩效（何格，2009）和评价（殷清慧和周宝同，2010），以及城乡建设用地置换相关研究，其中城乡建设用地置换研究包括对置换问题、途径、对策的探讨（沈兵明，2001；刘忠庆等，2005）和经济效益评价研究（卢祖丹等，2009）。

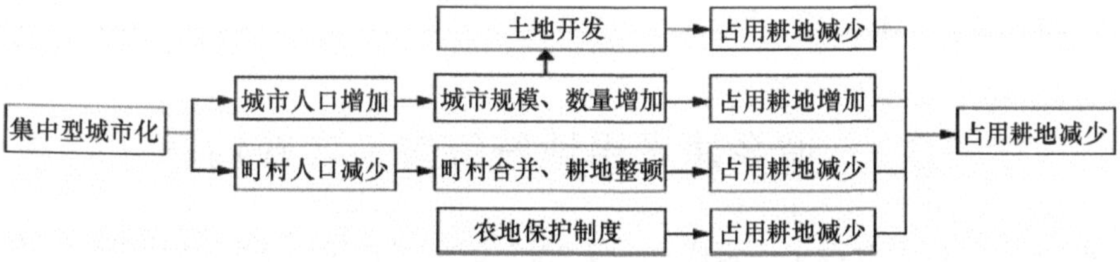

图 3.3　日本快速城市化与耕地保护的协调

3.3.2　城乡建设用地统筹置换实践进展

2006 年 4 月，国土资源部批复津、苏、鲁、鄂、川为全国第一批“挂钩”试点省份，确定了 183 个项目区及 4924 hm^2 周转指标。2007 年，追加内蒙古、浙、皖、豫、粤为试点省（自治区），次年进一步将渝、湘、闽、冀、辽、赣、云纳入试点范围。2009 年国土资源部直接将“周转指标”分配给省级政府，由其自行安排项目进行增减挂钩试点，同年，冀、辽等 13 省（自治区）获得“挂钩周转指标”15,275 万亩。截至 2010 年，全国已有 27 个省、自治区、直辖市加入城乡建设用地增减挂钩试点，总共下达周转指标

45 万亩[①]。2010 年 12 月，《关于严格规范城乡建设用地增减挂钩试点 切实做好农村土地整治工作的通知》（国发[2010]47 号）颁布，2011 年初，国土资源部叫停部分“挂钩”试点工作，至此，整个实践过程进入严格规范与整顿阶段[②]。

从整体来看，“挂钩”模式可分为政府主导型、市场主导型、农村集体自主型，以及三者相结合的运作方法（王君等，2007）。因各地情况不同，操作方法呈现多样化格局。从目前实施现状来看，苏、浙、闽、鲁、鄂、渝、川的“挂钩”操作方法取得了良好的效果，见表 3.2（国土资源部土地整理中心，2003）。

表 3.2 典型省份城乡建设用地增减挂钩运作方法

省份	项目特色	主要模式
天津	宅基地换房工程，第一批“三镇两村试点”周围指标总规模为 827.3 hm^2	建新型小城镇，宅基地按标准无偿换房，农村建设用地统一整理复垦，新型小城镇预留市场出让土地
江苏	万顷良田建设工程，建集中连片的高效农田，规定分片面积最小 4500 亩，工程区范围内不得安排安置房用地	整体搬迁、集中改造模式；公寓化、社区化模式；缩村腾地模式；空心村填空模式
浙江	千村示范万村整治工程，实施“365”集约节约用地行动计划和“百万”造地保障工程，计划 2008~2010 年完成新增耕地面积 106 万亩	撤村建居融合型；中心城镇积聚型；中心社区建设型；村庄整治撤并型；整村异地搬迁型
福建	涉农部门整合资金联合建设高标准农田，对土地整治项目实行工程化管理和动态监管	部门联合模式；工程化管理模式；动态监管模式
山东	资金政策扶持举措，土地出让金平均纯收益的 20%统筹用于村庄“腾空地”开发整理和复垦	撤村建居型；小城镇积聚型；新农社区建设型；村庄整治改造型；逐步撤并型；整村迁建型
湖北	百万亩高产农田示范工程；百万亩丘岗地改造工程；仙洪试验区土地整理工程；血防“兴地灭螺”土地整理工程；粮食主产区高产农田建设工程	工程推进型、整村推进型；试点先行型、扶持整治型
重庆	2006~2008 年共实施“整村、整镇推进”土地整理项目 47 个	耕地流转和迁村并点型；重点整治增加耕地型；谷岭整治提高耕地产出型；生态保护和移民安置型
四川	金土地工程，根据地形地貌、气候和耕作制度，将全省划分为 5 个工程类型区，不同地区根据类型区特点相应加强特色产业发展	先拆旧安置，后城镇建新模式；自留引水工程模式；紫色土治理工程模式；沟谷治理模式

3.3.3 城乡建设用地统筹置换实践问题

目前“挂钩”试点取得了一定成效，仅 2009 年全国农村土地整治就新增农用地 30.5 万 hm^2，其中新增耕地达到 26.9 万 hm^2。但所暴露出的一些问题引起学者的重视，问题研究主要包括以下方面：

1. 部分农民和农村利益被侵犯

以往的城市国有土地市场通常是以成本价征收农村土地用于城市建设扩张，开发建设的土地升值，但城市建设往往也只注重城市地区，对于收益返还给农村地区方面缺乏重视。“挂钩”看似外部效应内部化，但项目区仍有城乡之分，只要城乡二元结构存在，

① 事实上，各地多存在自行扩大试点范围、增加试点面积的情况。

② 经规范与整顿后，增减挂钩实践继续推进，并进入较为规范、稳定的新阶段。各地方政府也结合中央规定、根据当地实际情况或相继制定具有可操作性的、较为合理的相关政策、技术规程等，有的地方（如上海市）采用政府采购形式，开展实施技术管理外包。

这个问题总会存在（李旺君和王雷，2009）。

2. 土地使用权属难以确定

农民最为关心的问题莫过于土地权属问题（杨巧玲，2007）。一方面，国家严格限制农村土地非农化，一方面又需要为城市发展建设征收农村土地，但在程序、用途、补偿标准方面，农民属于执行者，在收益方面，对农民的利益保障不够（王丽英，2007；吕寒，2009）。其次，"挂钩"后农民的身份问题、下一代的住房，以及获得宅基地的权利等系列问题不明，势必影响项目区的可持续发展（白钰，2009）。此外，城乡收益与分配差异大，对农民土地的减少、丧失以及责任田位置变动所带来的损失尚无规范的补偿标准，将会加重耕地撂荒等土地资源的浪费（李占军等，2007；张宇等，2006）。

3. "挂钩"与相关规划的衔接不足

挂钩项目的选址与土地利用总体规划和城市总体规划的衔接不足（杨巧玲，2007）：项目与相关规划不协调，用地冲突现象层出不穷；地方领导更替使规划缺乏相对稳定性；形式主义现象较为普遍，诸多规划只为完成任务，应付检查、验收、考核等。城市空间结构理论表明，经济空间演化沿着递减的土地级差收益曲线依次展开。挂钩项目区一般远离规划的城市空间拓展圈层，导致需要大量土地出让地块来平衡项目资金，既不符合空间经济演化规律，也不利于土地节约集约利用。

4. 周转指标归还缺少强制性措施和问责机制

周转指标的如期、如数、保质归还受制于诸多因素，如相关领导更替、资金链条断裂、农民搬迁受阻、拆迁矛盾过激等。据相关规定，一定期限内，整理复垦增加的耕地指标归还面积不得少于周转指标面积，归还质量不得低于占用耕地质量（欧阳芳辉，2010）。但"挂钩"政策并没有对周转指标的如期、如数、保质归还设立强制性措施和问责机制。

5. 国家粮食安全风险

2010 年中央一号文件明确提出要确保复垦耕地质量。"挂钩"虽然保障了耕地总量，但耕地的生产力需要多年的培育。目前的"挂钩"基本形式是劣地换良田，补充耕地的质量难以达到被占用耕地的质量，导致耕地隐性减少，违背了耕地占补平衡战略"使存量耕地产出能力总量不下降"的初衷（张凤荣和张琳，2006）。耕地面积虽然相同，粮食产量差别较大，长此以往将影响国家粮食安全（王涛和白田田，2011）。

6. 政府面临财政风险

现实操作中，"挂钩"前期费用筹措面临较大困难；如果置换的建设用地用作工业项目，政府需要负担大部分资金投入，出让收益较低，资金难以平衡，造成政府负担；农村居民点拆迁、补偿、土地整理资金需求量大，回笼期长，面临资金不到位、建新不拆旧、项目停顿等问题。所以，置换出的建设用地能否获得预期收入，预算资金是否合理，自身平衡目标能否实现，以及"挂钩"资金的筹措、运作、利用、管理机制不成熟等因素使政府面临较大的财政风险（杨巧玲，2007）。

3.4 相关研究或技术方法的进展

国内外对城市地区的研究起步较早、且数据全面，因此在城市用地相关领域的研究过程中，对研究方法的挖掘较多，有较多研究成果；相对而言，在农村地区的研究起步较晚，且由于数据的局限性，在农村用地相关领域研究成果较少，但已有的研究方法为该领域研究提供有力支撑，在农村用地整理与置换方面研究取得一定进展。

3.4.1 RS 和 GIS 在用地增长研究中的应用

RS 和 GIS 是城市建设用地增长研究的基础方法。遥感技术具有快速、高技术、新信息源、动态变化等特点，对于无土地利用现状资料的研究区域，RS 为获得数据信息提供了很好的技术支持，应用遥感技术获取数字影像，经过解译、分类和提取后可得到有效的城市建设用地时空信息，为城市建设用地空间信息提取及在此基础上研究其扩展提供了良好的平台。GIS 技术则能够为城市研究的海量空间信息管理、分析、模拟等提供强有力的技术支持（Sui，1994；田光进和庄大方，2003）。无疑 RS 与 GIS 为研究城市建设用地增长提供了重要的技术手段。目前，中国广泛应用于土地利用调查等领域的影像为 Landsat TM 遥感影像，已建成的数据集包括 20 世纪 80 年代中后期、90 年代中期、2000 年末和 2005 年 Landsat TM/ETM 影像数据库以及相应的土地利用/覆被现状数据库、遥感解译标志数据库等（刘纪远和邓祥征，2009）。在时空信息基础上，GIS 通过进一步处理空间属性数据完成城市建设用地增长的时空分析，如可得到城市建设用地扩展规律、相关指数变化与空间差异等结果（Liu et al.，2002；田光进和庄大方，2003；熊黑钢等，2010）。除此之外，凸壳原理的应用与 DMSP/OLS 灯光数据应用为研究城市建设用地增长特征与其空间分布、变化特征提供新思路与新视角（刘纪远等，2003；卓莉等，2006）。对统计数据的分析是城市建设用地增长特征分析的较为常用且起步较早的方法，主要是对研究区域历年城市建设用地总量变化分析、基于不同尺度的数量变化差异比较和空间分布差异，以及通过构建指标来说明增长特征。

3.4.2 基于经验统计的方法在用地增长因素研究中的应用

在城市建设用地增长动力因素的研究中，基于经验统计的模型、方法占主导地位，尤其在国内，特别注重各因素的综合考虑。基于经验统计的常用方法有主成分分析法、回归分析法、灰色关联度分析法、相关分析法及空间统计模型分析法等。Deng 等（2010）综合自然与社会经济因素，利用空间计量经济模型等分析中国城市用地增长动力因素；吴大放等（2010）对自然因素、政策因素和社会经济因素进行全面分析，并通过主成分分析法，提取珠海市建设用地变化的社会经济驱动力因素；谈明洪等（2003）从全国范围内探讨城市用地增加的驱动力，并用偏相关分析解释经济因素对城市用地增加驱动作用大于人口因素；史培军等（2000）利用1980~1994年深圳市遥感数据，以历年建成区面积为因变量进行多元回归；刘瑞等（2009）采用Logistic回归模型对德州市扩张动力因素影响大小进行分析，并探讨驱动因素对城市扩张的作用；鲍丽萍和王景岗（2009）在对中国大陆城市建设用地扩展影响因素定性分析基础上，利用灰色关联分析法分析经济、社会和政策3个层面因子对城市建设用地扩展影响大小；曾辉等（2007）通过分析边缘非城镇像元的邻域水平、非城镇像元与最近建成区像元的距离、建成区斑块的规模对边缘及全区非城镇像元向建设用地转化比率的影响，来分析建设用地扩展的动力因素。

3.4.3 三个主要模型在用地增长预测研究中的应用

灰色系统理论与多主体系统（multi-agent system，MAS）、元胞自动机（cellular automata，CA）模型是城市建设用地增长预测研究的常用方法。灰色系统理论首创于20世纪80年代，是一种系统科学理论。其中灰色预测方法是对既含有已知信息又含有不确定信息的系统进行预测，是城市建设用地增长预测的重要方法。根据灰色预测理论，把城市建设用地预测看作是灰色系统，因为影响城市建设用地的因素中，包括人口规模，经济发展状况等不确定因素，确定的是随时间输出建设用地量（石海洋等，2010）。如部分学者用灰色预测方法对重庆、哈尔滨等研究区域建设用地预测，并认为此方法有较强的实用性和有效性，不需要典型的分布规律，弱化随机因素和无序因素的影响（邱道持，1996；安祥生，2006；刘学伟和宋戈，2007；朱希钢等，2010）；部分学者提出用灰色组合神经网络预测城市建设用地总量，由此提高了预测精度（赖红松和董品杰，2003；石海洋等，2010）。MAS/CA预测方法则侧重空间模拟预测。多主体系统是指直接从模拟组成系统的个体以及个体与个体之间的相互作用出发来研究系统的整体行为，其思想源于复杂适应系统理论（李新延和李德仁，2005），在国外应用于城市发展研究，其中包括城市扩张模拟、城市交通模拟、城市规划等（Bura，1996；Ferdinando et al.，2004），国内学者如李新延和李德仁建立MAS与GIS集成的城市用地变化模型，按照设定的行为规则模拟城市用地变化（李新延和李德仁，2005）；元胞自动机是多学科交叉的“混合体”，可以有效地模拟复杂的动态系统，在本领域中被越来越多地应用于城市扩展、城市空间增长模拟、城市土地利用变化等，发展较成熟（Batty et al.，1999；Fang et al.，2005；龙瀛等，2008；邱炳文和陈崇成，2008；任海军等，2010）。城市建设用地增长的复杂性和不确定性使灰色系统方法和MAS/CA模型在研究中具有重要的应用价值，实现了在规模总量和空间两个层面的预测。

3.4.4 农村建设用地整理阶段的相关研究方法

在农村用地相关领域的研究，学者们重点在农村建设用地整理阶段进行诸多方法技术探索与挖掘，包括整理潜力方法、实证与模型研究（朱伟等，2006；林坚和李尧，2007；何英彬等，2008；宋伟等，2008；朱晓华等，2010）、整理项目空间分异及整理模式研究（杨庆媛等，2004；杨庆媛等，2010；张占录和张远索，2010；陈玉福等2010）、整理用地转换方向研究（姜广辉等，2009）、整理效果分析与评价（石诗源和张小林，2009；谷晓坤等，2010），以及少量“挂钩”分区研究（曲衍波等，2011）、对“挂钩”规划方法的探讨（周小平等，2010）、“挂钩”合理性评价（朱琳，2010）以及“挂钩”意愿评价（吕月珍，2009）。

其中，农村建设用地土地整理潜力测算涉及多种计算方法（何英彬等，2008），主要包括：①政策指标测算法。以人口与人均或户均用地面积为衡量标准测算土地整理的潜力（胡道儒，1999；徐红，2006），部分学者考虑了农村居民点土地整理的自然、经济限制性因素（林坚和李尧，2007；宋伟等，2006），政策指标测算法简易可行，是较为常用的方法。②抽样调查法。对评价区域内农村闲置居民点进行抽样调查，统计内部闲置土地面积，计算土地闲置率，以此推算农村居民点土地整理潜力（贾玫，1999），此方法误差较大。③建筑容积率法。是通过规划期末建筑容积率与现状农村居民点建筑用地容积率的差值，乘以农村居民点建设用地总面积来计算（李衡等，2007），此方法忽略了村庄内闲置地及空宅的土地整理潜力，因此往往结果偏小。④空间技术支持下的全面调查与评价测算。通过高分辨率遥感影像的应用以及与实地调研的有机结合来获取和认知村庄尺度土地利用现状及其问题，制订空心村用地整治潜力评价指标，以评价为获取可整治潜力数据核心方法，确定空心村用地的可整理潜力类型，计算空心村用地可进行整治的理论与现实潜力（朱晓华等，2010）。

3.5　研究进展的总体评价与启示

3.5.1　总 体 评 价

（1）国内外学者已对城市建设用地方面进行了大量的理论总结、方法探索和实证分析，研究涵盖了城市、区域、国家和全球等不同尺度，以及从时间到空间的不同维度、序列，研究成果对于把握城市建设用地变化的格局、机制等起到了重要作用，并在城市建设用地增长现象、问题和解决方法中形成一定支撑。相对而言，对农村建设用地研究则较少，尤其是在国内，在城乡二元制度影响下，快速城市化进程中的农村空心化及农村建设用地低效利用问题日益突出的当前，关于农村土地综合整治、建设用地潜力释放的相关研究与实践方法、路径、模式的探索亟待深入开展。而在城市研究领域内，面对当前城市建设用地需求的不断增长、用地矛盾愈演愈烈的现实，合理的保障需求及解决矛盾的具体措施亟待进一步研究。

（2）城乡建设用地的研究多以城市和农村两个角度的独立研究。虽然通过城乡建设用地统筹置换实现城乡土地利用优化配置是保障城市建设用地需求、坚守耕地红线、切实推进新农村建设的必然需求。但目前对于城乡建设用地相关研究仍较少，对具体的城市建设用地需求和农村建设用地整治潜力相结合的研究较少，并且以定性探讨为主，缺乏定量分析。可以说，对城乡建设用地统筹置换研究仍处于起步阶段，还未对城乡建设用地统筹置换合理规模、实现过程、操作路径等方面进行深入研究，难以为统筹置换提供科学支撑。

（3）城乡建设用地置换实践正以自上而下的“挂钩”形式在各试点省份陆续开展。目前置换实践仍处于探索阶段，各地实践方法与路径不同，形成了不同的探索方向与模式，并取得一定成效，其实践价值值得肯定，但同时也暴露出许多问题。目前，许多学者以及相关执行者、管理者对所发生的问题展开讨论，不同地区因操作方法不同出现的问题也不同，只有找出问题的根源并解决才是顺利推进实践的关键。

3.5.2　启示与展望

1. 城乡建设用地集约利用、统筹发展研究与实践将备受关注

随着我国快速城市化进程的到来，以及城乡建设用地利用问题的增多与矛盾的加剧，建立在理论研究基础之上的综合性应用研究以及典型案例研究将成为今后的热点。一方面，城市要发展且还要占用大量土地包括耕地，这是客观趋势，另一方面，我国长期城乡分割、重城轻乡，造成农村建设落后、管理薄弱、用地粗放，致使今天的用地供需失衡。这些问题都备受关注。城乡建设用地发展应借鉴西方城市“精明增长”理念，立足国情，深挖农村建设用地潜力，在集约与管理控制方向的指导下，统筹城乡建设用地利用，使其合理发展。

2. 急需开展相关科学研究以支撑城乡建设用地置换实践

目前已有的方法技术研究主要为农村建设用地整理阶段的研究，总体仍处于起步阶段，尚未系统化。城乡建设用地置换是一项复杂的系统工程，从频发的问题来看，当前急需支撑性的置换理论、实践方法、相关技术的系统研究，如对机理的系统研究，实践中关于补偿的宅基地价值评估与征地补偿计算，以及置换中的复垦区域选址、指标落地、空间格局演变与预测、置换模式选择等方面的研究。

3. 构建城乡建设用地统筹置换研究体系

从数据、方法和理论三个层面构建城乡建设用地统筹置换的研究体系：①构建数据集。当前城乡建设用地相关的定量研究数据，一部分来源于统计数据，另一部分来源于遥感或土地利用调查的空间数据，不论哪一种数据都以城市方面的数据较丰富，农村建设用地的数据特别是村庄村落数据缺乏，应注重搭建农村方面的相关数据平台，为今后农村土地整理与城乡建设用地统筹置换建立后备数据资源。②建立理论体系。目前，我国正处于人地矛盾突出、重视城乡统筹发展的快速城市化阶段，城乡建设用地统筹置换研究将会愈来愈受重视，建立具有专属性质的理论体系是城乡建设用地统筹置换研究继续深入的必然趋势和客观要求。随着研究的深入，应从宏观、中观、微观三个层面建立适用于不同区域、尺度的城乡建设用地统筹置换理论，尤其是对典型地区的理论探讨。③建立研究方法体系。目前对城乡建设用地相互关系研究较少，建设用地统筹置换研究处于起步阶段，应多吸取已有的城市建设用地相关研究方法，借鉴国外相关研究建立城乡建设用地统筹置换研究的方法与模型体系。

4. 多学科相互借鉴与融合发展

城乡建设用地统筹置换研究，主要包括用地特征、变化机理与趋势、置换方法路径等方面，研究涉及多尺度、多时序、多学科。可以说，城乡建设用地统筹置换是一个跨学科、跨专业综合性的研究，涵盖了地理学、经济学、社会学、统计学、管理学等多学科知识，因此多学科相互借鉴、融合发展十分必要，也是该研究的特点，如此更能促进该研究的不断深入。

第4章　城乡建设用地统筹置换的人地背景

快速工业化、城市化进程对我国城乡人地关系产生了重要影响，深入分析该过程中城乡建设用地变化、人口变化及其相互关系具有决策参考价值。本章首先分析近年来我国城乡建设用地变化特征，并基于城乡人口与建设用地变化的关系分析，划分城乡人口与建设用地变化协调关系的类型区，进一步基于城乡人口和建设用地变化预测，探讨理想状态下全国城乡建设用地统筹置换潜力与保障量。

4.1　城乡建设用地变化特征

4.1.1　城市建设用地变化特征

1. 1990~2009 年城市建设用地总量变化的时序特征

根据建设部计划财务司编制的 1990~2005 年《城市建设统计年报》和 2006~2009 年《城市建设统计年鉴》数据资料，绘制我国 1990~2009 年近 20 年城市建设用地总量变化图①。由图 4.1 可以看出，近 20 年我国城市建设用地面积总量不断增加，呈现线性上升趋势。1990 年中国城市建设用地面积 11 608.30 km^2，到 2009 年面积为 41 155.98 km^2，增长 29 547.68 km^2，年均增长 1555.74 km^2。其中，20 世纪 90 年代中后期，城市建设用地总量增加有所趋缓，2000 年后城市建设用地恢复快速增长，2005 年后城市建设用地进入新一轮增长态势。

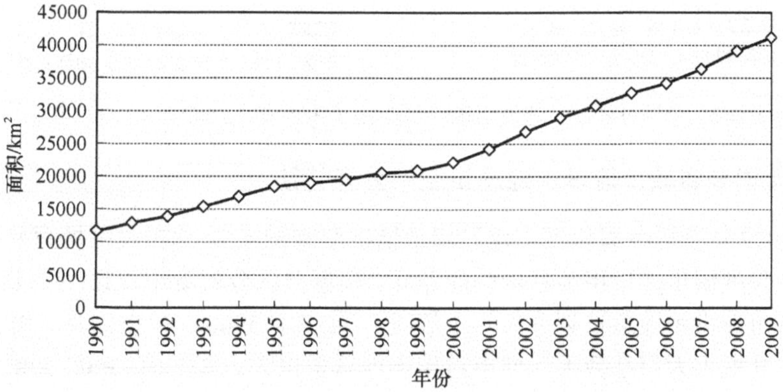

图 4.1　1990~2009 年我国城市建设用地总量变化

① 其中 1994 年和 1995 年的上海建设用地面积均为 4435.20km^2，与实际情况偏差明显。基于前后两年数据，按照等增长率估算，校正值分别为 559.30km^2 和 710.10km^2。2005 年全国总量数据为 29 636.83 km^2，不包括北京和上海的数据，校正后为 31 461.39 km^2。

2. 全国分省城市建设用地数量变化特征

选择 1990 年、1996 年和 2009 年三年①的城市建设用地数据绘制分省城市建设用地面积图，比较各省数据变化。由图 4.2 可知，1990 年辽宁省城市建设用地总量最高，为 982.30 km²，其次是黑龙江省（935.00 km²）和山东省（744.90 km²）。到 1996 年，广东省、山东省和湖北省的城市建设用地总量最高，分别为 1529.30 km²、1379.10 km² 和 1293.00 km²，广东省、湖北省和四川省的城市建设用地增长量较大。2009 年，广东省城市建设用地总量最高，其次是山东省和江苏省。从城市建设用地增长趋势与数量来看（图 4.2~图 4.4），1990~2009 年，东部地区城市建设用地增长较快，尤以粤、鲁、苏、沪、浙五省（直辖市）的城市建设用地增长最快、增长量最大，中西部地区增长较慢且增长量普遍较小。从城市建设用地增长率来看（图 4.3），上海市的城市建设用地增长率最大，2009 年总量是 1990 年的 9 倍多，其次是广东省（7.5 倍）；增长率为 2~5 倍的有 14 个省份，其中琼、宁、云三省（自治区）1990 年城市建设用地总量最低，苏、浙、闽、琼、云城市建设用地增长达 4 倍左右；另外 15 个省（直辖市、自治区）城市建设用地增长率低于 2 倍，其中，黑、吉、辽、冀、内蒙古 1990 年城市建设用地总量高但增长率低，青海省与西藏自治区城市建设用地总量最低且增长率最低，仅分别为 0.48 倍和 0.69 倍。

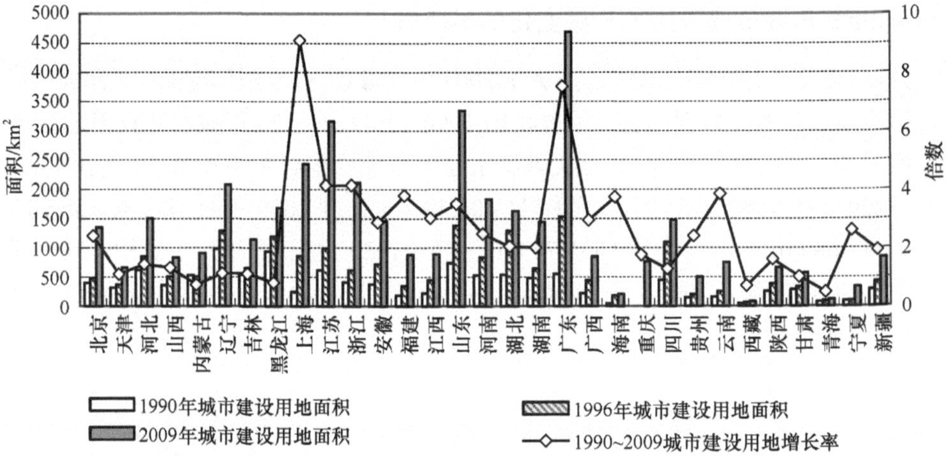

图 4.2　全国分省城市建设用地面积变化（1990 年、2000 年和 2009 年）②

3. 2009 年全国分省城市建设用地总量空间分异特征

基于 2009 年全国各省份城市建设用地情况绘制图 4.5，分析我国城市建设用地数量分布及省域尺度城市建设用地总量空间差异。根据全国分省城市建设用地总量的地域差异性，将城市建设用地总量划分为六个等级：①3001~5000 km² 等级区，包括广东、山东和江苏。其城市人口基数大，城市占用土地总量也大。②2001~3000 km² 等级区，包括上海、浙江和辽宁。这三个省（直辖市）的城市数量和城市人口多、城市经济和产业

① 选择 1996 年为时间点，主要因为 1996 年为我国进入快速城市化阶段的转折年，并与后文农村居民点用地变化特征分析的起始时间相对应。

② 全书凡是涉及全国内容的统计数据（图或表）均不包括香港、澳门、台湾，下文不再一一表述。

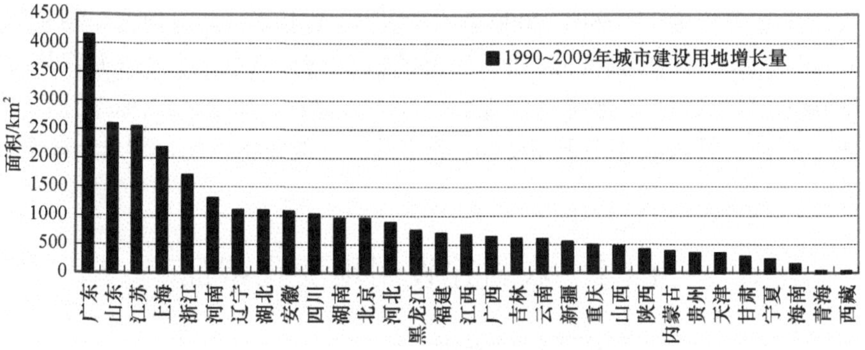

图 4.3　1990~2009 年全国分省城市建设用地增长量

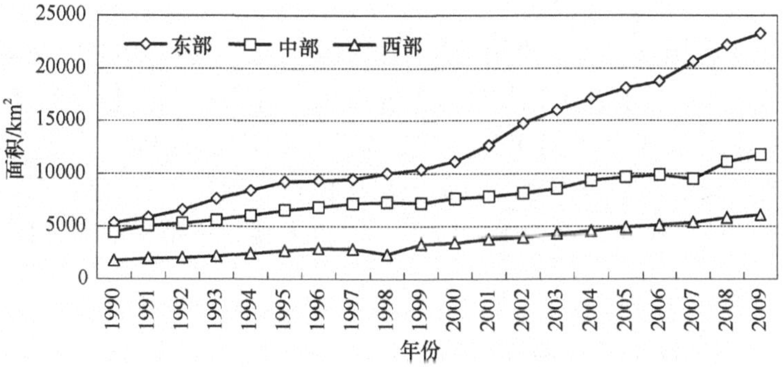

图 4.4　1990~2009 年我国东、中、西部城市建设用地增长量

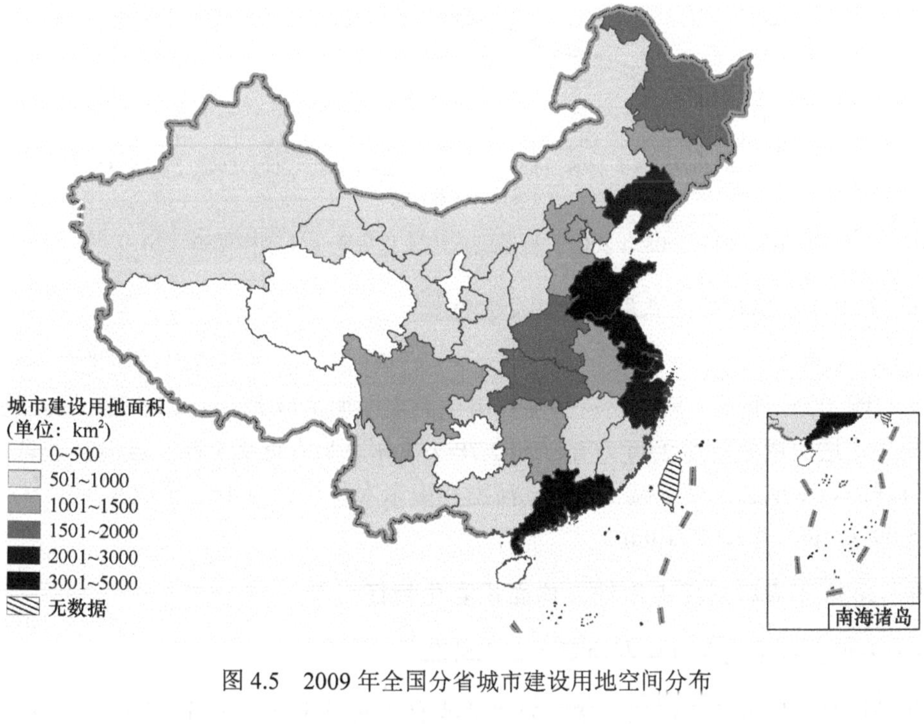

图 4.5　2009 年全国分省城市建设用地空间分布

发达，占用土地面积大。③1501~2000 km^{2}等级区，包括黑龙江、河南和湖北。④1001~1500 km^{2}等级区，主要包括河北、四川、安徽、湖南、北京、吉林（面积从大到小）。⑤501~1000 km^{2}等级区，主要包括内蒙古、江西、福建、新疆、广西、山西、重庆、云南、陕西、天津、甘肃。⑥小于500 km^{2}等级区，主要包括贵州、宁夏、海南、青海、西藏。

4.1.2 农村建设用地变化特征

1. 1996~2008年农村居民点用地总量变化特征

1）全国农村居民点用地总量变化的时序特征

1996年以来我国农村居民点用地呈增长态势，年均递增0.11%，年均增长1.86万hm^2。由图4.6可知，当前处于抛物线峰值左端的上升期，且增速趋缓，模拟分析表明，农村居民点用地到2010年左右可扭转增长态势。事实也是如此。由于近几年国家对农村居民点用地增长的控制与整理，目前农村居民点用地应该已达到增长峰值，之后将进入缓慢下降阶段。可见，在政策主导下，农村人减地增带来的用地压力将逐步得到缓解。

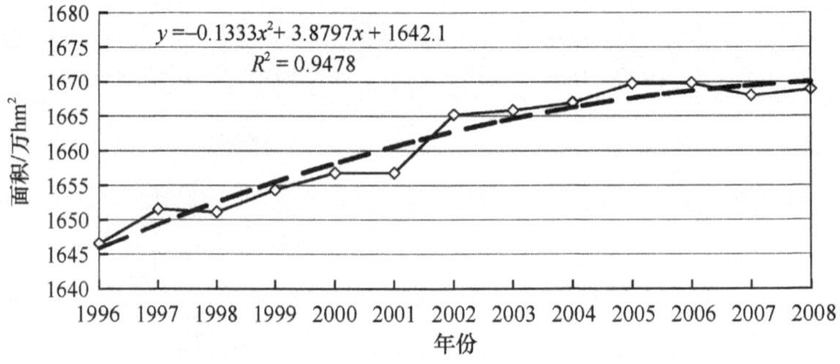

图4.6　1996~2008年我国农村居民点用地总量变化（李裕瑞等，2010）

2）全国分省农村居民点用地数量变化特征

1996~2008年，全国约3/5的省（自治区、直辖市）的农村居民点用地总量处于增加态势（图4.7）。其中，新疆农村居民点用地面积增加量最大，达4.06万hm^2，河北和山西次之，增加量分别为2.94万hm^{2}和2.78万hm^2。另有近2/5省（自治区、直辖市）的农村居民点用地总量处于减少态势。河南和山东农村居民点用地面积减少最多，分别减少5.89万hm^{2}和3.14万hm^2。

2. 1996~2008年农村居民点用地人均面积变化特征

1）全国农村居民点用地人均面积变化特征

我国城乡人口统计数据按户籍划分包括非农业人口和农业人口，按居住范围划分包括城镇人口和乡村人口。以下将农业人口和乡村人口分别称为农业户籍人口和农村常住

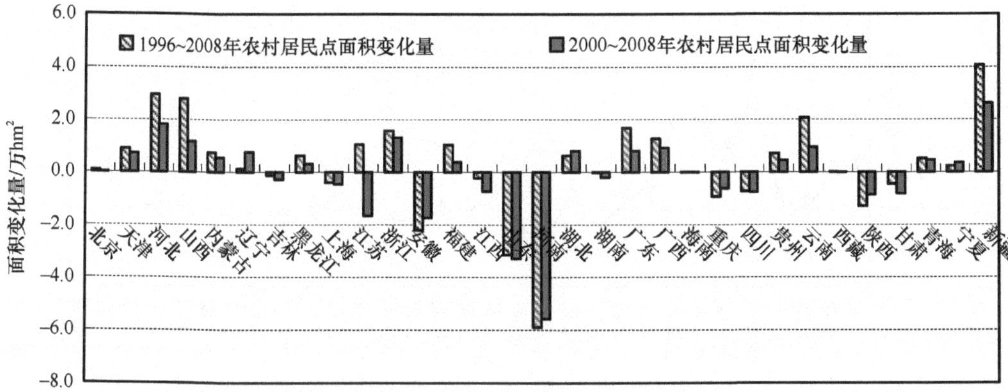

图 4.7　1996~2008 年全国分省农村居民点用地变化量

人口，用作农村居民点用地人均面积计算中的人口数据。全国农业户籍人口数据来自《中国人口统计年鉴》（1993~2006 年）和《中国人口和就业统计年鉴》（2007~2008 年）；全国乡村常住人口数据来自《中国人口统计年鉴》（2001 年）和《中国统计年鉴》（2001~2008 年）。尽管 1996 年以来我国农村常住人口和农业户籍人口数量先后进入快速减少的转型阶段，但农村居民点面积总体仍呈增长趋势，以致农村人均居民点面积仍有所增加（图 4.8）。1996~2008 年农村常住人口人均居民点面积持续增加了 19.55%，农业户籍人口人均居民点面积也增长了 3.94%，与国家人均标准上限值（150 m^2）相比，分别超出 50%和 25%以上。

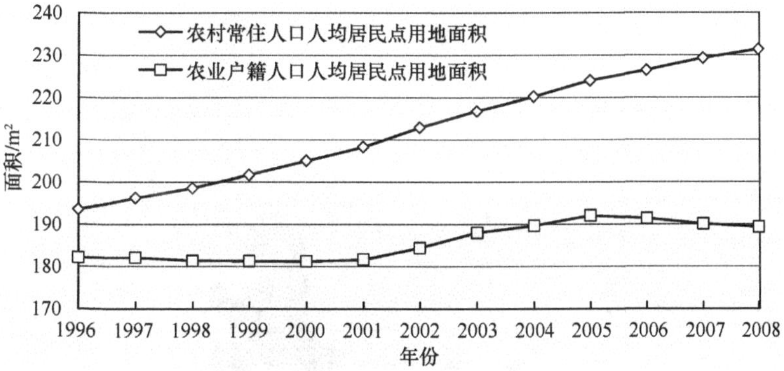

图 4.8　1996~2008 年我国农村居民点人均用地面积变化

2）全国分省农村常住人口人均居民点面积变化特征

2000~2008 年①，全国除上海和西藏外，其他省份的农村常住人口人均居民点面积均有不同程度增加（图 4.9）。中部地区人均面积增长最大，约 34.58 m^2，东、西部地区人均面积增长分别为 26.00 m^2 和 23.60 m^2，2008 年，东部、中部、西部农村常住人口人均居民点面积分别达到 246 m^2、318 m^2 和 220 m^2。其中，内蒙古人均面积最大且增长最高，2000 年人均面积 507.71 m^2，2008 年增长到近 600 m^2。

① 自 2000 年开始才有分省的乡村常住人口数量统计。

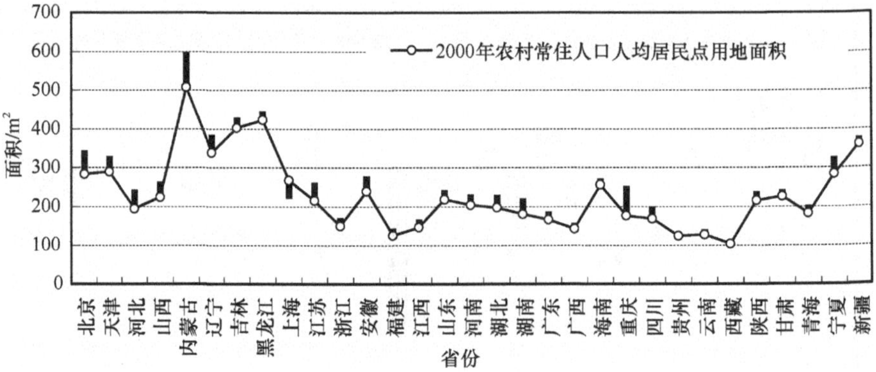

图 4.9　2000~2008 年全国分省农村常住人口人均居民点面积变化

3. 2008 年农村居民点用地总量与人均数量分布

1）农村居民点用地总量分布

基于 2008 年全国各省份农村居民点用地情况绘制图 4.10，分析我国农村居民点用地数量分布及省域尺度空间差异。根据全国分省农村居民点用地总量的地域差异性，将农村居民点用地总量划分为六个等级：①11 001~14 000 km² 等级区，包括河南和山东。这两个省为农业大省，农村区域面积大，农村常住人口数大，居民点用地总量也大。②8001~11 000 km² 等级区，主要包括四川、安徽、河北、江苏、湖南（面积从大到小）。③5001~8000 km² 等级区，主要包括黑龙江、湖北、内蒙古、辽宁、广东、吉林、

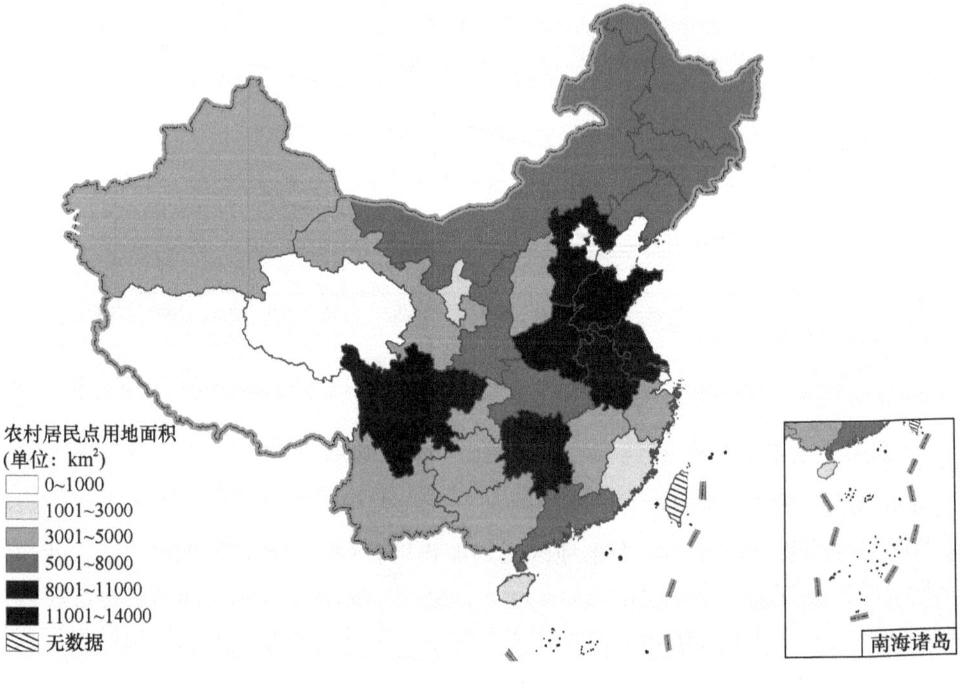

图 4.10　2008 年全国分省农村居民点用地空间分布

陕西（面积从大到小）。④3001~5000 km^{2}等级区，主要包括山西、新疆、广西、甘肃、江西、云南、浙江、重庆、贵州（面积从大到小）。⑤1001~3000 km^{2}等级区，主要包括宁夏和福建。⑥小于 1000 km^{2}等级区，主要包括青海和西藏。

2）农村常住人口人均居民点面积分布

基于 2008 年全国各省份农村常住人口人均居民点面积情况绘制图 4.11，并根据全国分省农村常住人口人均居民点面积的地域差异性，划分为五个等级。总的来看，2008年，除福建、贵州、云南和西藏的农村常住人口人均居民点面积小于国家上限标准（150 m^2）外，其余省份均有不同程度超标。其中，内蒙古人均面积最大；东北三省与新疆的人均面积为 351~500 m^{2}等级区；251~350 m^{2}等级区，面积从大到小依次为北京、天津、宁夏、安徽、山西、江苏和重庆；大部分省份人均面积为 151~250 m^{2}等级区。

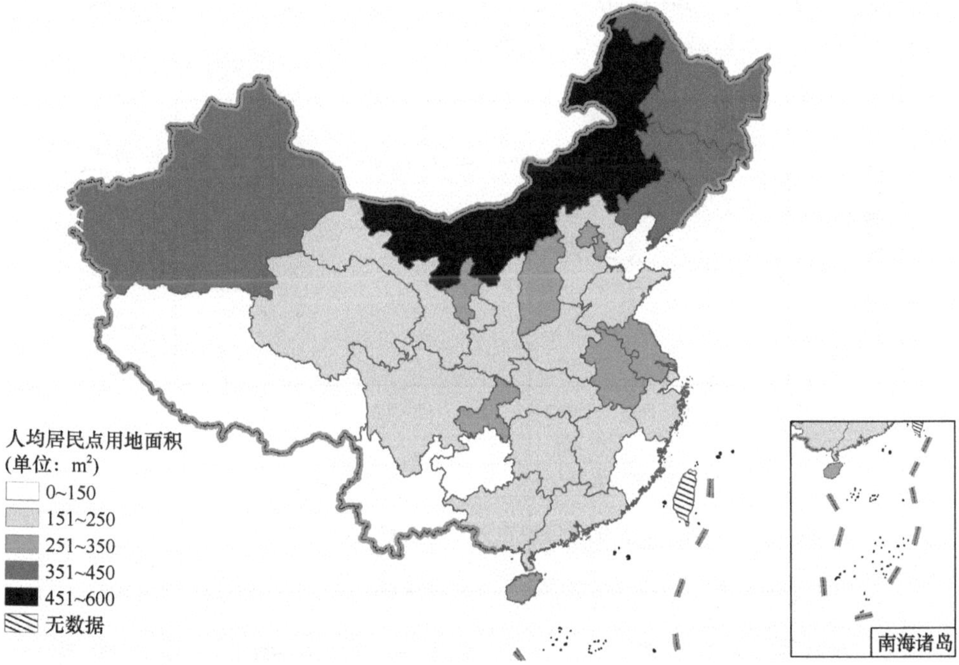

图 4.11　2008 年全国分省农村常住人口人均居民点面积空间分布

4.2　人口与建设用地变化及其耦合关系

人口与建设用地分别为社会经济和土地资源两个系统中的重要指标，一般而言，城乡建设用地利用以人均面积作为标准，人口与建设用地之间具有明显的相互作用、相互影响的关系。从表面上看，城乡建设用地属于两个地域系统，但在建设用地总量控制的约束下，其随人口数量的变化而变化并遵循一定规律。

4.2.1　城乡人口与建设用地变化特征

在全国层面，1996 年以来全国城市人口逐年增长，而农村人口逐渐减少（图 4.12），两者变化率分别为62.62%与–15.22%；城市建设用地与农村居民点用地均呈增长态势（图 4.13），增幅分别为 105.99%和 1.36%。由此可见，城市建设用地面积翻了一番，增幅是城市人口数量增长的 2 倍，而农村居民点用地并没有随着农村人口减少而减少，城乡人口和建设用地变化整体上不够协调。在省份层面，2000~2008 年绝大部分省份农村居民点用地均呈现增长态势。除上海和西藏的农村人口增加而居民点用地减少、新疆和贵州的农村人口与居民点用地同向增加外，吉林、江苏、安徽、江西、山东、河南、湖南、海南、重庆、四川、陕西和甘肃等的农村人口与居民点用地同向减少，但人口减少率均高于居民点用地减少率，其中重庆农村人口减少 31.31%，而居民点用地仅减少 1.70%；其余 14 个省份农村人口减少而居民点用地增加（表 4.1）。

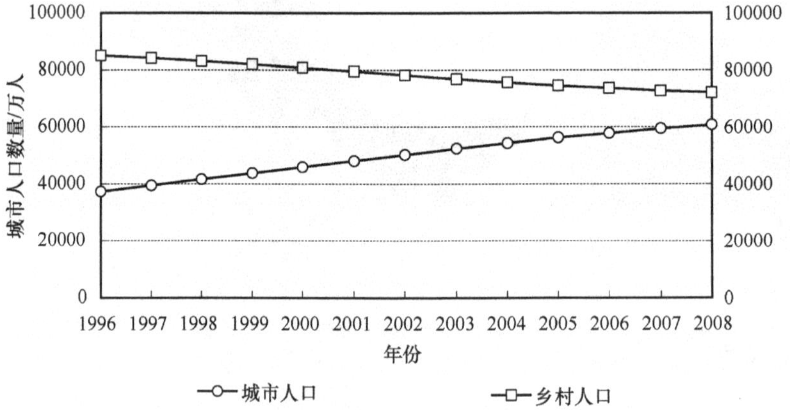

图 4.12　1996~2008 年全国城市人口与农村人口（常住）变化比较

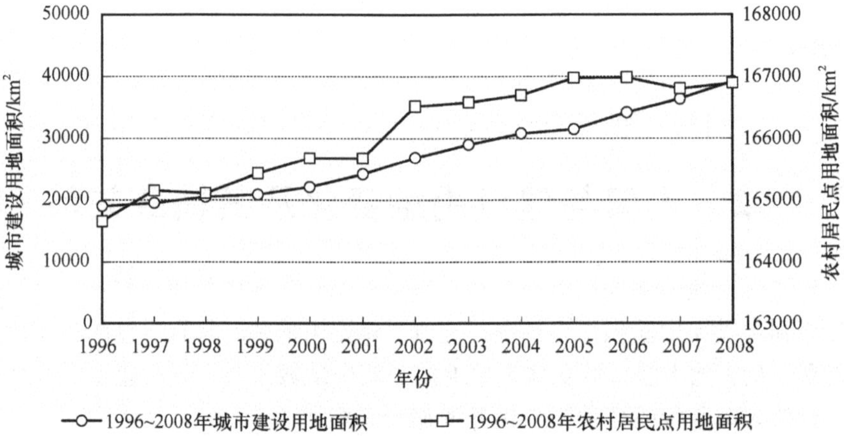

图 4.13　1996~2008 年全国城市建设用地面积与农村居民点面积变化比较

表 4.1　2000~2008 年全国及各省份农村人口数量与农村居民点用地面积变化

省份	农村人口/%	农村居民点用地/%	省份	农村人口/%	农村居民点用地/%
全国	−10.66	0.78	河南	−15.15	−3.83
北京	−17.54	0.02	湖北	−13.15	1.12
天津	−4.50	8.64	湖南	−18.42	−0.25
河北	−18.55	1.87	广东	−10.10	1.22
山西	−12.76	2.40	广西	−7.66	1.99
内蒙古	−14.42	0.78	海南	−5.78	−0.14
辽宁	−11.11	1.14	重庆	−31.31	−1.70
吉林	−6.81	−0.52	四川	−16.57	−0.74
黑龙江	−4.56	0.40	贵州	0.19	1.31
上海	10.01	−8.67	云南	−7.38	2.25
江苏	−19.38	−1.76	西藏	4.57	−0.65
浙江	−9.55	3.65	陕西	−10.80	−1.63
安徽	−15.53	−1.68	甘肃	−8.41	−1.85
福建	−10.97	1.48	青海	−3.15	7.41
江西	−13.82	−1.64	宁夏	−10.47	3.30
山东	−12.34	−2.68	新疆	0.96	5.67

4.2.2　人口与建设用地变化耦合关系

1. 城市化与城乡建设用地变化关系

城市化是一个漫长的发展历程，它所带来的最具体、最明显的痕迹为城市人口增长、建设用地增长。理想状态下，在城市系统内，随着城市化进程推进、人口增多，建设用地在合理阈值内不断增长，与城市化发展相协调。而在农村系统内，城市化初期阶段，随着人口增长，农村建设用地有相应增长，城市化进程加快后，农村人口向城市地区集中量增大、速度增快，农村地区人口明显减少，相应其建设用地总量应逐渐下降。图 4.14（a）所示为理想状态的城市化发展与城市、农村建设用地变化关系。对于城乡建设用地总量而言，伴随城市化发展与人口增长，总量先增加，再在城市化发展后期阶段逐渐趋于波动平衡［图 4.14（b）］。然而，这一令人乐观的城市化发展与城乡建设用地变化关系，是建立在人类能够很好地适应社会经济发展，并协调好社会经济系统与建设用地系统之间关系的基础之上的。从可持续发展和土地资源管理的角度讲，如果使城市化发展与城乡建设用地变化相协调，必须始终以可持续发展为目标，通过有效、合理的土地资源分配、利用和管理来不断约束建设用地的过度扩张。

2. 城乡人口与建设用地变化脱钩分析

关于快速城镇化进程中城乡人口与建设用地变化的基本认识：①城镇化进程中城镇常住人口增长是城镇化发展的必然过程、客观需要，只要在城镇资源承载能力范围之内，即可认为是合理的。②该过程需要城镇建设用地资源作为支撑，城镇建设用地面积增加在很大程度上是必要的，但不能过度、过速，否则很可能降低土地利用效率、威胁耕地

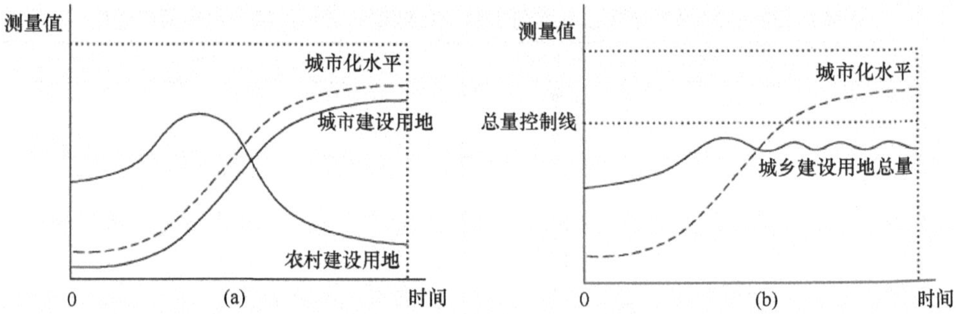

图 4.14 理想状态下城市化发展与城乡建设用地变化关系

数量安全。③城镇化进程中农村人口减少是必然的，但减少的数量和质量同等重要，仅体现为常住人口的减少还不够，还需要户籍人口的减少，更需要其生活方式、生产方式的城镇化。④农村居民点面积理应随着人口城镇化进程的深入而减少，或部分转变为城镇建设用地，或部分整理复垦为耕地。鉴于此，本研究拟借助脱钩的理论与方法来探讨城乡人口变化与建设用地变化之间的耦合关系。

"脱钩"（decoupling）一词最初源于物理领域，中国物理学界一般理解为"解耦"。早在 1966 年，国外学者就提出了关于经济发展与环境压力的"脱钩"问题，首次将"脱钩"概念引入社会经济领域（Carter，1996）。近年来，"脱钩"理论的研究进一步拓展到能源与环境、农业政策、循环经济等领域（OECD，2001；Environmental Advisory Council of Sweden，2002；Roberto et al.，2002；Ballingall et al.，2003；OECD，2005；Tapio，2005；OECD，2006）。国内学者对"脱钩"的相关研究刚刚起步，相关研究主要为循环经济和生态环境的评价，以及资源环境和经济的关系研究（邓华和段宁，2004；贺秀斌等，2005；石磊和张天柱，2005；顾晓薇等，2005；赵一平等，2006；陈百明和杜红亮，2006；郭琳和严金明，2007；李效顺等，2008；杨克等，2009）。

本节借助"脱钩"的基本思想和方法来探索城乡人口变化与建设用地变化之间的关系。借鉴已有的思想与方法，构建城乡人口变化与建设用地变化关系指数分析模型（Tapio，2005；Vehmas et al.，2003；李效顺等，2008；李裕瑞等，2010）。模型表示为

$$\alpha=RP/LP$$

式中，α 为人地增减变化弹性系数；RP 为人口增长率；LP 为建设用地增长率。

根据 RP 和 LP 的增减变化特征综合划定关系类型坐标图（图 4.15）。当人口与建设用地两者为异向变化时：①人口减少（RP<0）而建设用地增加（LP>0），两者为脱钩型的变化关系（指数 $\alpha<0$，位于 I 区），称为"强脱钩"，这是人口与建设用地变化极不合理的状态。②人口增加（RP>0）而建设用地减少（LP<0），两者为前者的反向变化关系（指数 $\alpha<0$，位于 V 区），称为"强负脱钩"，此时在不低于人均建设用地面积最低标准时，建设用地趋于集约、合理利用。

当人口与建设用地两者为同向变化时：①人口增加（RP>0），同时建设用地也增加（LP>0），两者变化关系位于第一象限（指数 $\alpha>0$）。据 Tapio 等研究，脱钩弹性值 0.8 和 1.2 可以参考作为状态划分依据（OECD，2001；Tapio，2005），由此可将第一象限划分为三种状态，即"弱脱钩"（$0<\alpha<0.8$，位于 II 区）、"扩张连接"（$0.8<\alpha<1.2$，位于 III

区）和“扩张负脱钩”（$\alpha>1.2$，位于 IV 区）。②人口减少（RP<0），同时建设用地也减少（LP<0），两者变化关系位于第三象限（指数 $\alpha>0$），并划分为三种状态，即“弱负脱钩”（$0<\alpha<0.8$，位于 VI 区）、“衰退连接”（$0.8<\alpha<1.2$，位于 VII 区）和“衰退脱钩”（$\alpha>1.2$，位于 VIII 区）。在这六种状态中，当 LP 与 RP 相近（III 区和 VII 区）、LP 小于 RP 时（IV 区和 VI 区），人口变化与建设用地变化趋于合理，反之为人口与建设用地同向变化的欠合理状态。

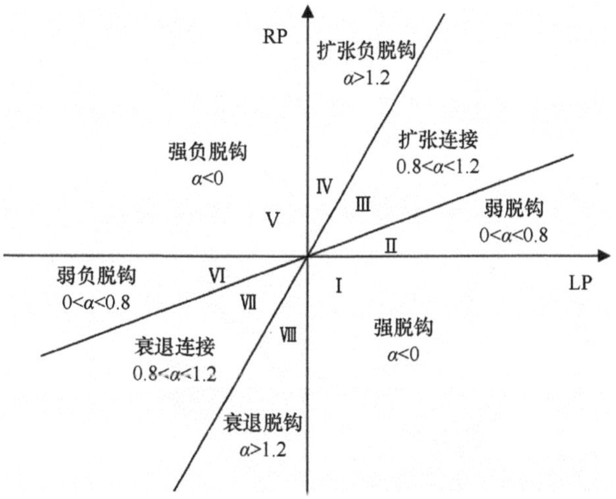

图 4.15　城乡人口与建设用地变化关系类型坐标图

基于 2000~2008 年城乡人口（常住）与建设用地数据①分别计算城市地区人口与建设用地变化关系指数、农村地区人口与建设用地变化关系指数，分析城市和农村地区人口与建设用地变化脱钩关系。

1）城市地区人口与建设用地变化耦合特征

2000~2008 年，城市地区人口数量与建设用地面积同向增长（图 4.16）。依据城乡人口变化与建设用地变化关系指数模型，及关系类型划分，全国城市人口与建设用地变化关系呈现 3 种状态：弱脱钩、扩张连接和扩张负脱钩（图 4.17，表 4.2）。

（1）弱脱钩关系：全国约 80%的省份为 $0<\alpha<0.8$，主要特征为城市建设用地增长率显著大于人口增长率，城市人口与建设用地变化呈现弱脱钩关系，其中广东的弱脱钩关系最为显著。

（2）扩张连接关系：山西（$\alpha=1.04$）、江西（$\alpha=0.90$）和广西（$\alpha=0.91$）的城市人口与建设用地变化呈现扩张连接关系，主要特征为城市建设用地增长率相近于人口增长率。

（3）扩张负脱钩关系：河北（$\alpha=1.21$）、西藏（$\alpha=1.61$）和青海（$\alpha=1.34$）的城市人口与建设用地变化呈现扩张负脱钩关系，主要特征为城市人口增长率大于建设用地增长率。

① 农村地区建设用地面积主要为居民点用地面积。

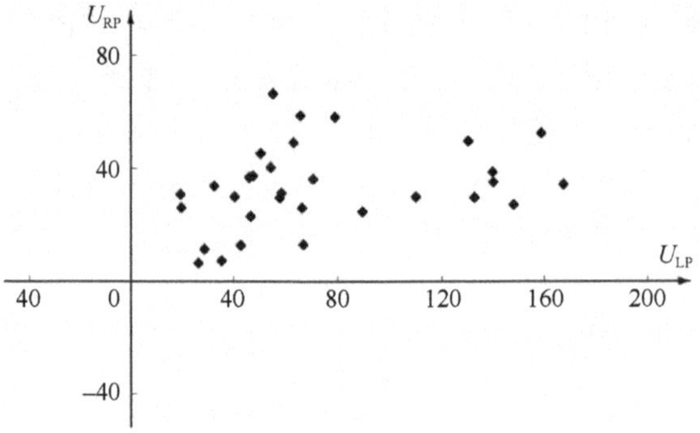

图 4.16　城市地区人口与建设用地变化散点图（单位：%）

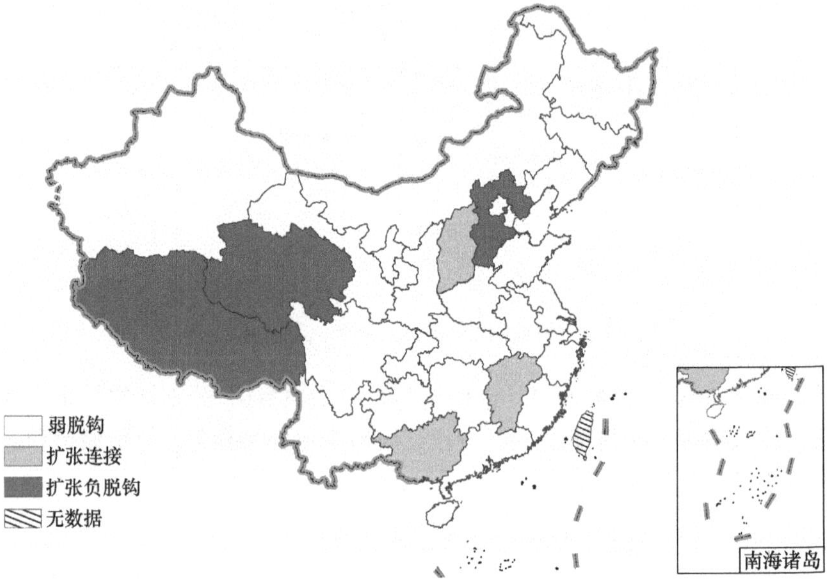

图 4.17　全国城市地区人口与建设用地变化关系类型格局

2）农村地区人口与建设用地变化耦合特征

2000~2008 年，农村地区人口数量与建设用地（居民点用地）面积双向变化（图 4.18），两者变化关系呈现 4 种状态：强脱钩、衰退脱钩、强负脱钩和弱脱钩（图 4.19，表 4.3）。

（1）强脱钩关系：约一半省份的农村居民点用地并没有随农村人口减少而减少，反而持续增加，农村人口与居民点用地变化呈现强脱钩关系。

（2）衰退脱钩关系：有 11 个省份的农村居民点用地与人口同向减少，但人口减少率明显大于用地减少率，农村人口与居民点用地变化呈现为衰退脱钩关系。

（3）强负脱钩关系：强负脱钩为强脱钩的反向状态，主要特征为人口增加而用地减少，从目前来看，这种情况比较少见，仅有西藏和上海。

表 4.2　2000~2008 年全国分省城市人口与建设用地变化脱钩关系

省份	U_{RP}/%	U_{LP}/%	U_α 值	脱钩关系	省份	U_{RP}/%	U_{LP}/%	U_α 值	脱钩关系
全国	32.33	77.00	0.42	弱脱钩	河南	58.20	78.95	0.74	弱脱钩
北京	34.29	167.48	0.20	弱脱钩	湖北	6.47	26.00	0.25	弱脱钩
天津	26.03	66.08	0.39	弱脱钩	湖南	40.36	53.95	0.75	弱脱钩
河北	66.49	54.85	1.21	扩张负脱钩	广东	27.24	148.14	0.18	弱脱钩
山西	33.67	32.25	1.04	扩张连接	广西	45.43	50.10	0.91	扩张连接
内蒙古	23.08	46.35	0.50	弱脱钩	海南	29.86	40.11	0.74	弱脱钩
辽宁	12.71	42.52	0.30	弱脱钩	重庆	38.73	139.82	0.28	弱脱钩
吉林	7.34	35.34	0.21	弱脱钩	四川	36.91	45.90	0.80	弱脱钩
黑龙江	11.46	28.55	0.40	弱脱钩	贵州	31.23	58.10	0.54	弱脱钩
上海	13.18	66.70	0.20	弱脱钩	云南	49.65	130.30	0.38	弱脱钩
江苏	35.09	140.05	0.25	弱脱钩	西藏	30.84	19.12	1.61	扩张负脱钩
浙江	29.52	132.73	0.22	弱脱钩	陕西	36.19	70.43	0.51	弱脱钩
安徽	49.26	62.78	0.78	弱脱钩	甘肃	37.36	47.29	0.79	弱脱钩
福建	24.64	89.59	0.28	弱脱钩	青海	26.07	19.47	1.34	扩张负脱钩
江西	58.80	65.42	0.90	扩张连接	宁夏	52.53	158.84	0.33	弱脱钩
山东	29.93	110.01	0.27	弱脱钩	新疆	29.74	57.63	0.52	弱脱钩

注：U_{RP} 为城市人口增长率；U_{LP} 为城市建设用地增长率；$U_\alpha=U_{RP}/U_{LP}$，为城市地区人地增减变化弹性系数。

（4）弱脱钩状态：贵州和新疆农村居民点用地与人口同向增长，但用地增加率明显高于人口增加率，农村人口与居民点用地变化呈现为弱脱钩关系。

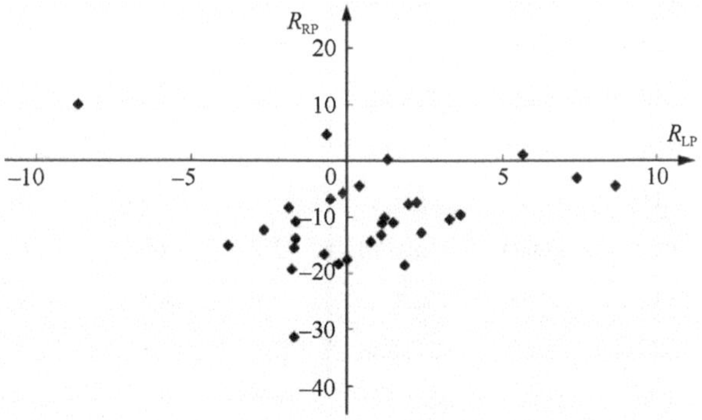

图 4.18　农村地区人口与建设用地变化散点图（单位：%）

3. 城乡人口与城乡建设用地变化协调关系及类型划分

将城市地区与农村地区的人口与建设用地变化脱钩关系进行叠加与组合，将全国城乡人口与建设用地变化关系划分 7 种类型区：同增极不协调区、同增不协调区、*R* 增不协调区、*R* 减不协调区、*U* 增不协调区、*U* 增 *R* 减不协调区和 *U* 增 *R* 减协调区（其中：*U* 为城市建设用地面积，*R* 为农村居民点面积），见表 4.4 和图 4.20。全国除西藏外，其他省份的人口与建设用地变化关系均呈现不同程度的不协调状态，有 1/3 省份人口与建设用地变化关系极不协调。

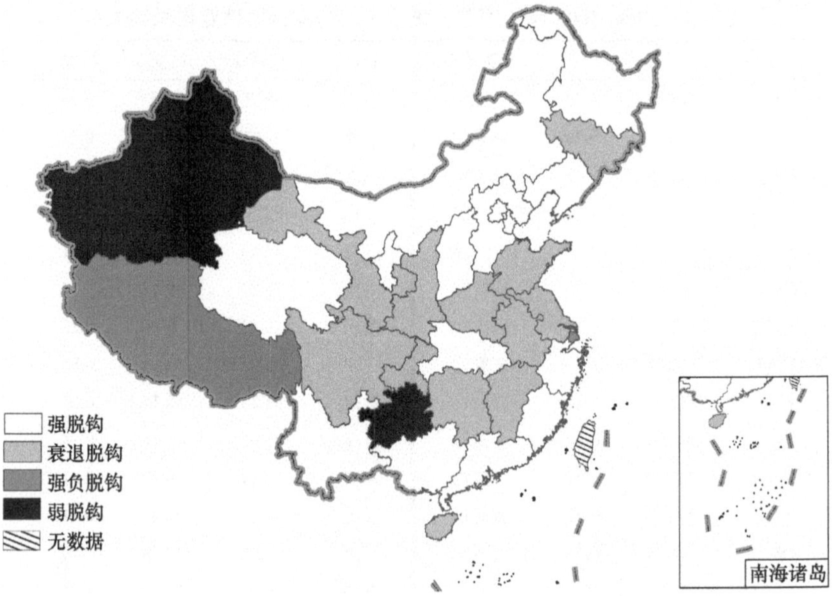

图 4.19　全国农村地区人口与建设用地变化关系类型格局

表 4.3　2000~2008 年全国分省农村人口与居民点变化脱钩关系

省份	R_{RP}/%	R_{LP}/%	R_{α} 值	脱钩关系	省份	R_{RP}/%	R_{LP}/%	R_{α} 值	脱钩关系
全国	−10.66	0.78	−13.63	强脱钩	河南	−15.15	−3.83	3.95	衰退脱钩
北京	−17.54	0.02	−735.23	强脱钩	湖北	−13.15	1.12	−11.77	强脱钩
天津	−4.50	8.64	−0.52	强脱钩	湖南	−18.42	−0.25	72.65	衰退脱钩
河北	−18.55	1.87	−9.93	强脱钩	广东	−10.10	1.22	−8.27	强脱钩
山西	−12.76	2.40	−5.32	强脱钩	广西	−7.66	1.99	−3.86	强脱钩
内蒙古	−14.42	0.78	−18.50	强脱钩	海南	−5.78	−0.14	40.50	强脱钩
辽宁	−11.11	1.14	−9.78	强脱钩	重庆	−31.31	−1.70	18.47	衰退脱钩
吉林	−6.81	−0.52	13.00	衰退脱钩	四川	−16.57	−0.74	22.50	衰退脱钩
黑龙江	−4.56	0.40	−11.43	强脱钩	贵州	0.19	1.31	0.14	弱脱钩
上海	10.01	−8.67	−1.15	强负脱钩	云南	−7.38	2.25	−3.28	强脱钩
江苏	−19.38	−1.76	11.00	衰退脱钩	西藏	4.57	−0.65	−7.00	强负脱钩
浙江	−9.55	3.65	−2.62	强脱钩	陕西	−10.80	−1.63	6.65	衰退脱钩
安徽	−15.53	−1.68	9.25	衰退脱钩	甘肃	−8.41	−1.85	4.55	衰退脱钩
福建	−10.97	1.48	−7.40	强脱钩	青海	−3.15	7.41	−0.43	强脱钩
江西	−13.82	−1.64	8.43	衰退脱钩	宁夏	−10.47	3.30	−3.17	强脱钩
山东	−12.34	−2.68	4.61	衰退脱钩	新疆	0.96	5.67	0.17	弱脱钩

注：R_{RP} 为农村人口增长率；R_{LP} 为农村居民点用地增长率；$R_{\alpha}=R_{RP}/R_{LP}$，为农村地区人地增减变化弹性系数。

表 4.4　全国城乡人口与建设用地变化关系类型区划分

编号	类型区	特征						包括省份
		UR	UL	RR	RL	U_α	R_α	
1	同增极不协调区	↑	↑	↓	↑	（0，0.8）	（−∞，0）	北京（III）、天津（III）、内蒙古（V）、辽宁（IV）、黑龙江（IV）、浙江（II）、福建（I）、湖北（II）、广东（II）、云南（I）、宁夏（III）
2	同增不协调区	↑	↑	↑	↑	（0，0.8）	（0，0.8）	贵州（I）、新疆（IV）
3	R 增不协调区	↑	↑	↓	↑	（0.8，1.2） （1.2，+∞）	（−∞，0）	河北（II）、山西（III）、广西（II）、青海（II）
4	R 减不协调区	↑	↑	↓	↓	（0.8，1.2）	（1.2，+∞）	江西（II）、四川（II）
5	U 增不协调区	↑	↑	↑	↓	（0，0.8）	（−∞，0）	上海（II）
6	U 增 R 减不协调区	↑	↑	↓	↓	（0，0.8）	（1.2，+∞）	吉林（IV）、江苏（III）、安徽（III）、山东（II）、河南（II）、湖南（II）、海南（III）、重庆（III）、陕西（II）、甘肃（II）
7	U 增 R 减协调区	↑	↑	↑	↓	（1.2，+∞）	（−∞，0）	西藏（I）

注：UR、UL、RR 和 RL 分别分别代表城市人口、城市建设用地、农村人口和农村居民点用地；↑为人口或用地变化方向；U_α 和 R_α 分别为城市和农村地区人地增减变化弹性系数；I~V 表示人均居民点用地数量等级，（I）为 0~150m^2，（II）为 151~250m^2，（III）为 251~350m^2，（IV）为 351~450m^2，（V）为 451~600m^2。

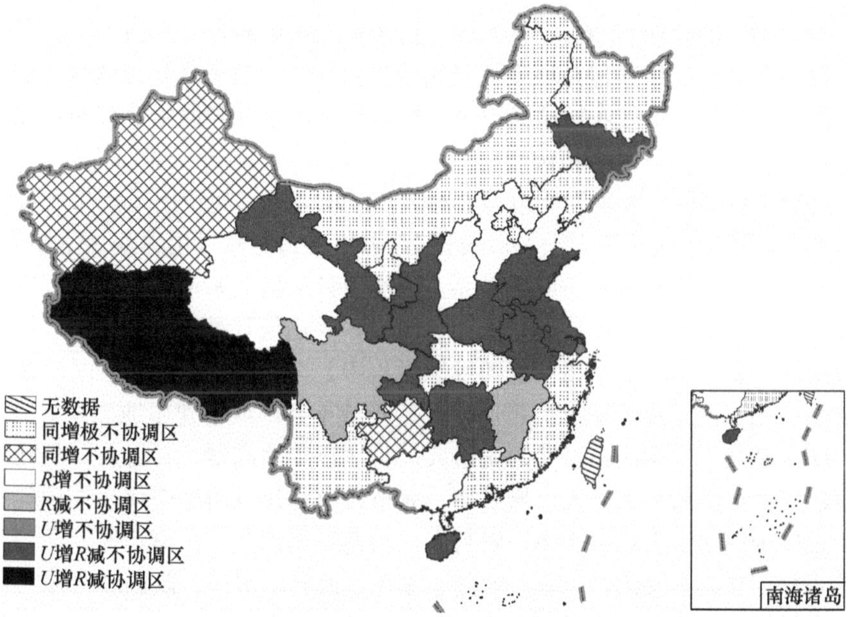

图 4.20　全国城乡人口与建设用地变化关系类型

（1）同增极不协调区：表现为城市人口增加、农村人口减少，而城乡建设用地双增；城市建设用地增长率大于人口增长率，城市人口与建设用地变化关系呈弱脱钩关系；农村人口与建设用地变化关系呈强脱钩关系。该类型主要包括北京、天津、内蒙古、辽宁、黑龙江、浙江、福建、湖北、广东、云南和宁夏等，除福建、云南的人均农村居民点用地小于 150m^2 外，其他省区人均面积均超过规定标准。在今后发展过程中，应适当减小城市建设用地扩展速度，严格控制农村居民点用地再度扩张，并应加强农村居民点用地整理，尤其是内蒙古、辽宁、黑龙江、北京、天津等农村人均居民点用地面积较高的省份。

（2）同增不协调区：表现为城市与农村人口双增，城乡建设用地双增；城市与农村建设用地增长率均分别大于其人口增长率，两者变化关系皆为弱脱钩关系。该类型主要包括贵州和新疆，由于新疆地广人稀，其人均农村居民点用地面积较大（351~450m^2）。在今后两省（自治区）发展过程中，应适当控制城市与农村建设用地扩展速度，在新疆地区根据情况逐步推进农村居民点用地整理，降低人均居民点面积。

（3）*R* 增不协调区：表现为城市人口增加、农村人口减少，城乡建设用地双增；城市建设用地增长率接近于或小于人口增长率，城市人口变化与建设用地变化较协调；农村人口与建设用地变化关系呈强脱钩关系。该类型主要包括河北、山西、广西和青海，四个省（自治区）的人均农村居民点用地面积均大于 150 m^2，其中山西人均面积超过 250 m^2。今后，在保持城市建设用地扩张与人口数量增长协调状态的基础上，应控制农村居民点用地再度扩张，并在农村居民点用地空置率高的地区开展农村土地综合整治。

（4）*R* 减不协调区：表现为城市人口与建设用地均增加、农村人口与城乡建设用地均减少；城市人口增长率接近于建设用地增长率，城市人口变化与建设用地变化较协调；农村建设用地减少率小于人口减少率，农村人口与建设用地变化关系呈衰退脱钩关系。该类型主要包括江西和四川两省，其人均农村居民点用地面积分别为 167 m^2 和 200 m^2，略高于上限标准。今后，在保持城市建设用地扩张与人口数量增长协调状态的基础上，应根据需要与条件，适当在农村居民点用地空置率高的地区开展用地节约整理，以使农村居民点用地减少与人口减少相协调。

（5）*U* 增不协调区：表现为城市与农村人口双增，城市建设用地增长而农村建设用地减少；城市建设用地增长率大于人口增长率，城市人口与建设用地变化呈弱脱钩关系；农村人口与建设用地变化呈强负脱钩关系。该类型只包括上海市。特大城市建设用地增长率显著大于人口增长率，如广东、上海、北京，并由统计数据计算 2008 年上海人均城市建设用地面积约 145 m^2。在今后的发展过程中，应主要控制城市地区的建设用地增长与人口增长相协调，降低城市扩张速度，适当减小人均城市建用地面积。

（6）*U* 增 *R* 减不协调区：表现为城市人口与建设用地同增、农村人口与建设用地同减；城市建设用地增长率大于人口增长率，城市人口与建设用地变化呈弱脱钩关系；农村建设用地减少率小于人口减少率，农村人口与建设用地变化呈衰退脱钩关系。该类型主要包括吉林、江苏、安徽、山东、河南、湖南、海南、重庆、陕西和甘肃等。这些省份的人均农村居民点面积均大于 200 m^2，其中吉林人均面积大于 400 m^2。在今后的发展过程中，应适当减小城市建设用地扩展速度，尤其是江苏、山东和重庆等经济较发达、发展较快的省份，提高城市建设用地的集约度，并因地制宜推进农村居民点整理。

（7）*U* 增 *R* 减协调区：表现为城市与农村人口双增，城市建设用地增加而农村建设用地减少；城市建设用地增长率接近于人口增长率，城市人口与建设用地变化呈扩张负脱钩关系；农村人口与建设用地变化呈强负脱钩关系。该类型为西藏自治区。该区自然环境限制性较强、并属于发展落后地区，社会经济发展缓慢，基础设施建设较困难，虽然城乡人口增长，但用地扩展规模小、速度低。

4. 典型区域城乡人口与建设用地变化的案例分析

选取山东省禹城市、江苏省江阴市为案例区，分别代表近年来发展逐渐起步的传统农区、工业化和城镇化发展水平已经较高的发达地区，通过实证分析进一步验证研究方法的适用性，证实研究问题的普遍性，为深刻认识和揭示问题的成因机制提供参考。

禹城市地处鲁西北传统农区，长期以来工业化、城镇化发展相对滞后，农村剩余劳动力大量外出务工，以致农村空心化逐渐加剧。近年来，该市立足农业发展工业，做大做强了农产品精深加工，随着农业产业化的快速发展，城镇建设逐渐步入高峰。城镇人口逐年增加，城市建设用地面积快速增长，农村户籍人口和常住人口不断减少，但农村居民点用地面积仍呈增长态势。2000~2009年，禹城市城镇化率由16.7%增长到31.4%，城镇人口由8.38万人增长到16.38万人，增长了95.35%，农村人口则由41.52万人减少到35.66万人，减少了14.26%；城镇建设用地增长90.98%，农村居民点用地增加0.94%。利用城乡人口变化与建设用地变化关系指数（α）模型计算得：①城镇地区 α=1.05，位于关系坐标图的第一象限（0.8，1.2）区间，城镇人口与建设用地变化关系属于扩张连接关系。②农村地区 α= –28.9，位于关系坐标图的第四象限，农村人口与建设用地变化关系属于强脱钩关系。2009年，禹城市人均城市建设用地面积175 m^2，虽然比2000年人均数量有所降低，但仍远高于120 m^2上限标准。农村人均居民点面积高达304 m^2，是国家规定的150 m^2上限标准的两倍。

江阴市地处苏南沿江地区，是发祥和践行“苏南模式”的核心区域。改革开放以来，该市利用紧邻上海、紧靠长江的区位优势，大力发展集体经济、乡镇企业，工业化、城镇化带动社会经济发展取得显著成效，多次名列全国“百强县”榜首。快速工业化、城镇化进程中，江阴的城乡人地关系、要素结构也发生着巨大变化。数据显示，2000~2008年，江阴市城镇人口数量由36.67万人增加到48.40万人，农村人口由78.51万人减少到71.60万人，增幅分别为31.99%和–8.80%；城镇建设用地面积由27.60 km^2增加到64.17 km^2，农村居民点面积由105.87 km^2增加到109.80 km^2，增幅分别为132.50%和3.70%。利用城乡人口变化与建设用地变化关系指数（α）模型计算得：①城镇地区 α=0.24，位于关系坐标图的第一象限（0，0.8）区间，城镇人口与建设用地变化关系属于弱脱钩关系。②农村地区 α= –2.38，位于关系坐标图的第四象限，农村人口与建设用地变化关系属于强脱钩关系。从绝对量值来看，全市人均城镇建设用地和人均农村居民点面积分别由75.26 m^2和134.86 m^2增加到132.57 m^2和153.35 m^2，均高于国家标准。即便以城镇常住人口进行计算，依然是城市建设用地增长速度快于城市人口增长速度。

综合禹城市和江阴市的城乡人口和建设用地变化态势及土地集约利用相关实践可看出：①在传统农区，城乡人口和建设用地变化失衡主要表现为农村居民点用地没有随着城乡人口结构的加速变化而产生动态调整，表观因素在于建新不拆旧、一户多宅、进城难落户以致宅基地退出不及时。尽管禹城市自2009年以来着手开展了农村中心社区建设，但许多村镇仍面临资金不充裕、观念跟不上、方案不完善、实施中走样等各种困难，折射出传统农区城乡土地统筹置换的现实困境。②在发达地区，城乡人口和建设用地变化失衡主要表现为城市建设用地过速扩张，表观驱动因素主要在于追求土地产出、财税收入和经济增长的持续快速增长。尽管江阴市近年来通过工业向园区集中、农民向城镇集中、农业向生态园区集中的“三集中”战略在一定程度上提高了城乡土地的集约利用程度，但农村居民点中产业用地和居住用地混杂的格局大大加大了整治难度，短期内仍难以实现城乡人口与用地的协同变化。

4.3　城乡建设用地统筹置换保障预测

由前文对城乡建设用地变化特征、人口与建设用地变化关系的分析可知，农村地区建设用地潜力巨大。本节通过预测城市建设用地需求与农村建设用地潜力，综合预测农村地区保障城市用地需求的数量与程度。

4.3.1　城市建设用地预测

城市建设用地预测方法主要分为两类：一类方法侧重于空间模拟预测，以基于 CA（元胞自动机）和 MAS（多主体系统）模型预测为代表（Bura，1996；Batty et al.，1999；Semboloni et al.，2004；李新延和李德仁，2005；Fang et al.，2005；刘小平等，2006；杨青生和黎夏，2007；龙瀛等，2008；邱炳文和陈崇成，2008；任海军等，2010），此方法起步较晚，但却实现了在规模总量和空间两个层面的预测。另一类方法为基于统计数据的预测，此类方法应用较早，至今已形成基于多种模型的预测，如指数增长模型、MGM-Markov 模型、灰色 GM（1, 1）模型、时间序列模型、多元统计回归模型、双因素预测模型、神经网络模型及组合修正模型等（邱道持，1996；陈国建等，2002；梁进社和王旻，2002；赖红松和董品杰，2003；王良健等，2008；黄秋昊和蔡运龙，2009；李建华和吴良才，2009；郭杰等，2009）。总的来说，城市建设用地增长是受各种因素共同作用的非线性复杂过程，预测研究中需要一定规则、指标或者模型支撑，虽然预测具有不确定性与片面性，但在一定程度上为城市发展中的用地需求与未来土地空间发展研究提供科学参考。

本节拟基于 1990~2009 年统计数据①预测全国各省份城市建设用地增长量，综合考虑预测受多种因素影响的复杂性、各预测模型的特征、预测的尺度，以及未来城市建设用地的紧凑式发展趋势，对比多种预测方法所得结果，最终选用时间序列法②。将修正后的 1990~2009 年全国分省城市建设用地数据作为历史基础数据，在 SPSS16.0 中选择 Time series 方法，通过观察时序图与拟合效果选择不同模型进行预测。目前，我国正处于快速城市化阶段，未来一段时间内（到 2030 年）城市化水平仍保持适速增长态势（方创琳，2009）。期间，虽然在严格的耕地保护制度下城市建设用地刚性增长将受到制约，但随着城市化水平的提高、社会经济不断发展，城市建设用地需求仍不断增加。假设未

① 资料来源：中国城市建设统计年鉴（1990~2009 年）。

② 由时间序列模型、GM（1，1）模型和双因素模型的预测结果来看，基于时间序列模型预测的结果偏小，接近实际并顺应紧凑式发展趋势。另外，时间序列法认为事物是发展变化的、且在时间上具有连续性，是根据过去的变化趋势预测未来的发展，而未来发展又是过去的延伸，过去和未来是有联系的。

来 20 年城市建设用地仍延伸过去近 20 年的增长趋势，则通过较好拟合(置信区间>95%)后，得到 2011~2030 年的城市建设用地增长预测结果，见表 4.5。

至 2020 年，全国城市建设用地总量将达到 56 225.34 km^2，2025 年和 2030 年将分别达到 65 396.44 km^2 和 73 170.71 km^2。未来 10 年、15 年和 20 年的新增城市建设用地分别约为 16 575.68 km^2、24 240.46 km^2 和 32 014.73 km^2。

表 4.5　全国分省城市建设用地预测结果

省份	模型类型	预测结果/km^2								
		2009 年	2011 年	2012 年	2013 年	2014 年	2015 年	2020 年	2025 年	2030 年
北京	ARIMA（0，1，0）	1349.83	1386.87	1405.40	1423.92	1442.44	1460.96	1553.57	1646.18	1738.79
天津	ARIMA（0，2，0）	662.25	706.82	729.98	753.74	778.08	803.02	936.52	1084.74	1247.68
河北	ARIMA（0，1，0）	1499.26	1592.13	1638.56	1685.00	1731.43	1777.87	2010.04	2242.22	2474.39
山西	Holt	833.60	851.60	873.16	894.73	916.30	937.87	1045.71	1153.55	1261.39
内蒙古	Holt	905.17	1005.77	1052.74	1099.71	1146.68	1193.65	1428.50	1663.35	1898.19
辽宁	ARIMA（0，2，0）	2082.04	2163.01	2203.37	2243.66	2283.87	2324.01	2523.51	2721.06	2916.67
吉林	ARIMA（0，1，0）	1144.42	1207.82	1239.52	1271.22	1302.93	1334.63	1493.13	1651.64	1810.14
黑龙江	ARIMA（0，1，0）	1682.84	1761.56	1800.92	1840.28	1879.64	1919.00	2115.80	2312.60	2509.40
上海	Brown	2429.08	2464.26	2479.65	2495.03	2510.42	2525.80	2602.73	2679.66	2756.58
江苏	ARIMA（2，1，2）	3167.59	3339.47	3470.56	3639.13	3786.96	3891.02	4524.33	5158.27	5792.70
浙江	ARIMA（0，1，0）	2110.56	2289.49	2378.96	2468.43	2557.89	2647.36	3094.69	3542.02	3989.35
安徽	ARIMA（0，1，0）	1452.10	1565.37	1622.01	1678.65	1735.28	1791.92	2075.11	2358.29	2641.47
福建	ARIMA（0，1，0）	881.37	954.75	991.43	1028.12	1064.81	1101.50	1284.94	1468.38	1651.82
江西	ARIMA（0，1，0）	888.23	958.44	993.55	1028.66	1063.76	1098.87	1274.41	1449.94	1625.47
山东	ARIMA（0，1，0）	3346.59	3620.45	3757.38	3894.31	4031.25	4168.18	4852.83	5537.49	6222.14
河南	Brown	1828.40	2045.58	2151.72	2257.87	2364.02	2470.16	3000.89	3531.63	4062.36
湖北	ARIMA（1，1，1）	1629.44	1707.01	1757.86	1818.39	1875.55	1933.89	2223.96	2514.11	2804.27
湖南	Brown	1439.38	1545.34	1622.26	1699.18	1776.10	1853.02	2237.62	2622.22	3006.82
广东	Holt	4688.81	5066.87	5255.95	5445.03	5634.11	5823.19	6768.60	7714.00	8659.41
广西	Brown	845.75	904.86	934.67	964.48	994.29	1024.10	1173.14	1322.19	1471.24
海南	ARIMA（0，1，0）	204.27	405.76	423.03	440.29	457.56	474.82	561.15	647.47	733.80
重庆	ARIMA（0，1，0）	769.58	851.37	892.27	933.17	974.06	1014.96	1219.44	1423.93	1628.41
四川	ARIMA（0，1，0）	1473.19	1584.55	1640.22	1695.90	1751.58	1807.26	2085.64	2364.03	2642.42
贵州	ARIMA（0，2，0）	496.51	543.43	568.21	593.88	620.43	647.87	798.35	970.95	1165.67
云南	ARIMA（0，2，0）	755.09	817.13	850.12	884.44	920.07	957.03	1161.58	1399.10	1669.59
西藏	ARIMA（0，2，0）	79.20	79.60	79.80	80.00	80.20	80.40	81.40	82.40	83.40
陕西	Brown	667.60	726.69	744.23	762.35	781.10	800.57	911.06	1049.96	1226.08
甘肃	ARIMA（0，2，0）	566.67	630.51	662.57	694.73	727.00	759.36	922.63	1088.36	1256.56
青海	ARIMA（0，2，0）	111.96	118.08	121.23	124.43	127.70	131.03	148.55	167.56	188.06
宁夏	ARIMA（0，1，0）	331.57	356.78	369.38	381.98	394.59	407.19	470.21	533.23	596.25
新疆	ARIMA（0，1，0）	834.19	891.90	920.76	949.62	978.48	1007.33	1151.62	1295.91	1440.19
全国	合计	41155.98	44143.27	45631.47	47170.33	48688.58	50167.84	57331.66	65396.44	73170.71

注：数据不包括香港、澳门和台湾，余同。

4.3.2　农村居民点置换潜力预测

目前并没有正式定义的"农村居民点置换潜力"，较为相近的概念为"农村居民点整理潜力"。在《县级土地开发整理规划编制要点》（国土资源部，2002）中，农村居民点整理潜力被定义为"通过对现有农村居民点改造、迁村并点等，可增加的有效耕地及其他用地面积"，这是关于农村居民点整理潜力的最基本定义。由这个表述可以看出，农村居民点整理的中心任务是增加有效耕地面积。但基于城乡建设用地统筹置换理念，以坚持最严格的耕地保护制度和节约用地制度为前提，农村居民点整理后可置换用于城市发展用地指标。国内采用的农村居民点整理潜力测算方法主要有人均建设用地标准法、户均建设用地标准法和农村居民点内部土地闲置率法三种，见表 4.6（宋伟等，2010；何英彬等，2008）。

表 4.6　农村居民点整理潜力测算方法

方法	内涵与操作	特点
人均建设用地标准法	人均居民点用地现状和确定的人均居民点建设用地整理标准与规划期末农村人口乘积的差值	优点：计算简便 缺点：不考虑限制因素，结果偏大，且难实现
户均建设用地标准法	户均居民点用地现状与户均居民点用地标准的差值	优点：计算简便 缺点：不考虑限制因素，结果偏大，难以开展规划编制
土地闲置率法	依据对测算区域内典型样点农村居民点内部闲置土地面积的调查，获取土地闲置率，以此测算农村居民点整理潜力	优点：闲置土地潜力几乎都可转化为现实潜力 缺点：只考虑了闲置土地一方面的潜力，结果偏小

人均建设用地标准法是国内测算农村居民点整理潜力时的常用方法，也是《县级土地开发整理规划编制要点》中推荐的测算方法。它主要依据人均居民点用地现状和确定的人均居民点建设用地整理标准与规划期末农村人口乘积的差值，估算出农村居民点整理潜力。计算公式为

$$\Delta S=S_{现状}-S_{人均标准}\times P$$

式中，ΔS 为农村居民点的整理潜力；$S_{现状}$为农村居民点的现状面积；$S_{人均标准}$为农村居民点的人均建设用地标准；P 为某时期农村居民点的农村人口数。若 P 为规划期末农村人口数，则

$$P=P_{基期年}\times(1+r)^{t}\pm\Delta P$$

式中，$P_{基期年}$为基期年农村人口数；r 为农村人口自然增长率；t 为规划期；ΔP 为人口机械变量。

由于该方法缺乏对于农村居民点整理潜力转化限制性因素的考虑，测算结果往往偏大而难以实现。为此，许多研究者对该方法进行了修正以使其测算结果更加贴近现实值。计算公式主要修正为

$$\Delta S'=（S_{现状}-S_{人均标准}\times P)\times k_{限制性修正}$$

式中，$\Delta S'$为修正后的农村居民点的整理潜力；$k_{限制性修正}$为整理潜力限制条件修正系数。

学者对其进行不同界定，主要来自自然、社会、经济、土地资源等方面的评价或测算结果（李宪文等，2004；宋伟等，2006；林坚和李尧，2007；宋伟等，2008；石诗源和张小林，2009；陈荣清等，2009；曲衍波等，2011）。另外，部分学者加入基于调研的农户意愿限制（孔雪松等，2010）。以上相关研究，除李宪文等以县为单元研究全国范围农村居民点整理潜力外，其他均以省域（或市、区）为研究尺度。

本书拟采用人均建设用地标准法。由于全国范围内各地区农村居民点置换潜力影响因素的不确定性与复杂性，在此暂不考虑 $k_{\text{限制性修正}}$值；并因各地区人口自然增长率与人口机械变量的复杂性，农村期末人口利用城市化水平预测结果进行推算。因此，农村居民点置换潜力计算公式为

$$\Delta S=S_{\text{现状}}-S_{\text{人均标准}}\times P$$

$$P=P_{\text{总}i}\times(1-q_i)$$

式中，$P_{\text{总}i}$ 为期末预测总人口；q_i 为期末预测城市化水平；按照《村镇规划标准》及相关研究确定 $S_{\text{人均标准}}$ 为人均建设用地面积标准上限值（150m^2）。基于 2008 年全国各省份农村居民点用地面积数据，预测全国范围的农村居民点用地置换理论潜力。经计算，全国及各省农村居民点置换理论潜力见表 4.7。

表 4.7　全国各省农村居民点用地理论置换潜力预测结果　（单位：km^2）

省份	2008 年	2020 年	2030 年	省份	2008 年	2020 年	2030 年
全国	57115.91	68417.17	81305.38	河南	4930.22	4622.21	5611.97
北京	496.14	478.02	526.81	湖北	2503.35	3570.07	4228.97
天津	480.26	461.17	476.96	湖南	2610.07	2706.14	3561.70
河北	3782.22	3709.11	4569.52	广东	1305.52	3080.29	3467.97
山西	2122.11	2069.60	2346.30	广西	226.13	1243.80	1920.18
内蒙古	5220.08	5279.40	5465.36	海南	538.87	753.16	815.98
辽宁	4058.15	4180.59	4372.28	重庆	1449.45	1363.18	1772.50
吉林	3582.97	3650.38	3755.59	四川	2579.79	2538.80	3433.88
黑龙江	5040.41	5339.27	5527.65	贵州	0.00	0.00	0.00
上海	154.72	328.91	340.11	云南	0.00	0.00	0.00
江苏	3951.07	5247.09	6010.79	西藏	0.00	0.00	0.00
浙江	471.91	1006.51	1344.44	陕西	1918.83	2116.49	2479.17
安徽	4700.59	4858.81	5628.00	甘肃	1644.46	1456.82	1594.01
福建	0.00	255.35	595.41	青海	170.27	173.13	190.91
江西	441.58	360.78	700.28	宁夏	600.36	511.01	520.57
山东	4570.56	5969.00	6977.92	新疆	2923.49	2921.89	3084.93

4.3.3　城乡建设用地统筹置换保障预测

基于全国城市建设用地增长与农村居民点置换潜力预测结果，进一步预测未来

10~20 年城乡建设用地统筹置换理论保障指数。计算公式为

$$I=\Delta S/(S_{预测}-S_{现状})$$

式中，I 为城乡建设用地统筹置换保障指数；ΔS 为农村居民点用地置换潜力值；$S_{预测}$ 为预测年份城市建设用地面积；$S_{现状}$ 为现状城市建设用地面积。

基于前文城市建设用地预测结果与农村居民点用地理论置换潜力预测结果，进一步经计算得到 2020 年与 2030 年城乡建设用地统筹置换保障指数，见表 4.8。除福建、贵州、云南和西藏外，其他省份均能在一定程度上通过挖掘农村居民点用地潜力为城市建设用地增长提供保障。山西、吉林、黑龙江、内蒙古、新疆和辽宁的农村居民点潜力较大，城乡建设用地统筹置换保障指数较高（$I_{2020}>9$，$I_{2030}>4$），陕西和安徽次之（$7<I_{2020}<9$，$3<I_{2030}<4$）；到 2030 年，天津市和江西省的农村居民点用地潜力将不能完全满足城市建设用地增长需求；上海、浙江、广东和广西的农村居民点用地潜力较小，将不能完全满足城市建设用地增长需求。以上仅为理想状态下的城乡建设用地统筹置换保障。由于各省份农村土地利用及社会经济发展情况不同，所能挖掘的建设用地潜力并不能达到理想值，也不能一步到位，因此，具体实践时应在调查研究的基础上，根据情况计算。

表 4.8　全国各省农村居民点用地置换保障预测结果

省份	2020 年置换保障指数	2030 年置换保障指数	省份	2020 年置换保障指数	2030 年置换保障指数
全国	3.45	1.78	河南	4.20	2.21
北京	2.44	1.28	湖北	4.21	2.13
天津	1.75	0.82	湖南	3.27	1.67
河北	7.40	3.88	广东	0.63	0.33
山西	10.00	4.96	广西	0.69	0.36
内蒙古	9.97	5.26	海南	1.51	1.02
辽宁	9.19	4.86	重庆	3.22	1.69
吉林	10.27	5.38	四川	4.21	2.21
黑龙江	11.64	6.10	贵州	0	0
上海	0.89	0.47	云南	0	0
江苏	2.91	1.51	西藏	0	0
浙江	0.48	0.25	陕西	7.88	3.44
安徽	7.54	3.95	甘肃	4.62	2.38
福建	0	0	青海	4.65	2.24
江西	1.14	0.60	宁夏	4.33	2.27
山东	3.03	1.59	新疆	9.21	4.82

第5章　城乡建设用地统筹置换的综合机制

由于城乡建设用地统筹置换过程涉及城市与农村两个不同的系统，因此并不是简单的土地用途变更、指标置换，而是一项由多种主体参与、受多种因素影响、涉及两大土地管理系统的复杂系统工程，需统筹兼顾、合理配置土地资源。此外，还是一项典型的自上而下式实践，强调政府主导配合市场化运作。本章全面分析城乡建设用地统筹置换影响因素与作用机理，从结构角度分析数量结构变化与空间运行机理，从政府作用与市场作用的角度分析政府机制与市场机制。

5.1　城乡建设用地统筹置换的影响因素与作用机理

城乡建设用地统筹置换是我国城市化发展与土地资源利用过程中的必由之路，由政府提出并引导实施。实践开展包括两个方面内容：一是宏观判定，即是否需要置换，置换的目标、定位与趋势是什么？二是微观操作，即怎样置换，具体操作方法是什么？因此，在探讨它的影响因素及其作用机制时，从宏观与微观两个层面入手，分析有哪些主导因素影响城乡建设用地统筹置换，影响哪些方面且相互作用机理机制是什么，由哪些因素推动或限制其开展，推动或限制的机理机制是什么。

5.1.1　社会经济发展规模、建设用地资源总量与置换潜力

一方面，社会经济发展离不开建设用地资源做支撑，随着社会经济发展，建设用地数量逐渐增长；另一方面，建设用地并不能无限扩展，尤其是国家再次强调耕地保护制度后，在最严格的耕地保护制度约束下，以侵占耕地作为建设用地增长来源的方式受到限制。在农村地区，以往建设用地的粗放式管理转变为严格、紧缩式管理，而在城市地区，建设用地指标越来越紧缺。基于此所提出的整理复垦农村低效利用的建设用地，并将节约出来的建设用地指标置换用于社会经济发展区域的方法，是短期内解决建设用地资源紧缺的重要方法，其中置换潜力是决定置换规模与效果的关键因素之一。

当能够开发利用的建设用地资源可以承载当前和未来一段时间内的社会经济发展规模时，则对城乡建设用地置换的需求低，甚至不需要进行城乡建设用地统筹置换，对置换潜力要求也低。相反，当社会经济发展规模对用地需求接近或超过用地资源总量时，急需对低效的、尤其是农村地区的建设用地资源进行整合利用，此时，置换潜力将得到最大程度的挖掘，并推动置换工作开展，增加置换规模。目前，根据国家相关政策规定，城乡

建设用地置换是在一定区域内（县域尺度）进行的，从理论上讲，一个区域内的建设用地总量一定，当建设用地指标紧缺不能满足社会经济发展时，农村建设用地置换潜力越大，城乡建设用地统筹置换的动力越大，则置换规模越大、效果越好。由此，社会经济发展规模、建设用地资源总量与置换潜力是开展城乡建设用地统筹置换的重要前提（图 5.1）。

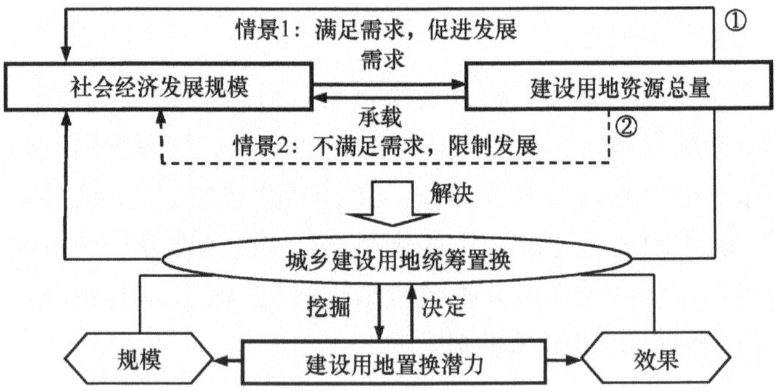

图 5.1　社会经济发展规模、建设用地资源总量和置换潜力作用机制

5.1.2　产业发展的类型、规模与布局

1. 产业类型决定建设用地置换规模与复垦质量

产业类型划分主要是依据产品生产工艺、产品加工和制造的原料、材质、产品用途、劳动服务对象、劳务服务功能和劳务服务方式。产业类型对建设用地置换的影响主要表现在两方面（图 5.2）：一方面，从产业发展的用地需求角度讲，不同类型产业所占用的土地面积或单位土地面积不同。以三次产业划分为基础，第三产业与人们生活及城市发展的融合性较强，单位占地面积不大；以采矿业、制造业、电力燃气及水的生产和供应业、建筑业为主的第二产业单位占地面积较大。另一方面，从废弃产业用地的土地整理、复垦来讲，不同类型产业用地整理、复垦成本不同，且复垦后的质量不同，将直接影响耕地质量。由于不同类型产业的工艺流程、技术水准、生产方式不同，产生污染的数量和种类不同，不同类型产业对土地质量产生不同的影响。矿山开采致使地面挖损、废弃物堆积等会破坏矿区的植被和土壤结构；在制造业发展过程中，产生大量废水、废气和固体废弃物，包括一些有害气体和物质，其中的化学物质或生物毒性物质在影响区域内慢性扩散和渗透土壤中，降低土地质量；电力燃气及水的生产和供应业，在生产过程中产生 SO_2、氮氧化物、CO、灰渣、烟尘等，致使渗透性土壤污染，同时大量灰渣堆放占用土地，污染地表；建筑业中建筑选址和建设则破坏场地土壤层。在用地置换过程中，土地质量决定了土地整理与复垦阶段中的成本与质量，土地质量差则复垦成本高，复垦后的耕地质量相对较差。

2. 产业集聚与规模扩大带来巨大用地需求

产业在社会经济发展中扮演了重要的角色。随着经济一体化和制造业向我国转移步伐的加快，我国产业大规模加速扩张。由于产业之间的联系不断加强，产业要素不断集

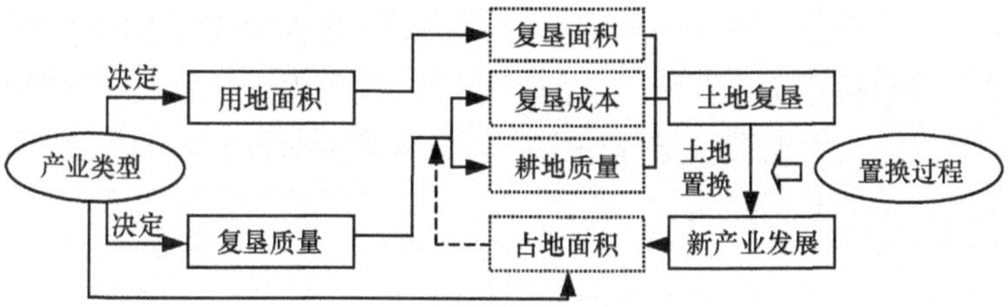

图 5.2 产业类型作用机制

聚，产业集聚现象逐渐出现，这是经济现象在地理空间上的体现。企业为追求共享基础设施、劳动力市场等外部规模经济，最终在空间上形成集聚群体（马歇尔，2008；胡佛，1990）。产业集聚的规模发展极大地增加了土地需求量。从 1984 年我国设立经济技术开发区以来，开发区作为吸引投资、集中发展优势经济的载体，受到各级政府的高度重视，全国各地掀起了大办特办开发区的热潮。据统计，截至 2003 年，我国有各类开发区 6866 个，规划面积达 3.86 万 km^2。据统计[①]，截止 2004 年年底，全国共撤销各类开发区 4813 家，规划面积压缩到 9949 km^2。截止到 2006 年 10 月最后一批省级开发区审核通过后，全国国家级和省级开发区数量超过 1500 个。

产业集聚所产生的巨大拉力，促使着农村大量剩余劳动力走进集聚地区。由于产业集聚是一系列相关产业在空间上的集中，产业集聚体是生产要素及多种经济活动在地理上规模集中的产物，产业集聚一旦形成，就会产生极化效应和扩散效应，促使集聚地区及周边经济加速发展。在产业集聚初始阶段，极化效应大于扩散效应，加速了人口向集聚地区寻找就业和发展机会，周边以及其他地区资金和技术向集聚地区寻找增值机会，直接为城市发展带来了各种生产要素。随着产业集聚不断发展到较高的层次，扩散效应占主导地位。随着集聚区人口密集度越来越大，基础设施的负荷越来越重，企业商务成本大幅上升，一些劳动密集型产业或夕阳产业将逐渐转向周边地区或郊区，产业集聚向外延伸，也直接增大了土地需求量。

未来一段时期，在建设用地总量控制的前提下，产业用地规模扩展将受到一定程度的限制，其用地需求由最初的农地转化，逐步朝城乡建设用地统筹置换方向发展。随着全球一体化和社会经济的不断发展，产业集聚发展及规模扩大成为必然，在建设用地指标紧张的现实下，建设用地置换指标将成为产业发展的重要用地来源。

3. 产业布局影响城乡建设用地统筹置换的空间布局结构

产业布局是指产业在某个地区范围内的空间分布和组合的经济现象，不同厂商、投资者和规划主导者对产业发展区位的选择影响着建设用地空间结构的形成和变化。建设用地置换指标用于产业发展的过程中，指标的分配与产业布局相协调，通过整合与空间重组并落地实施，形成新的产业发展空间分布。在产业发展初期，由于受到各种发展因素的制约，产业集聚的基本态势不明显，产业用地规模小、结构单一。随着产业的不断发展及人口的增多，产业进一步集聚并带动区域内及周边交通等其他相关配套设施的发

① 资料来源：《国务院办公厅关于清理整顿各类开发区加强建设用地管理的通知》（国办发[2003]70 号）和国家发改委、国土资源部、建设部《关于印发〈清理整顿开发区的审核原则和标准〉的通知》（发改外资[2005]1521 号）。

展，空间结构进一步优化，用地规模逐步扩大，促使周边区域建设用地整理与复垦以提供更多的建设用地置换指标。在每一次的产业发展过程中，产业布局决定了建设用地布局及空间形态，在建设用地置换指标作为产业用地来源的背景下，产业布局影响城乡建设用地统筹置换的空间布局结构。

5.1.3 城市化与人口流动

一直以来，在人口、资源、环境与发展的相互关系中，人口发展与土地资源利用的关系始终处于较为核心的地位，现有城市化与建设用地关系的研究也普遍认为城市化是建设用地增长的主要驱动力。在各类土地资源中，城乡建设用地是与人类生活、生产活动关系最为密切的用地类型，受城市化的影响也最直接、最强烈。随着城市化进程推进并进入快速发展阶段，大量农村人口涌入城市，城市建设用地面积迅速扩张。而农村人口大量涌入城市后，农村居民点用地负载人口自然要减少，但由于户籍制度的限制和缺乏规范合理的整理措施，城乡两栖占地现象严重，农村居民点腾退的阻力和难度很大，在相当一些省份，城乡建设用地双增长。较之利用强度高、人口负载量大、用地形态集约的城市建设用地，农村居民点用地布局松散、利用率低的特点突出，成为城乡建设用地结构中不合理部分。在土地资源稀缺的背景下，这种由于城市化和人口流动带来的建设用地分配失衡是进行城乡建设用地统筹置换的重要原因。此外，不同地区的城市化与人口流动规模、方向不同，直接影响城乡建设用地统筹置换的规模。社会经济发展水平较高的地区，吸引大量的外来人口入住，城市化水平高，城市建设用地需求高，渴望诸如用地置换措施来满足社会经济发展带来的用地需求。相反，社会经济发展水平较低的地区，对外来人口的吸引力较低，人口外流现象显著，城市建设用地需求不高，对用地置换的需求也较低。

5.1.4 城市土地资源开发利用效率

城市土地资源开发利用效率是评价城市土地利用水平的一项重要指标，它决定了城市建设用地扩张的速度，从而间接影响城乡建设用地统筹置换的开展。在一定的经济技术条件下，城市土地高效率利用的目标可以描述为使有限的土地资源产生最大的效益。但由于旧的土地利用和规划管理体制的缺陷，长期以来规划者在对土地利用的控制中主要关注于城市土地的功能划分和容量指标，而对于建立在这种功能分区和容量控制基础上的土地利用效率缺乏理性的规划和评估，致使我国城市建设用地一直处于一种低效率利用水平，至今大多数地区城市建设用地处于低效扩张状态。在土地资源稀缺的今天，对城市建设用地的利用应当从仅满足基本的城市功能需求转向对土地的合理配置和高效利用。尽管现阶段采取城乡建设用地统筹置换的措施可满足城市用地增长需求，但未来提高土地利用效率和调整用地结构才是城市建设用地利用的根本发展方向。城市土地资源开发利用效率提高了，城市建设用地扩张趋缓了，对城乡建设用地统筹置换的需求就会逐渐降低。

5.1.5　政府主导与政策因素

城乡建设用地统筹置换是基于我国国情、社会经济发展状况、土地利用现实问题和诸多相关政策，以及当前城乡统筹发展趋势而提出的阶段性解决突出问题、推进社会经济发展的综合途径。该工作具有较强的政府主导性，这种政府主导性体现在两个方面，一是在中央政府层面，其所制定的相关政策为实践提供参考，规范、引导并助推实践良性发展。然而，城乡建设用地统筹置换是一项具体的实践工作，在执行过程中所遇到的许多问题是政策制定过程中没有预料到的。二是地方政府在依据国家政策的同时，针对具体实践制定规范实践、应对问题的各种地方政策或规定，且越接近基层工作的这些政策或规定越详细。目前，在全国范围内已经形成“中央—省—市—县”结构的政策体系，共同监督与管理城乡建设用地统筹置换工作（表 5.1）。

表 5.1　城乡建设用地统筹置换相关政策

相关政策文件名称	政策出台单位	政策批复文号	政策作用时间
关于深化改革严格土地管理的决定	国务院	国发[2004]28 号	2004 年 10 月
关于印发《关于加强农村宅基地管理的意见》的通知	国土资源部	国土资发[2004]234 号	2004 年 11 月
关于印发《关于规范城镇建设用地增加与农村建设用地减少相挂钩工作的意见》的通知	国土资源部	国土资发[2005]207 号	2005 年 10 月
关于在全国部分发展改革试点小城镇开展规范城镇建设用地增加与农村建设用地减少相挂钩试点工作的通知	国家发展和改革委员会	发改办规划[2006]60 号	2006 年 1 月
关于进一步规范城乡建设用地增减挂钩试点的通知	国土资源部	国土资发[2007]169 号	2007 年 7 月
关于严格执行有关农村集体建设用地法律和政策的通知	国务院办公厅	国办发[2007]71 号	2007 年 12 月
关于促进节约集约用地的通知	国务院	国发[2008]3 号	2008 年 1 月
关于印发《城乡建设用地增减挂钩试点管理办法》	国土资源部	国土资发[2008]138 号	2008 年 6 月
关于实行建设用地指标置换和农用地整理指标折抵的意见	山东国土资源厅	鲁国土资发[2003]79 号	2003 年 5 月
关于印发《山东省开展城镇建设用地增加与农村建设用地减少相挂钩试点工作的实施意见》的通知	山东国土资源厅	鲁国土资发[2005]168 号	2005 年 11 月
关于印发《山东省城镇建设用地增加与农村建设用地减少相挂钩管理办法》（试行）的通知	山东国土资源厅	鲁国土资发[2006]111 号	2006 年 6 月
关于印发《山东省开展城镇建设用地增加与农村建设用地减少相挂钩项目区竣工验收暂行办法》	山东国土资源厅	鲁国土资发[2006]111 号	2006 年 6 月
关于规范和完善建设用地置换工作的实施意见	山东国土资源厅	鲁国土资发[2007]190 号	2007 年 11 月
关于推进农村住房建设和危房改造的意见	山东省政府	鲁政发[2009]17 号	2009 年 3 月
关于加强土地综合整治推进城乡统筹发展的意见	山东省政府	鲁政发[2009]73 号	2009 年 8 月
关于建立城乡建设用地增减挂钩项目实施季报制度的通知	山东国土资源厅	鲁国土资发[2010]38 号	2010 年 3 月
关于印发《土地综合整治项目指南》的通知	山东国土资源厅	鲁国土资发[2010]110 号	2010 年 8 月

注：本表所列为国家和地方的相关政策，地方以山东省为例。

5.1.6　其他影响因素

1. 区位优势与交通条件

区位优势与交通条件是一个地区发展的重要活力源，良好的区位优势与便捷的交通条件能够增强内外联系，促进社会经济发展与人口流动。一般情况下，区位优势显著的地区交通基础设施建设较快，从而带动社会经济发展；当然，交通基础设施建设还具有一定的政府主导性，且依据宏观战略规划和城市总体规划。被列为重点建设范围内的交通干线与节点，其腹地城市会迎来快速发展新阶段，城市建设用地需求会快速增长。部分城镇随着社会经济发展，周边农民城市化意愿提高，农村建设用地整理条件成熟，有利于推行城乡建设用地统筹置换。区位优势与交通条件在一定程度上影响城乡建设用地统筹置换的布局、规模与实践。

2. 规划设计

《城乡建设用地增减挂钩试点管理办法》中规定，实践初期应开展相应的专项调查，编制“挂钩”专项规划。统一规划是指导实践的重要参考，直接影响实践顺利进行。城乡建设用地统筹置换规划依据调查研究、土地利用总体规划和城市总体规划来确定规模、范围和布局。由于实践涉及农村建设用地整理复垦、建设用地平衡，并由于所需资金量大，规划还包括整理复垦与安置补偿方案、建设用地平衡方案、建设时序及资金预算与筹措。

3. 资金保障

资金是城乡建设用地统筹置换实践的重要支撑，做好资金筹措与管理工作既有利于提高实践中资金的使用效率，又可保障实践工作的顺利进行，防止资金浪费及腐败现象发生。城乡建设用地统筹置换实践的资金需求很大，土地整理复垦与农民安置补偿是资金投入的重要方面。单纯依靠政府投资是难以为继的，利用村集体或村民投资，对于大部分地区来说并不可行，还必须在政府主导、市场运作的原则下，走多元化多渠道融资的路子。资金保障程度越高，实践开展越顺利。

4. 主体行为

当前，城乡建设用地统筹置换是在政府主导下进行土地结构重组与优化配置，期间涉及多个主体参与，重要参与主体包括企业、政府、村民等。实践过程中不同类型参与主体所表现出来的操作、执行等行为方式，以及对周围环境变化所做出的能动反应称为参与主体行为。每个参与主体行为皆围绕各自的目标与利益展开，且多种行为交织在一起共同构成复杂的行为结构，行为与行为之间相互制约、相互影响。参与主体行为及其互动效果决定实践的顺利进行。企业的行为集合包含生产联系行为、产业布局与决策行为、企业搬迁与选址行为等；政府行为集合则包括政策行为、规划与决策行为、具体操作行为等；村民行为集合包括执行与配合行为、反抗行为等。实践是参与主体行为互动的过程，每个个体或群体在实践过程中，围绕各自的目标和利益采取不同的方法手段，当某行为影响或伤害到其他个体或群体利益时，个体或群体之间的矛盾产生，行为结构处于不稳定状态，实践推进受到影响。每一个参与主体的行为皆受一定规则约束、具有一定合理性，并被其他参与主体所接受，由此推动实践不断前进。

5.1.7　综合分析

从城乡建设用地统筹置换的主导影响因素及作用机制可以看出，城乡建设用地统筹置换的影响因素主要分为宏观因素与微观因素。由于其具有较强的政府主导性，实践的开展受政策影响较多，政府制定的相关政策是实践的重要依据。当然，并不是所有地方都符合政策规定、适合开展用地置换，是否需要置换是前期重要的判定，由建设用地资源总量、土地利用效率和社会经济发展规模决定。具有用地置换需求的地区，由城市与农村两个系统内的置换规模与布局决定，受社会经济发展、产业发展等宏观因素影响。而规划、资金保障等微观因素决定实践能否顺利进行（图5.3）。

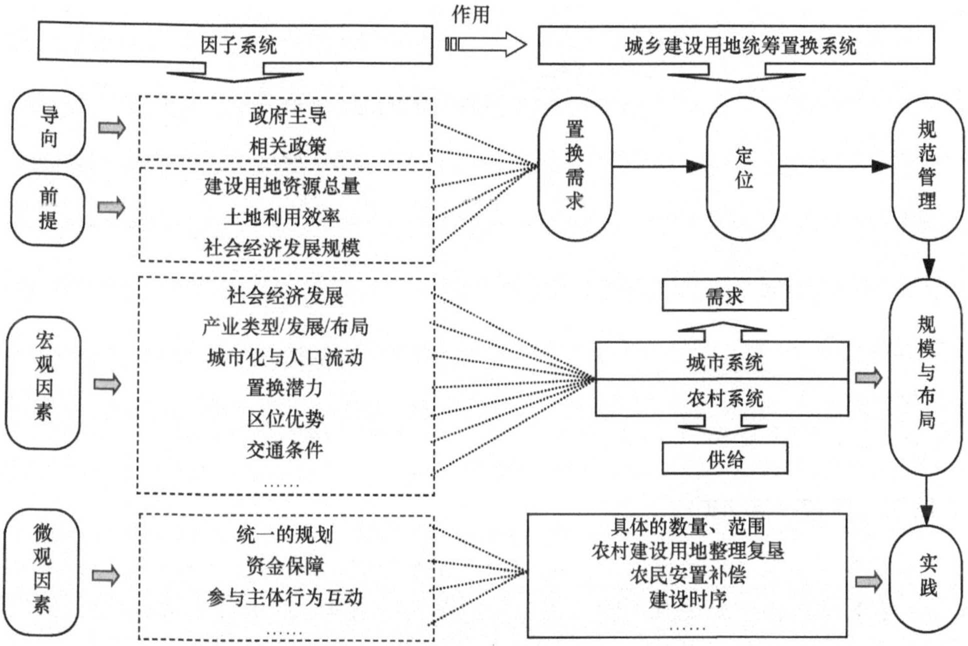

图5.3　城乡建设用地统筹置换影响因素及其作用机制综合分析示意图

5.2　城乡建设用地统筹置换的数量变化与空间运行机理

城乡建设用地统筹置换主要由数量与空间两个层面体现。在数量层面，城乡建设用地统筹置换反映的是一种结构变化和置换数量；在空间层面，城乡建设用地统筹置换反映为用地指标在空间上的流动与分配。

5.2.1　城乡建设用地数量结构变化机理

城乡建设用地数量变化的过程实际上也是社会经济系统发展规模或发展水平提高

的过程，可以用 Logistic 曲线来描述这一过程。Logistic 增长模型是增长阈值约束下的指数增长，表现为一条被拉伸的 S 形曲线，建设用地数量 Logistic 曲线在时间上的变化规律解释为：在社会经济发展初期，由于人口数量少、生产生活规模小且发展缓慢，承载人类活动的最重要地类的建设用地总量小且增长亦缓慢；之后随着发展经济规模、人口规模、土地资源开发利用规模和水平等都呈指数增长；然而建设用地并非可以无限增长，最严格的耕地保护制度规定了建设用地增长不得触碰 18 亿亩耕地红线，当土地资源开发利用和建设用地总量增长接近阈值时，建设用地总量增长放缓，如此形成城乡建设用地总量变化的 S 形曲线（图 5.4）。

当建设用地总量要求不变时，根据城乡两大地域系统土地利用现状与发展需求对建设用地数量进行内部结构性调整（图 5.5），城乡建设用地增长分为自然增长阶段和置换阶段。

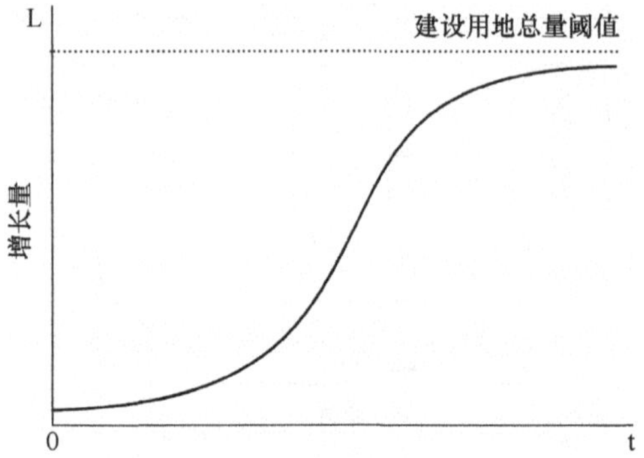

图 5.4　建设用地总量增长 Logistic 曲线

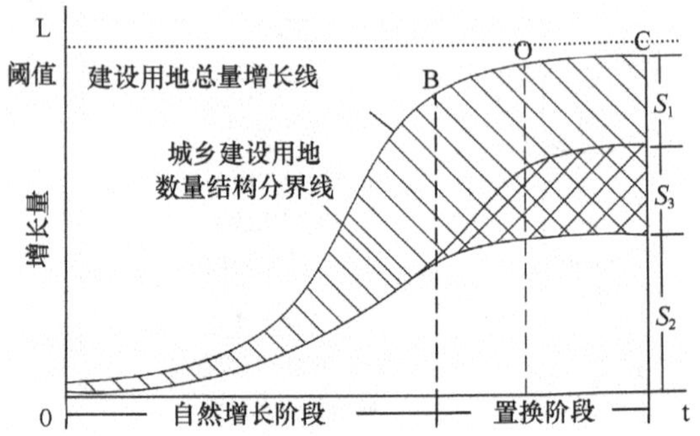

图 5.5　城乡建设用地数量结构变化

1. 自然增长阶段（A—B）

随着社会经济发展，建设用地逐年增长且速度加快，城市发展带来城市建设用地扩张显著，农村地区由于土地利用管理粗放，随着人口增加，居民点用地也在增加，城乡建设用地基本呈自然增长状态。建设用地总量（S）= 农村建设用地面积（S_1）+ 城市建设用地面积（S_2）。其中，虽然城市建设用地数量与比例增加，但农村建设用地面积（S_1）> 城市建设用地面积（S_2）。1996~2008 年城乡建设用地总量及结构变化变化见图 5.6 和图 5.7。

2. 置换阶段（B—C）

当建设用地总量过度增长并接近阈值时，增长将会受到限制速度放缓，此时，如果农村建设用地按照原路径增长或保持数量不腾退，那么城市建设用地增长空间狭小。事实上，当前城市地区处于快速发展时期，用地需求大，由此带来的用地紧缺现实问题要求将低效利用的农村建设用地通过整理后，把用地指标补给城市地区使用，城乡建设用地增长进入置换阶段。建设用地总量（S）= 农村建设用地面积（S_1）+ 城市建设用地面积（S_2）+ 建设用地置换面积（S_3）。通过置换，农村建设用地减少、城市发展用地需求得到满足而建设用地总量不变，城乡建设用地数量结构逐渐趋于稳定。

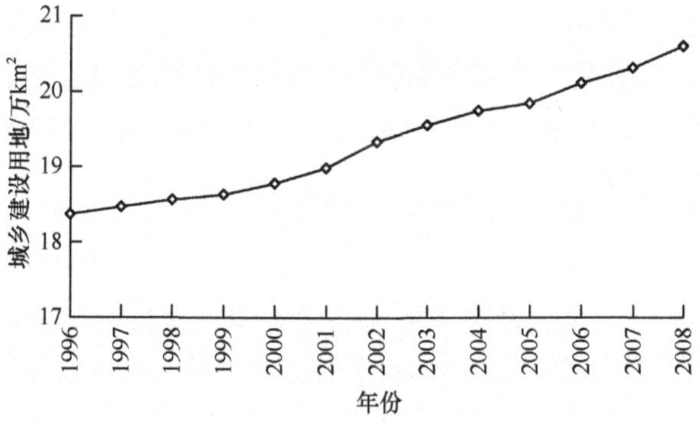

图 5.6　1996~2008 年全国城乡建设用地总量变化

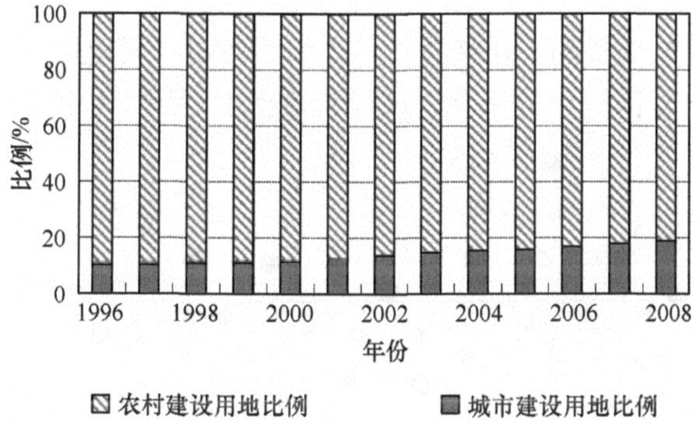

图 5.7　1996~2008 年全国城乡建设用地结构变化

3. 置换初期（B—O，即现阶段）

由于受需求、政策、实践环境与方法、利益冲突等多种因素影响，置换处于探索阶段且推进缓慢。基于前文的影响因素和作用机制的分析以及当前实践现状，置换应具有针对性，切忌“一刀切”、盲目开展。按照置换数量划分，可将城乡建设用地置换分为三类：①高度置换。对于社会经济发展快、经济实力强，用地需求大且合理但指标紧张，农村建设用地闲置率普遍较高、置换潜力大，土地增值收益高且置换总效益显著的地区，可进行高度置换。②适度置换。对于社会经济发展较快、经济实力强，用地需求较大且合理但指标紧张，部分农村建设用地闲置率较高，土地增值收益高但置换总效益不太显著的地区，应适度置换，根据实际情况慎重选择置换项目区。③低度置换或不置换。对于社会经济发展较慢、经济实力不强，用地需求不是特别大，农村建设用地闲置率不高且历来为传统农业发展区域，置换总效益不显著的地区，应低度置换甚至不置换，以免强制置换而带来诸多社会问题。

5.2.2　城乡建设用地统筹置换空间运行机理

空间层面的城乡建设用地统筹置换，是将通过用地整理出的指标在不同等级行政区域之间分配置换的过程，以达到土地资源在空间的节约利用与优化配置。理想状态下，城乡建设用地空间统筹置换分为村、乡镇、县（市、区）、地级市四个层次。用地指标按照由低到高的行政等级进行统筹规划管理，并再按照由高到低的行政等级分配置换用地指标，或者在县级或市级进行同级行政区之间的指标置换（图 5.8），等级越高的行政区间指标置换操作越复杂。

1. 村级

主要完成由乡镇安排的建设用地整理基础工作，并将所得指标上报到乡镇统筹管理，一般不存在“村-村”置换用地指标的过程，个别经济基础好的村自主开展建设用地整理与新区建设，并将节约的用地指标用于基础设施建设或产业发展。

2. 乡镇级

依照县（市、区）安排的工作任务，具体组织各村开展建设用地整理工作，并将所得指标上报到县（市、区）统筹管理，或经申请批准后用于乡镇发展建设。

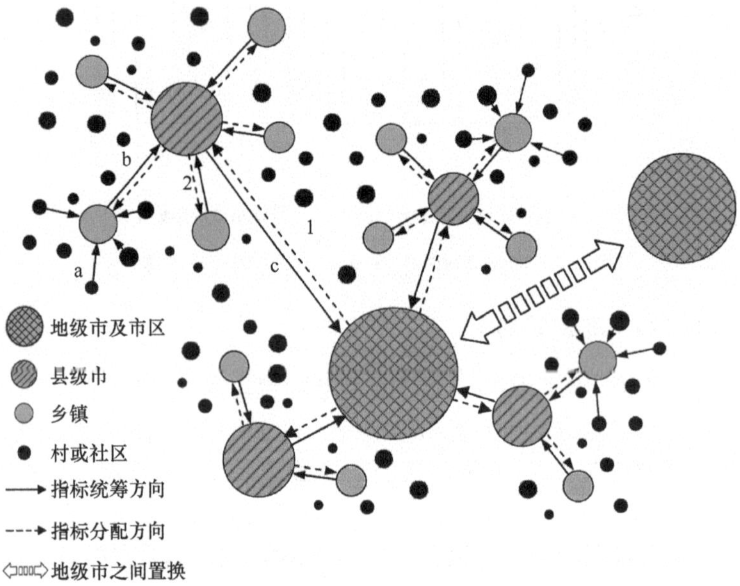

图 5.8　理想状态下城乡建设用地空间统筹置换机制

注：a-b-c 顺序为由低到高的指标统筹层递；1-2 为由高到低的指标分配层递

3. 县（市、区）级

根据地级市层面的工作部署，统一安排全县（市、区）内工作开展。县（市、区）是城乡建设用地统筹置换组织管理的基本单元，统筹管理由行政区内各乡镇上报的用地指标，并按照市里政策规定与统筹部署，根据城区发展建设规划和乡镇驻地及产业发展规划按需分配置换用地指标到各乡镇（街道办事处），部分地区执行部分指标上报到地级市统筹管理与配置。

4. 地市级

下达并部署市内各县（市、区）城乡建设用地统筹置换工作，管理协调全市城乡发展、建设用地结构平衡。除按照各县市发展需求批复使用的指标外，各县（市、区）集中上报的用地指标，多数作为市区发展的建设用地（储备）指标，部分根据发展需求用于重点县（市、区）的发展建设，部分用于与其他地级市间的用地统筹置换，目前第三种情况较少，具体操作较复杂且难度较大。

不同区域农村土地整理和建设用地利用潜力挖掘的操作方法和路径不同，依据社会经济发展水平、公共基础设施建设水平和生产生活方式差异，以及各等级行政区城乡空间结构，可将城乡建设用地统筹置换实践划分为五大类型区，即城区及周边、镇驻地及周边、纯农区、自然或区位条件限制区及其他类型区。

5.3　城乡建设用地统筹置换中的政府机制与市场机制

城乡建设用地统筹置换旨在实现土地资源在城乡之间的优化配置。资源配置通常有两种形式，一种是计划配置；另一种是市场配置。前者通过政府机制实现，后者通过市场机制实现。发达市场经济国家的实践经验表明，市场机制在资源配置中的作用效率更高。但由于市场失灵的存在，即使是发达的市场经济国家或地区，政府也有必要干预资源的配置，通过适度干预以提高资源配置的效率。不过，政府的管制并不能一定带来资源配置效率的提高，政府所采取的严厉的管制政策很可能会造成经济的衰退。尽管如此，对政府干预资源配置所带来负面影响的研究意义并非是取消政府管制，而是应把握政府机制与市场机制在资源配置中的“度”（吴郁玲和曲福田，2007），在政府与私人部门的责任间要注意寻找一个合适的平衡。否则，过多的管制会压制私人部门的主动性，并限制城市土地市场的有效运行；而缺乏诸如土地登记、土地信息系统等的管制对土地市场运行也是不利的。同时，还需强调政府干预资源配置的效率问题，而决定政府干预资源配置效率的关键是政府管制行为的目标效益特征（谭荣和曲福田，2010）。探讨城乡建设用地统筹置换的政府机制和市场机制对于深入认识置换实践的制度背景、存在问题和发展方向具有重要意义。

5.3.1　政 府 机 制

1. 政府及政府机制

政府，即国家行政机关，其职能是政治统治和社会管理，主要包括指导职能、服务职能、协调职能、监督职能、控制职能、保卫职能。政府规制，指具有法律地位并相对独立的行政机构，依照一定的法律和规则对企业活动进行限制的行为。政府是实施规制的主体。信息不完全、决策失误、政府官员动机不纯可能造成政府决策失误。欧文·休斯基于物品特性和提供机制，在《公共管理导论》（2001）中提到：政府应扮演着生产者、提供者、安排者三种基本角色：①公共物品和服务的生产者，即政府直接生产服务。②公共物品和服务的提供者，即政府不直接生产，但是通过政府掌握的资源（包括资金和政策）资助公共物品的生产和消费，“政府的作用更多的是掌舵而非划船，即政府对提供服务进行控制，但不是常规性地通过行政等手段直接提供服务”。③公共物品和服务的安排者，即政府通过一系列制度安排，为公共物品的消费者指派生产者，为公共物品的生产者指派消费者，以及选择服务的生产者。随着社会经济发展，政府角色定位也发生相应变化，不同学者提出了对政府角色定位的认识。首先在适应市场经济体制发展的过程中，政府作为“大家长”具有经济管理职能、社会职能和文化教育职能（杨爱芳，2001）；龙梅玉（2003）认为在新的经济体制下，应强化中央政府的宏观经济调控职能并加强社会管理和公共服务；任保国（2005）认为，我国现阶段的政府职能是偏重经济职能而轻视社会职能，偏重管理职能而轻视服务职能，在政府的职能转变过程中，要向公共服务等方面发展，建立一个服务型的政府；倪星和付景涛（2008）强调政府作为规则制定者的角色，从而使得政府能够发挥其在经济调节、社会管理、市场监管和公共服务上的职能。

当前我国正处于市场经济快速发育阶段，在对土地管理的进程中，政府既要健全土地市场机制，又要提高土地宏观调控的有效性，让市场在土地资源配置中的主导作用得到充分发挥。政府通过公共政策的有效供给，能在一定程度上弥补市场机制的内在缺陷，矫正市场失灵，从而有利于实现资源的优化配置和集约利用。政府的管制主要体现在对土地利用中所涉及的产权、使用方式（土地用途和用地强度）以及市场交易（对交易活动的直接管制和价格管制）的管制等方面，通过相关政策的制定，采取行政、经济、法律等手段来实现对土地利用行为的控制和调节。

2. 城乡建设用地统筹置换中的政府行为与作用方式

在城乡建设用地统筹置换过程中，政府行为主要包括经济发展与资源利用调控、社会管理、市场监管和公共服务。具体可初步梳理为如下 8 个方面（图 5.9）：

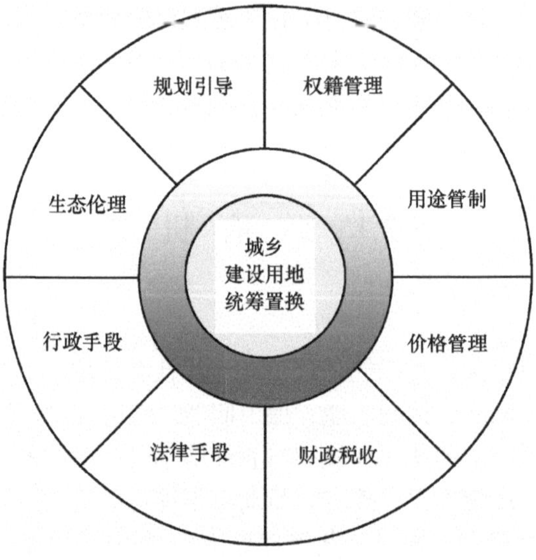

图 5.9　政府在城乡建设用地统筹置换中的作用

（1）规划引导。即以土地利用规划为主，以城市总体规划、村镇体系规划、村镇规划、新农村建设规划、区域农业发展规划等相关规划为辅，为城乡建设用地统筹置换提供支撑。在土地利用规划方面，根据土地开发利用的自然和社会经济条件，历史基础和现状特点，紧密结合国民经济发展需要，对区域土地资源进行合理的组织利用和经营管理，重在对各类用地的结构和布局进行调整或配置的长期计划。城乡建设用地统筹置换将是土地规划的重点内容之一，并据此为城乡建设用地统筹置换提供重要参考。此外，还需实现土地利用规划与城市总体规划、村镇体系规划、村镇规划、新农村建设规划、区域农业发展规划等相关规划的衔接和匹配。规划衔接、项目整合，着力实现置换区域的“综合指导、分区推进”。

（2）权籍管理。权籍管理指对土地开发整理和统筹置换过程中涉及的土地所有权、使用权及他项权利的确认、调整以及变更登记等行为。在土地开发整理和统筹置换过程中，由于土地平整、地块归并和土地重新分配，需要进行权属调整和变更登记。为顺利推进统筹置换，应尽快实现宅基宗地的“确权发证、上图入库、及时更新”。

（3）用途管制。1998 年全面修订的《中华人民共和国土地管理法》确立了土地用途管制制度，以弥补市场手段配置土地资源的缺陷。应进一步强化用途管制的强制性、严肃性、直接性、权威性，为实现土地资源的合理利用与可持续利用，特别是为实现保护耕地、保护生态、提升效率的综合目标提供有力支撑。针对城乡建设用地统筹置换的用途管制，应在地块层面做到“科学定位、严格执行、确保长效”。

（4）价格管理。土地价格是反映土地供求关系的“晴雨表”，是土地市场建立的基础信息。地价及其动态变化信息是政府制定地价管理和调控政策的重要依据。制定基准地价、开展动态监测是政府土地管理的重要职能。针对统筹置换，应“完善补偿标准、制定基准地价、增强价格监测”，适时提高建设用地指标最低交易价，确保市场主体权益，特别是确保相对弱势的农民集体及其成员的合法权益。

（5）财政税收。政府需要在土地供求交易和利用的过程中通过税费等形式实现对土地利益的分享和调节，并由此为公共产品和服务的生产提供资金。完善的财税制度有助于政府成本支出的平衡，增强公共物品供给能力。分税制的实施使得中央政府和地方政府在财权、事权的对等性方面发生了变化，既激发了地方政府推动地方经济增长的积极性，也造成了土地财政等外部效应。“责权分明、优化分成比率”将是政府机制中财税机制改革的重要方向。

（6）法律手段。以保护、开发土地资源，合理利用土地，切实保护耕地，促进社会经济的可持续发展为初衷，政府通过具体的法律法规对土地资源配置提供制度安排。土地交易行为都应在现有的法律制度框架下进行。土地管理部门协同司法部门，对土地管理的法律、法规执行情况进行监督和检查。

（7）行政手段。国家通过行政机构，采取强制性的行政命令、指示、规定等措施，进行土地管理。比如征地制度的实施就是通过严格界定征地范围、合理制定征地补偿标准等来控制农地非农转用的数量，提高农地的占用成本，促使供地主体的行为趋向合理化。当然，现有征地制度也存在问题，尚需进一步明确征地的性质和使用权，改革征地补偿标准，缩小征地范围。针对城乡建设用地统筹置换，需要政府参与制定和发布相关操作细则，编制和出台地区性规范。

（8）生态伦理。土地资源的市场化配置过程中，如果没有政府干预，外部性成本难以充分体现到土地价格中，易出现“价高者得”的情况，不利于生态环境保护。城乡建设用地统筹置换时也是如此。政府应通过生态伦理宣传，并结合法律和行政等手段，迫使用地者在利用土地的过程中，考虑土地利用行为带来的生态和环境影响。在确保实现经济和社会效益提升的同时，强化生态建设、环境保护，营造城乡景观。

3. 现实状况、问题与发展方向

在当前我国的城乡建设用地统筹置换过程中，政府的主要职能包括：①基于已有的或新修订的土地管理法律法规及相关法律法规，对城乡建设用地统筹置换进行宏观约束。如土地管理法、物权法、城乡规划法等。②组织编制各类规划，结合各类标准，对城乡建设用地统筹置换的数量大小、时序安排和空间布局进行区域控制。规划类如土地利用总体规划、村镇体系规划、村镇规划、新农村建设规划等。相关标准包括农田水利建设的相关标准及技术规程、《镇规划标准（GB 50188—2007）》。此外，还通过规定土地利用的建筑密度、容积率和单位面积土地投入产出值等硬性指标来控制土地利用的集约程度。③及时出台相关政策（如办法、意见、条例等），对城乡建设用地统筹置换进行具体管控。如针对增减挂，先后出台系列政策文件，以推动、引导、控制城乡建设用地统筹置换实践。④充分调动国土、建设、财政、税务、农业、水利等相关部门的力量，配套现有政策，为城乡建设用地统筹置换提供项目、资金等相关支撑，并协调部门力量进行置换实践的监督、管理。如大部分地区的置换政策中，均指出城乡建设用地统筹置换可与土地整理（土地综合整治）、农业综合开发、农村住房建设、村庄改造和农村危房改造、农民进城购房等涉农政策措施相结合。

但是，在实际操作中，仍出现了许多问题。特别是不顾农民意愿强拆强建、对农民的补偿与后续权益保障工作不到位，以至农民权益受到侵害的现象时有发生等。此外，城乡建设用地统筹置换是综合性、政策性、系统性很强的项目，它需要国土、农业、水利、财政、交通等多部门的密切合作才能搞好。但在实际工作中由于各部门职责不明、各自为政，导致各部门的项目不能有效衔接，部分地区、部分项目存在重复投入、缺乏整合的现象。

上述问题产生的主要原因：①在土地管理制度层面方面。国家层面上没有一个单一的、完善的宅基地管理法规，尤其有关宅基地的产权问题及流转制度等深层次方面的相关政策较少，导致在宅基地管理上形成了管控真空。“有法不依”“无法可依”的现象均有存在。产权不明晰导致权益难以得到保障。②在交易机制和增值收益返还方面。政府、需要建设用地的企业、集体和农民是主要的参与主体，由于目前缺乏具有公信力、强制性的增值收益返还机制，集体和农民的利益难以得到保障。

由此，政府机制有待进一步完善。首先，加强土地管理制度建设，明晰集体和农民的宅基地权利，为统筹置换提供法律保障；其次，出台城乡建设用地统筹置换的办法细则，为统筹置换提供政策依据，切实保障集体和农户的权益；再次，政府应加强自身的行为约束，促使地方政府应用手中权利来为公共利益而服务，保障农民的合法权益，促进置换项目的顺利进行；并且，健全参与机制，保证公民的知情权、参与权，健全利益诉讼制度，以起到合理协调相关各方利益的职能作用。

5.3.2 市场机制

1. 市场及市场机制

市场有狭义和广义之分。狭义的市场是商品买卖的场所，如商品交易所、集市等。广义的市场是指一定地区内商品或劳务等的供给和有支付能力需求之间的关系。按地区范围可分为国际市场、国内市场，按商品种类可分为产品市场、要素市场等。市场是社会分工的产物，与商品经济密切联系。市场功能是指市场体系中诸要素相互作用、相互影响而发挥的调节功能，表现为市场对社会生产、流通、分配和消费等社会经济运行各环节的支配与调节能力。不同市场的功能往往不同，主要有资源配置、信号传导、刺激激励、利益协调、动态平衡等功能。市场功能的发挥需要一系列的条件，主要包括：生产经营者应是独立自主的商品生产经营者，预算硬约束，能够承担经营风险责任；具有完备的市场体系；有规范的市场规则与市场秩序；不存在市场的高度垄断；形成买方市场等。简言之，需要完备的市场机制。

市场机制是指市场经济体系中各种市场主体、客体要素之间的有机联系和相互作用，及其对资源配置的调节功能。它是通过市场竞争配置资源的方式，即资源在市场上通过自由竞争与自由交换来实现配置的机制，也是价值规律的实现形式。具体来说，它是指市场机制体内的供求、价格、竞争、风险等要素之间互相联系及作用机理。市场机制有一般和特殊之分。前者是指在任何市场都存在并发生作用的机制，主要包括供求机制、价格机制、竞争机制和风险机制（表 5.2）；后者是指各类市场上特定的并起独特作用的机制，主要包括金融市场上的利率机制、外汇市场上的汇率机制、劳动力市场上的工资机制等。在社会主义市场经济条件下，市场机制在国家宏观调控下对资源配置起基础性作用。

表 5.2　一般性市场机制的类别及其内涵

类别	内涵
价格机制	是指在市场竞争过程中，市场上某种商品市场价格的变动与市场上该商品供求关系变动之间的有机联系的运动。它通过市场价格信息来反映供求关系，并通过这种市场价格信息来调节生产和流通，从而达到资源配置。另外，价格机制还可以促进竞争和激励，决定和调节收入分配等
供求机制	是指通过商品、劳务和各种社会资源的供给和需求的矛盾运动来影响各种生产要素组合的一种机制。它通过供给与需求之间的在不平衡状态时形成的各种商品的市场价格，并通过价格、市场供给量和需求量等市场信号来调节社会生产和需求，最终实现供求之间的基本平衡。供求机制在竞争性市场和垄断性市场中发挥作用的方式是不同的
竞争机制	是指在市场经济中，各个经济行为主体之间为着自身的利益而相互展开竞争，由此形成的经济内部的必然的联系和影响。它通过价格竞争或非价格竞争，按照优胜劣汰的法则来调节市场运行。它能够形成企业的活力和发展的动力，促进生产，使消费者获得更大的实惠
风险机制	是市场活动同企业盈利、亏损和破产之间相互联系和作用的机制，在产权清晰的条件下，风险机制对经济发展发挥着至关重要的作用

土地作为一种生产要素，只有合理流动才能提高使用效益，也只有合理流动才能真正体现土地生产要素的性质。完善的市场规则和制度、法规体系是市场机制作用的前提和保障。在成熟的土地市场机制下，市场要素能够自由流通，土地交易行为是平

等的民事主体之间的行为，交易双方处于平等地位，即使政府在土地交易过程中也没有特权。政府在土地市场机制作用下主要发挥间接调控作用。1978 年以来，伴随着社会主义市场经济体制改革的步伐，中国的土地市场改革与发展走过了 30 余年的历程。以阶段性和渐进性为基本特征的土地市场化改革，确立了土地所有权与使用权相分离的制度格局，建立了土地市场规范运行的制度和政策体系，形成了以土地价格为核心的资源配置机制，为更大程度上发挥市场配置土地资源的基础性作用奠定了坚实基础。特别是 2001 年至今，国务院及国土资源部先后颁布实施《国务院关于加强国有土地资产管理的通知》(2001 年 15 号文)、《招标拍卖挂牌出让国有土地使用权的规定》(2002 年 11 号令)、《协议出让国有土地使用权规定》(2003 年 21 号令)，以及《国土资源部监察部关于继续开展经营型土地使用权招标拍卖挂牌出让情况执法监察工作的通知》(2004 年 71 号文)，都力图对国有土地配置政策进行根本性变革，以推进土地的招拍挂出让，实现市场配置。并基本标志着我国国有土地特别是经营性土地供应，进入了以市场形成价格为核心的土地资源市场配置阶段。市场性竞争因素在土地交易中的作用日益增强，土地的真实价值逐步显现，从而在一定程度上有利于强化土地使用者节约集约利用土地。

但是，我国的土地市场化改革依然任重道远。由表 5.3 可看出，政府在整个土地市场的运行过程中起到了贯穿始终的作用，从最高一级的土地所有权市场，政府向农村集体经济组织或是城市地区存量的土地所有者统一进行有偿征购，之后一并归入土地储备中心进行整理，将“生地”转化为“熟地”，然后进入土地使用权一级交易市场。在这一级市场中，土地经单向流转，由政府委托机构（土地储备中心）向土地使用者出让或出租土地使用权，在这一过程中政府处于主导地位。当土地使用者和土地经营者之间由于某些原因发生二次土地使用权时，便产生了土地使用权二级交易市场。在这一级市场里，土地使用权采取转让、租赁或抵押的方式进行交易，政府在这一过程中起到参与调控的作用。不容忽视的是，现实土地市场交易中招标拍卖挂牌的出让方式多见于经营性用地，而对于大多数工业用地来说，土地的出让方式仍以市场化程度较低的协议方式为主。扭曲的低地价刺激了用地者粗放利用土地的行为。

表 5.3　中国土地市场结构

市场类型	交易主体	交易客体	交易方式	市场特征
农地征购市场	政府、农村集体经济组织	土地所有权	征购	政府单向购买
一级土地使用权交易市场	政府、使用者	土地使用权	出让（协议、招拍挂）、划拨、租赁	政府调控、纵向流转
二级土地使用权交易市场	土地使用者之间	土地使用权	转让、租赁、抵押	政府调控、横向流转

注：引自李建建（2004）

2. 城乡建设用地统筹置换中的市场行为与作用方式

城乡一体化的土地市场是城乡建设用地统筹置换的理想平台，其应具有如下特征（王克强等，2010）：①城市土地市场分为国有建设用地市场和少量集体建设用地市场，包括一级土地市场和二级土地市场，国家对一级土地市场适度放开。②农村土地市场除农业用地市场外，还有集体建设用地市场、未利用土地市场、农地非农化市场和非农用地农化市场等，农村集体建设用地可以直接进入市场。③集体土地变为国有土地除征收外，还可以通过一般的市场交易进行。④征地的价格基本市场化，征收土地严格限制在公益性用地范围内。⑤国有土地和集体土地可以根据需要互相演化。⑥城乡一体化土地市场的运行，需要协调好利益分配机制，建立更加适应市场经济体制的多样化的、以科学规划为基础、以经济手段为主的政府管理机制，包括土地规划、权籍管理、用途管制、价格管理、财政税收、法律手段、行政手段和生态伦理等。

在产权主体方面，可保留土地的国家所有权和集体所有权两种产权主体，但要赋予其平等性。对于农户的土地承包权可以采用将使用权永久赋予农户而虚化所有权的办法，从而实现事实上的农民产权主体地位。除公共使用部分外，将农村和城郊集体土地的使用权永久赋予农民，而对农民以土地入股、转让、租赁、抵押等方式进行开发和建设而实现其财产性收益的行为，要予以制度上的保证和支持。这样权利流转和利益实现就有了保障，在不改变所有权性质的前提下，允许农村集体建设用地直接入市合法流转（王克强等，2010）。

在市场平台方面，城市土地市场与农村土地市场建成一体化土地交易平台，二者直接衔接（图 5.10）。保证农民个人承包经营的土地在符合规划的前提下，以转让、出租、抵押、入股等形式实现用途变更，以保障农民财产性收入的实现（叶剑平等，2010）。对于符合土地利用总体规划和经依法批准使用或取得的建设用地，不论其属于集体所有还是国有，不论是首次出让、政府收购储备还是破产转产出让，在转让时均由供地方和用地方自由发布土地供求信息，并且由用地双方直接议价，以市场价格实现土地交易（马凯，2006）。

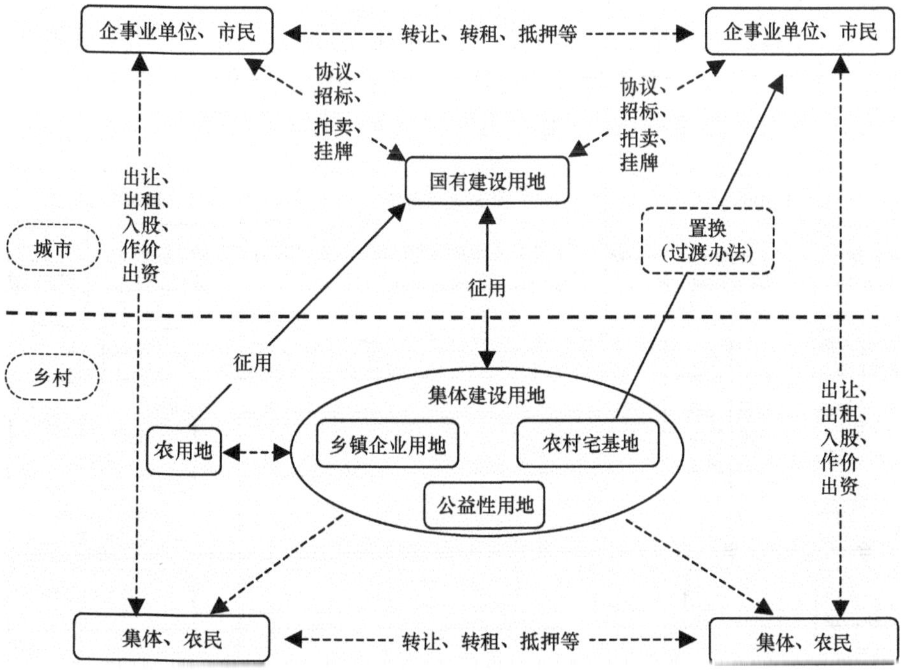

图 5.10　城乡建设用地统筹置换的市场结构

注：实线表示所有权移动方向，虚线表示使用权移动方向。参考吴冠岑和牛星（2009），作者略作修改

关于土地征收，可在保留土地征收制度的前提下，使土地征收作为服务于土地利用总体规划和特殊公共需要的行政手段。土地“征收”范围要有严格的界定，对集体土地规划为公益性用地之后，也要严格按照市场价格由国家土地管理部门统一收购。对现有的《土地管理法》中土地补偿条款进行修订，做到合法化、合理化、细致化、规范化、可操作化（田光明和曲福田，2010）。由此，在城乡土地市场一体化的背景下，政府对集体土地不再作为利益分配的主宰者直接决定和参与土地利益的初次直接分配，而是作为土地利益分配链条中的一环，分享属于自己的部分利益。

如前所述，在城乡一体化土地市场中，城乡建设用地统筹置换即有了更为灵活而有序的空间。政府不再既当“裁判员”又当“运动员”。更多的是通过土地规划、用途管制等实现土地利用格局的优化，事实上即明晰了置换的总量和空间布局。而至于交换价格，则由土地供给方（农民集体）和土地需求方进行对等谈判和公平交易，政府可从该过程中通过税费等形式实现对土地利益的分享和调节。这样更有助于土地配置的效率提升和交易双方的权益保障。

3. 现实状况、问题与发展方向

从城乡统筹的视角来看，我国的建设用地要素市场还不完善，集体建设用地基本被排斥在成熟的土地市场之外，城乡建设用地市场之间缺乏有机联系（图 5.11）。这种二元土地市场框架的特点是（王克强等，2010）：①城市土地市场只有国有建设用地市场，包括一级土地市场和二级土地市场，并且国家严格管控一级土地市场；②农村土地市场目前合法的只有农业用地市场，农村集体建设用地不能进入市场；③农村建设用地必须经过征用变为国有土地后方可进入市场；④政府直接管控征地，实行区片价，农民所获收益通常较低；⑤只有集体土地向国有土地的单向流动；⑥国家对农用地转化为建设用地的调控主要通过用途管制和通过征地转化为建设用地后才能进入市场两个行政措施实现。城乡二元化土地市场在一定程度上影响城乡土地统筹配置。

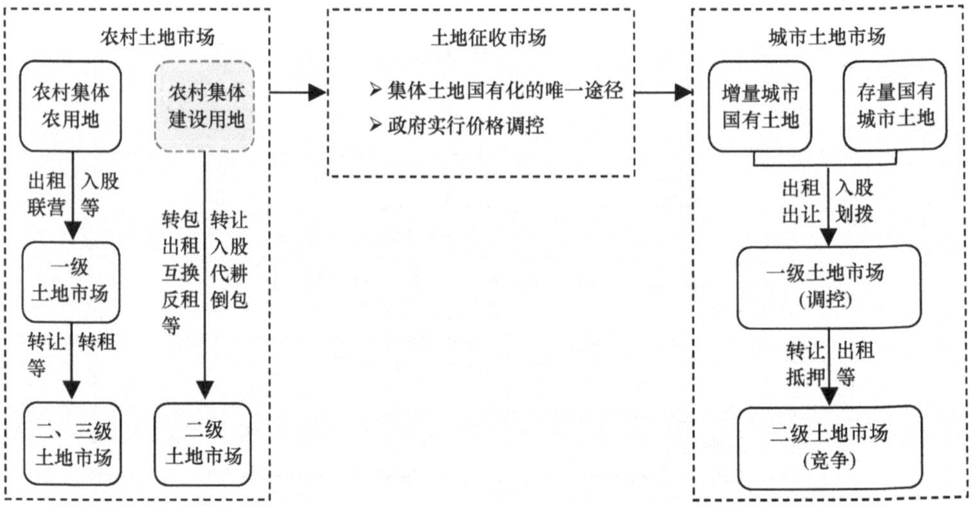

图 5.11　当前我国城乡分割的二元土地市场

注：引自王克强等（2010）、李景刚等（2011），作者略作修改

在农村集体建设用地置换方面，典型的置换项目主要包括置换及增值两个过程（伍振军等，2010）：

1）宅基地置换过程

通过宅基地置换，除了一小部分用来给农民建房之外，其余用于新增土地指标。通常包括 4 个环节：①宅基地复垦。当地政府成立投资公司，负责把农民置换出来的零散宅基地复垦为耕地，农民失去原来宅基地的产权。②建设安置。在选定的可建之地集约建设住房，安置拆迁的农民，且农民获得这块宅基地的产权。③土地置换。零散宅基地复垦之后，经批准将新增建设用地指标置换到城市用于城市发展建设。④挂牌出让。地方政府集中划拨具有升值潜力、区位较好的、与新增用地指标数量相等的土地进行开发，并变为国有土地、获得这部分土地的产权，之后在土地市场挂牌出让。

2）宅基地增值过程

涉及金融市场和土地市场，通常包括四个环节：①融资推动。政府成立投资公司，融资开展宅基地置换工作。试点镇政府成立投资公司，构筑融资平台，从银行借入巨额资金，作为宅基地置换各方面工作的先行投入。②先期投入。一是投入于宅基地复垦；二是承担投入于城镇公寓房、联排公寓房等部分建设。③出让新增土地获得收入。投资公司把新增的土地集中划拨出来，用于房地产、商业地产开发和工业建设用地，获得新增土地的出让收益。④偿还贷款。通过新增土地的部分出让收益来偿还用于农村宅基地复垦、新社区建设开发等各项支出的贷款。

通过宅基地置换，腾退出大量农村宅基地，新增了大量城市和工业建设用地，但土地置换过程中的市场机制并不完善，主要由政府主导，政府成为土地的供给方（农民集体、村民）和土地的需求方（企事业单位、市民）联系的节点（图 5.12）：一方面，地方政府在宅基地置换环节，统一整合农民土地，农民的生产生活方式改变；另一方面，地方政府获得国有土地指标，并经过进一步的五通一平等开发整理后，在土地市场挂牌出让。市场仅在最后的国有土地挂牌出让时才“姗姗来迟”，作为真正供给方的集体土地所有者与作为需求方的地方政府或用地企业，缺乏平等对话、公平交易的机制和平台，市场机制在城乡建设用地统筹置换整个过程中是不成熟的、缺位的。

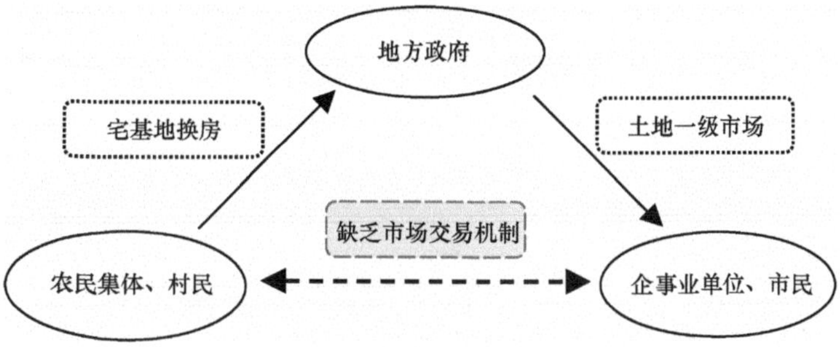

图 5.12　目前城乡建设用地统筹置换的市场机制

现有法律框架和行政管理体制下，需要着力修订和完善土地管理法律制度体系，明晰政府和市场的行为边界，建立更为健全的市场机制和政府机制，为城乡建设用地统筹置换提供制度和政策保障。在同样都是建设用地的情况下（同地），集体用地享有与国有用地同等的权益（同权），集体建设用地可以和国有建设用地一样直接进入市场流转和交易，价格由市场决定（同价）（吴冠岑和牛星，2009）。

第6章　城乡建设用地统筹置换的实践探索

2004年，我国提出将农村建设用地减少与城市建设用地增加相挂钩以来，自上而下的试点工作逐渐得到推行。截至2010年，全国有20余个省份在探索中开展相关实践。从当前实践情况来看，其工作开展主要包括五个步骤：准备与开始，制定专项规划，申报和审批，实践，检查和验收（图6.1）。但不同地区其具体实践方法、路径不同，所解

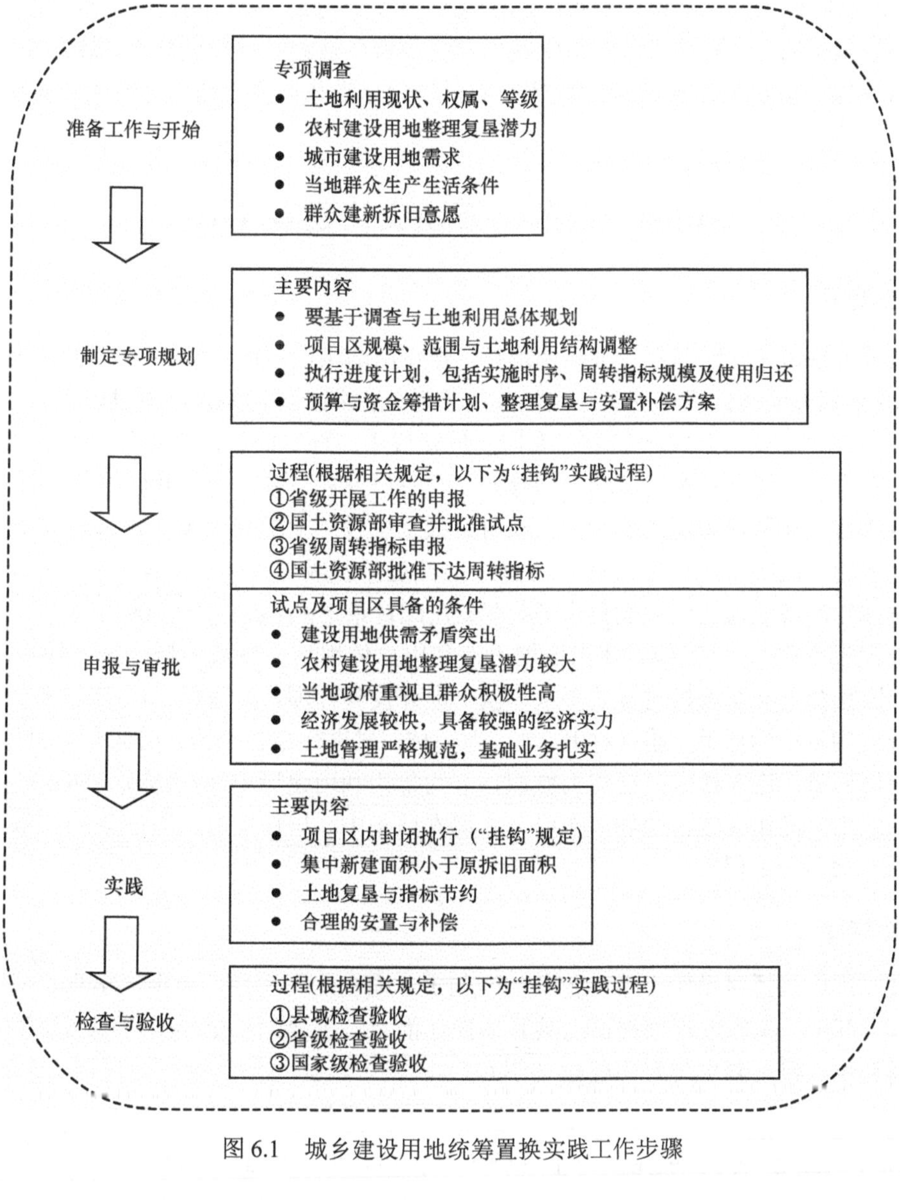

图6.1　城乡建设用地统筹置换实践工作步骤

决的问题和产生的新问题不同。本章首先简要分析当前国内典型省市的实践特点，并着重选择山东省德州市所辖区县进行详细调查，深入剖析“地市-县-乡镇-村”结构体系的城乡建设用地统筹置换实践过程。然后，经比较分析和系统综合，从不同尺度区域、不同类型区、不同操作方法的角度，对城乡建设用地统筹置换实践共性与差异性特征、优缺点、综合效益、突出问题等方面进行归纳总结。

6.1 国内典型地区的城乡建设用地统筹置换实践

关于城乡建设用地统筹置换，国内已有诸多地区开展实践。从广义上来讲，除了城乡建设用地增减挂钩政策直接指导下的实践外，江苏的万顷良田建设工程、天津宅基地换房、山东农村社区化建设以及重庆的地票交易等皆为城乡建设用地统筹置换的有益探索，并且紧密结合“挂钩”政策与实践以及统筹城乡社会经济发展建设。这四个省份分别从耕地保护与农业发展、小城镇建设、农村集聚建设和城乡土地交易的视角探索实践，做法较为突出。

6.1.1 江苏：万顷良田建设工程

1. 实践背景

改革开放以来，江苏省经济高速增长，建设用地供需矛盾日益突出。为此，基于20世纪90年代苏南地区践行的工业用地集约化模式，该省于2004年明确提出了“三集中”的思路，即“工业向开发区集中、人口向城镇集中、住宅向社区集中”。期间，大力发展二、三产业，使全省农村劳动力转移到二、三产业和城镇。但与此同时，在传统的分散化耕作方式和居住格局的影响下，农村公共基础设施的配套成本高且利用效率低，不能满足快速发展的生产和生活需求。并且，虽然近年各级财政明显加强了对农业的投入，但农业比较经济效益低的局面仍未能扭转。在此背景下，江苏省于2009年6月启动“万顷良田建设工程”。该工程具体指依据土地利用总体规划、城镇规划，按照城乡统筹发展、加快社会主义新农村建设的要求，以土地开发整理项目为载体，以实施城乡建设用地增减挂钩政策为抓手，通过对田、水、路、林、村进行综合整治，增加有效耕地面积，提高耕地质量；将农村居民迁移到城镇，节约集约利用建设用地；建成大面积、连片的高标准农田，优化区域土地利用布局，实现农地集中、居住集聚、用地集约、效益集显目标的一项系统工程①。

2. 操作程序

具体程序包括对操作土地具备条件的判定、编制工程规划、申报、审查、实施、检查验收。其中，实施过程根据试点县具体操作而定，主要为三个环节，即房屋拆迁、农民安置补偿、耕地复垦与农田建设（图6.2）。

---

① 关于印发《江苏省“万顷良田建设工程”试点方案》的通知（苏国土资发[2008]290号）。

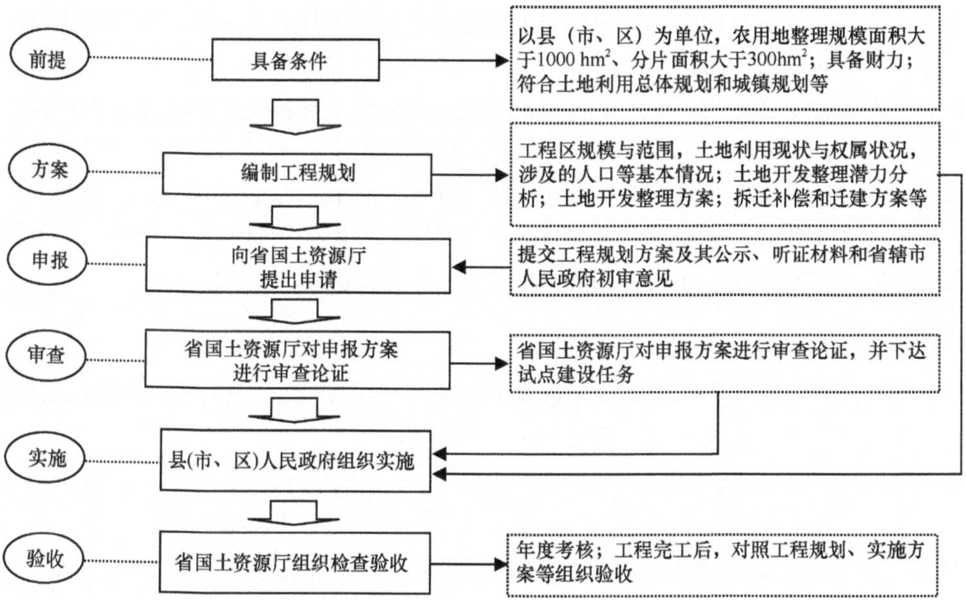

图 6.2　江苏万顷良田建设工程项目操作程序示意图

3. 特点与问题

突出特点：①以有效增加耕地面积、显著提高耕地质量为重要目的，通过村庄搬迁，旧村址复垦为耕地，并建成成片优质良田。②探索土地承包经营权有偿流转工作，以转让、转包、出租、入股等形式支撑工程建设，推进现代化农业规模经营生产与实现劳动力向城镇转移。③拆迁安置以货币安置、养老院安置和小城镇、中心村安置模式为主，通过多样化的安置形式以满足不同类型群体的安置要求，对于大部分农民而言，将由农村分散居住转到城镇集中居住，并由此而促进小城镇的建设与发展。

讨论焦点：①土地承包经营权被“非自愿”流转。在推进土地承包经营权流转的过程中，部分地区由于政府宣传力度不够，未重视公示、听证等环节，使得农民的参与性不足，进而影响了积极性，而政府采取的各种具有强制性的操作手法，让大多数农民深感土地被“非自愿”流转。②部分耕地被用于植树。工程实施中涉及拆迁安置的村庄将得到补偿，部分土地承包商得知其中绿化工程用地比耕地的补偿费高，便将部分耕地转用于植树，以追逐更高征地补偿费用（中国经济周刊，2010）。③农民为未来生活担忧。土地流转后农民失去了赖以生存的根本，而部分农民认为政府补贴难以维持正常生活，在离村离土后农民对未来的就业、社会保障等担忧。

6.1.2　天津：宅基地换房

1. 实践背景

小城镇建设是我国推动城乡统筹发展的重要战略，是加快城市化进程的重要选择。在小城镇建设过程中，地方政府普遍面临建设资金不足、土地指标有限的问题。此外，天津市小城镇建设存在城镇规模小、人口密度低、缺少切实可行的规划建设管理操作和实施办法等问题，而农村则人均居民点面积过高、土地利用效率低下、公共服务设施配套不完善。由此，自 2005 年天津市开展自上而下的以“宅基地换房”建设小城镇和新农村的工作。并于 2009 年 8 月正式颁布《天津市以宅基地换房建设示范小城镇管理办法》（以下简称《天津管理办法》）。以宅基地换房建设示范小城镇，是指村民以其宅基地按照规定的标准置换小城镇中的住宅，迁入小城镇居住，建设适应农村经济和社会发展、适于产业聚集和生态宜居的小城镇[①]。原村庄建设用地进行复耕，而节约下来的土地在整理后经“招拍挂”出售，用土地收益弥补小城镇建设资金缺口。

2. 操作程序

在《天津管理办法》中对宅基地换房实践操作进行了详细规定，相关程序包括三个方面，即土地管理、融资管理、置换管理（图 6.3）。

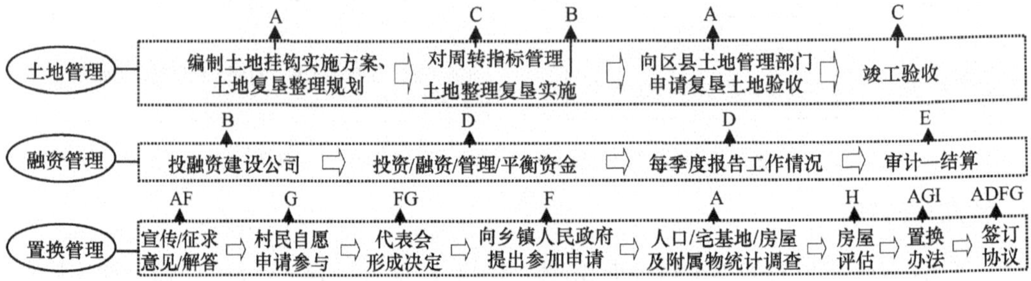

图 6.3　天津宅基地换房操作程序示意图

注：A~I 为执行主体。A 乡镇人民政府，B 区县人民政府，C 区县土地行政主管部门，D 投融资建设公司，E 审计机关，F 村民委员会，G 村民，H 房屋评估机构，I 乡镇人民代表大会

3. 特点与问题

突出特点：①村民自愿。在操作过程中，政府及相关部门尽可能让工作执行公开、公平、公正，做好前期宣传，并以村民自愿为原则，部分乡镇提出要达到 90%的通过率才同意拆迁。②安置补偿。首先，房屋置换按照一定标准进行，如老主房每 1 m^2 换 1 m^2、附房每 2 m^2 换 1 m^2，最终使人均居住面积达到 40 m^2，而原有低价值房屋置换成具有独立产权的商品房（崔宝敏，2010）；政府为该部分进城农民提供城镇居民社会保险，并安排其上岗就业；再者，通过提高农村工业化水平来提高农业耕作效率，以及通过土地承包经营权入股等方法来组织农业合作生产、规模经营，以最大限度降低农民搬迁后土地耕作半径过大的负面效应。③资金保障。整个过程在政府主导下通过市场运作以求资金平衡。具体而言，是以土地出让收益权作为抵押担保，通过建设投资机构向国家开发银行申请贷款融资，用于搬迁农民住宅及相关配套设施的建设，将节约出来的土地通过市场进行出让与经营性开发，所得的土地出让金或开发收益一部分用于之前的贷款偿还，其余继续用于小城镇建设。

讨论焦点：①置换标准的合理性。多数村民不认同附房每 2 m^2 换 1 m^2、院落空地不算的置换标准，并对这种面积减少的置换方式表示不满。②农民负担可能由此而加大。

①《天津市以宅基地换房建设示范小城镇管理办法》（津政令第[2009]18 号）。

按照置换标准，部分村民每户置换的有效住房面积达不到按人均面积计算标准，因此需要购买面积来补足，而所需资金成为村民的负担。③城镇化步伐过快。这种城市化式的安置使村民短时间内离地离村变为城市居民，失去了赖以生存的土地，传统生活生产方式急剧改变，同时在许多村民看来，政府有时没有如期如数给予补偿，这使他们为未来生活保障不足而担忧，并由此存在一定社会隐患。

6.1.3 山东：农村社区化

1. 实践背景

社区化是农村建设发展的重要方向，党的十七届三中全会明确提出要加强农村社区建设，保持农村社会和谐稳定。山东省在城乡建设用地置换实践中，以“挂钩”政策为抓手，大力推进农村社区化建设。其中，诸城市率先开展合村并居建设，为 2008 年 4 月民政部公布的全国 296 个农村社区建设实验县（市、区）名单之一，同时是省级社会主义新农村建设和农村社区化管理改革的试点。诸城市的社区化建设经历了 2007 年农村社区化服务与建设、2009 年推进农村社区化发展和 2010 年撤村并居三个阶段，使诸城市农村从规划建设 208 个社区（每个社区涵盖大约 5 个村庄 1500 户居民），到以社区为单元全面发展，到撤销 1249 个建制村，逐渐形成了“中心城区—镇驻地—农村社区”的结构体系，并结合规划产业园区，为承接产业转移搭建平台（唐敏和王仁贵，2010）。山东其他地区也逐渐开展实践，其中德州市为山东省农业生产重要市，农区村庄数量多、规模小成为农村发展制约因素①，2008 年在本市开展试点工作，2009 年出台《关于推进全市村庄合并社区建设的意见》，并在全市范围内开展实践。实践两年，全市六成村庄合并，减少 4980 个建制村，新建 3339 个社区性组织。

2. 结构变化

山东农村社区建设以县（市、区）为单位组织实施，不同县（市、区）操作方法不同。合村并居后的农村居住结构发生较大变化，主要体现在空间结构变化和管理服务结构变化两方面：①空间结构变化。以交通区位、发展潜力、辐射带动力等为参考标准选择中心村，以 2 km 左右为半径，按照地域相邻、习俗相近的原则建设农村社区，引导农民向社区中心村集中居住（图 6.4）。②管理服务结构变化。建制村原有的一些职能，包括土地承包关系在内没有变化，农村社区以“服务”作为职能定位，在社区内设立服务站和办事服务厅。

3. 特点与问题

突出特点：①散落村庄居民向社区中心村集中，实行撤村并居、村庄改为社区的居住生活模式。②农村社区化推动农村基础设施建设和提高基本公共服务水平。③农村社区化探索农民不用进城入镇、就地城镇化发展的途径，如此未来将有可能改变农民以宗地为根、以家族为圈、以村庄为界的传统生活形态。

① 徐锦庚“合村并居”带来什么. 人民日报. http://finance.people.com.cn/nc/GB/12047021.html。

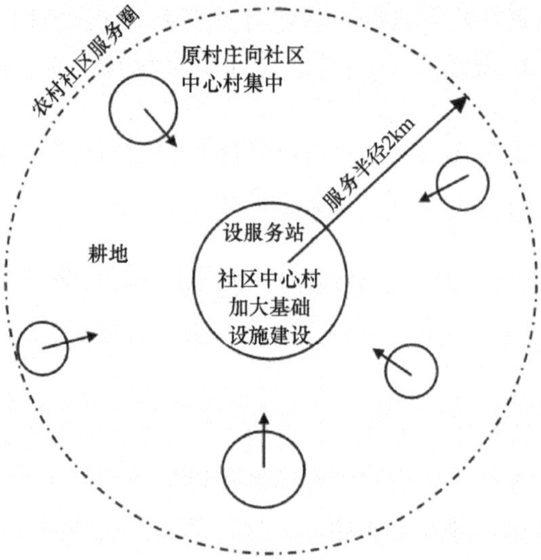

图 6.4　山东农村社区化中结构变化示意图

讨论焦点：①农村社区化应注重农村生产空间、生态空间、生活空间的低成本、循环、合理、可持续发展，不能片面地用城市的眼光来改造农村（王仁贵，2010）。②从农民利益来看，一是存在“被上楼”现象；二是改居后农民的传统生活观念难以转变；三是耕作半径增大、缺少农具、粮食存放和牲畜饲养空间，给农作带来不便；四是置换补偿与各类保障不足，农民生活成本提高，生活负担加重；五是易产生无土地、无工作、无社保的“三无”农民。③基础设施建设投资大、建设难以到位。

6.1.4　重庆：地票交易市场

1. 实践背景

2007 年 5 月，重庆被国家批准为统筹城乡综合配套改革实验区，积极探索统筹城乡土地利用。由于重庆市城乡建设用地落差大、供需矛盾突出的现状，结合正在试点开展的“挂钩”政策，重庆在探索统筹城乡土地利用过程中提出设立重庆农村土地交易所，建立统一的城乡土地交易市场。2008 年 11 月 17 日，《重庆农村土地交易所管理暂行办法》（以下简称《暂行办法》）经市政府常务会议通过。同年 12 月 4 日，由政府出资的非营利性事业法人机构正式挂牌成立，即重庆农村土地交易所，主要从事地票交易。《暂行办法》中对农村土地交易所的交易范围、交易方式、资格条件、权益保障等各个环节，作了较为详尽的设计与规定。所谓“地票”，指包括农村宅基地及其附属设施用地、乡镇企业用地、农村公共设施和农村公益事业用地等农村集体建设用地，经过复垦并经土地管理部门严格验收后产生的指标[①]。截至 2010 年 6 月，土地交易所已举行地票交易会 13 场，成交地票 21 720 亩，亩均成交金额约 10.95 万元（表 6.1）。

① 《重庆农村土地交易所管理暂行办法》（渝府发[2008]127 号）。

表 6.1　重庆市 13 次地票交易

次数	日期	面积/亩	金额/万元	亩均价格/（万元/亩）
1	12/5/2008	1100	89.8	8.16
2	3/4/2009	1300	—	8.03（起拍价）
3	5/11/2009	1100	81.8（1000 亩）	8.05（起拍价）
4	6/23/2009	1100	102.8	9.35
5	8/11/2009	1200	112.3	9.36
6	10/30/2009	2500	239.0	9.56
7	12/4/2009	4000	388.0	9.70
8	12/27/2009	1200	163.0	13.58
9	2/9/2010	2000	225.4	11.27
10	3/29/2010	1200	162.5	13.54
11	4/30/2010	1500	210.6	14.04
12	5/31/2010	2000	271.0	14.50
13	6/30/2010	1720	243.0	14.13
合计	—	21920	2379.0	10.85

资料来源：http://house.ifeng.com/special/chognqingdipiao，检索时间 2012 年 1 月，部分数据由基础数据计算得出。

2. 操作程序

地票持有者可以自己交易或委托代理机构代理交易，土地交易程序主要包括交易申请—资格审查—将待交易地票纳入交易信息库并向社会发布—公开竞购—交易确认与登记备案—指标纳入新增建设用地计划与指标落地（图 6.5）。

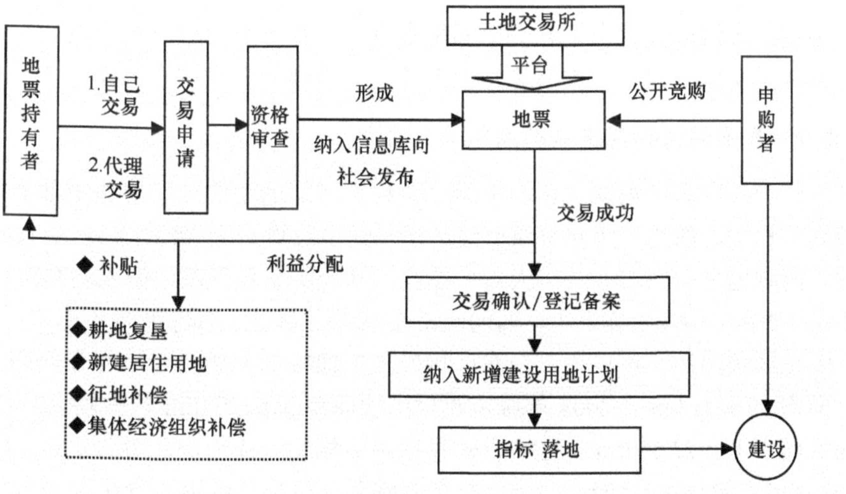

图 6.5　重庆土地交易市场交易程序示意图

3. 特点与问题

突出特点：①“地票”使固化、不可转移的土地资源实物，以票据形式转化为可流动的资产进行交易，是中国农村集体建设用地制度改革、构建城乡一体化建设用地市场的一项重要探索。②“地票”价格统一。③操作超越了传统的“挂钩”试验的行政区界线。④先复垦还耕，验收合格后增加的耕地指标再上市拍卖，降低耕地复垦风险。

讨论焦点：①部分企业购买“地票”动机不纯，导致较长时间内指标不“落地”。②土地级差收益未能体现，存在利益不公、权利寻地隐患（董祚继等，2010）。③收益分配欠合理，不利于保护农民利益和提高农民积极性。④与政策、总体规划衔接不够，约束机制不完善。

6.2 研究区城乡建设用地统筹置换实践概况

城乡建设用地统筹置换实践为政府主导的自上而下式实践，按照省、市、县（市、区）、乡镇（街道办事处）的层级顺序开展工作，并以县（市、区）为单位进行实践管理与总结。本节以山东省德州市为研究区，对其“地级市—县区—乡镇—村”级实践演变及概况进行系统分析与归纳总结。

6.2.1 研究区域选取与城乡土地利用特征

1. 研究区域选取

通过以上分析可看出，当前国内城乡建设用地统筹置换实践并没有固定的模式与统一的方法，各地区均在探索中试图寻找科学合理的路径。江苏、天津、山东、重庆 4 个省（直辖市）的实践形成了不同的探索方向与模式，并取得一定成效，其实践意义值得肯定。但同时也暴露出一系列新问题，如置换补偿不合理、农民生活负担加重等，深入开展典型案例区实践研究具有十分重要的现实意义。基于对国内 4 个典型省（直辖市）实践的综合认识及以下原因，本书选择山东省德州市作为重点调查研究区域。

1）选择山东省作为研究区域的原因及其典型性

山东省位于我国东部沿海、黄河下游、京杭大运河的中北段，地势中部山地突起，东部丘陵起伏和缓，西南、西北平原低洼平坦，经济总量占全国的 1/10，是我国重要的经济大省，同时也是全国农业第一大省。然而，其经济总量虽高，但人均数量较低，人均耕地不足 1.2 亩。山东省东、中、西的经济发展差异显著，东部沿海各地市经济发达，而西部内陆地区较落后。可以说，山东区域发展所面临的问题是全国存在问题的缩影。山东省总面积 15.7 万 km^2，2008 年城市建设用地面积 3191.50 km^2，人均面积约 80 m^2；农村居民点面积 11 972.50 km^2，是城市建设用地面积的近 4 倍，人均面积约 242 m^2，高于 1993 年规定上限标准 150 m^2；结合前文的城乡人口与建设用地变化关系分析结果，山东省属于“U 增 R 减不协调区”，即城市建设用地增长率高于人口增长率，而农村建设用地减少率远小于人口减少率。另据调查，山东省适宜开发的耕地后备资源有限，不能满足因快速发展的城镇化而带来的城市发展建设用地需求，且城乡建设用地利用粗放、结构不合理，农村居民点布局分散、凌乱，特别是西部地区，闲置低效用地比较多，整治潜力巨大。此外，山东省是较早开展国家城乡建设用地增减挂钩政策实施的第一批试点省份之一，省内各审批试点城市立足发展现状，紧跟政策逐步探索在保证耕地总量不变或增加的情况下，开展农村建设用地整理与复垦、建设用地指标增加并补给城市发展需要的一系列城乡建设用地统筹置换实践工作，并结合新农村建设开展农村社区建设，在全省范围内形成了土地综合整治（挖潜）与新农村建设相结合的城乡统筹发展建设热潮。由此，选择山东作为研究区具有较好的典型性。

2）选择德州市作为研究区域的原因及其典型性

一方面，德州市位于黄河下游，鲁西北传统农区，总体经济发展较山东沿海及中部地区落后，全市城镇化率为 38%，比省平均水平低 10.3 个百分点。进入 21 世纪后，尤其是当前德州作为山东西北门户、京津冀都市圈边缘、渤海经济圈辐射区、未来发展的济南都市圈内七大城市之一，以及联结京津冀都市圈、山东半岛城市群和长三角城市群的重要交通枢纽，德州社会经济迅速发展，产业结构逐步优化。作为位于传统农区的工业化、城镇化后发型地区，德州城市化与工业化发展迅速，全市建立 11 个省级经济开发区和一个高新技术开发区①，城镇化工业化用地需求大。目前国家对非农建设占用耕地进行严格控制，如何保障此类后发区域的用地需求是一个现实问题、科学问题。如果保障好了，将有助于保障传统农区的工业化、城镇化、农业和农村现代化发展，对于减小区域发展差异、实现赶超发展目标具有积极作用；如果保障不好，后发之力受挫，将丧失良好的发展机遇。因此，对该地区的城市建设用地增长保障与路径研究具有十分重要的意义。另一方面，德州市农业人口占全省 6.4%，而建制村数量却达 8319 个，占全省 10%，村均人口比全省少 271 人，500 人以下的村 4756 个，占 57%，最小的村仅 29 人。德州市如此村庄数量多、规模小的现实，导致农村发展的诸多问题，如村级管理与公共服务水平低、基础设施建设与运作成本高、土地浪费严重、空心村比例高、农业规模化生产困难、农业生产效率难以提高等。作为鲁西北发展落后地区、农业生产重要市，开展土地综合整治、村庄合并与农村社区建设、大力发展农业规模化与现代化生产、推动小城镇发展建设尤为必要。而此时，城乡建设用地统筹置换为保障城市建设用地增长、整合农村土地资源、升级农业发展、助推小城镇发展提供了综合途径。近年来，在“挂钩”政策指导下及发展需求的推动下，德州学习借鉴其他地区的实践经验后，立足本地区发展现状，不断探索、创新，形成了自己的城乡建设用地统筹置换实践思路与操作方法。2009 年 3 月，德州市出台《中共德州市委、德州市人民政府关于推进全市村庄合并和农村社区建设的意见》（德发[2009]8 号），两年半内全市各县（市）均有不同程度的实践推进，并涌现出德州经济开发区、禹城市、齐河县、平原县等几个实践突出县（市）。深入开展德州市城乡建设用地统筹置换实践研究，对于指导我国典型地区城乡建设用地统筹置换实践具有重要的参考价值。

3）选择德州市区与禹城市作为实践分析区域的原因及其典型性

作者于 2011 年 7 月中旬，对德州市进行了前期调研。按照实践规模与力度，德州

① 除德州市区有德州经济开发区和运河经济开发区两个开发区外，其他各县市均有一个，分别为：禹城高新技术开发区、乐陵经济开发区、平原经济技术开发区、齐河经济开发区、宁津经济开发区、陵县经济开发区、临邑经济开发区、武城县经济开发区、夏津经济技术开发区、庆云经济技术开发区。

市的城乡建设用地统筹置换实践大致分为三个等级：德州市区的德州经济开发区、实践突出县（市）、实践一般县（市）。德州经济开发区为德州市区重点发展建设区域，建设用地需求量大；实践突出县（市）主要包括禹城市、齐河县、平原县等，其中禹城市自2006年开始参与“挂钩”实践，并且拥有全市唯一一个省级高新技术开发区，开发区经济活力大、发展迅速，建设用地需求量大；实践一般县（市）包括宁津县等其他县市。以研究区域选取具有典型性为前提，并考虑实现“地级市—县—乡镇—村”结构体系的城乡建设用地统筹置换研究，本书重点对该市区的德州经济开发区和下辖禹城市进行实践分析。研究区范围与地理区位见图6.6。

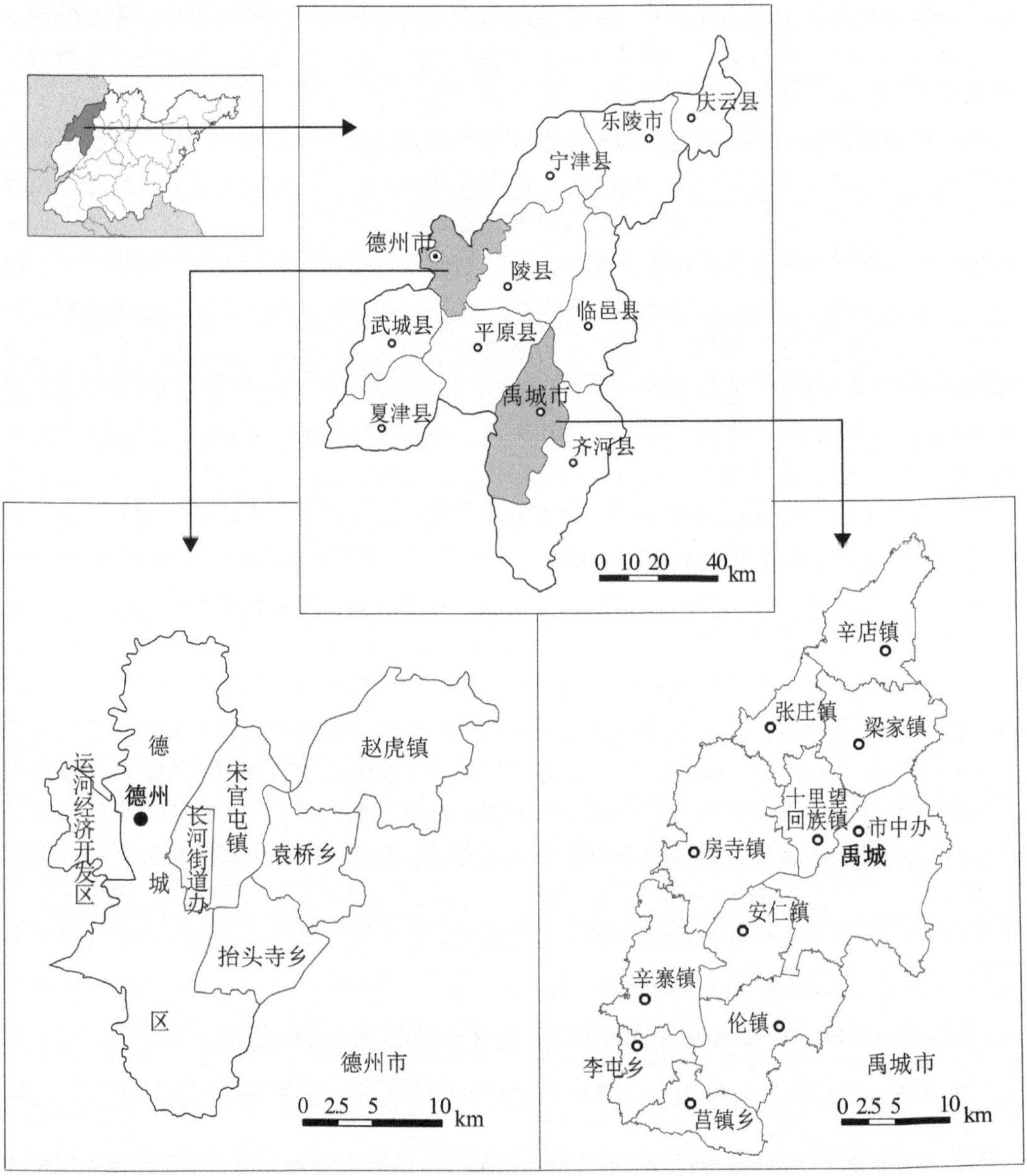

图6.6　研究区范围与地理区位示意图

2. 山东省整体农村居民点土地利用现状

基于对山东省相关国土部门关于农村宅基地统计信息的了解，归纳得到山东省农村居民点用地现状特征。

1）各地用地结构差异大，农村闲置用地普遍存在，基础设施用地比例偏低

基于农村居民点内部用地结构（划分为农村宅基地、商服用地、工矿企业用地、公共管理与公共服务用地、道路用地和闲置地六大类）统计信息分析得到，全省平均宅基地面积比例为 53%；道路用地、公共管理与公共服务设施用地以及工矿用地面积相当，占 11%~14%；商服用地面积比例较低，只占 3%左右；闲置地面积比例占 4%左右。从各地市的情况来看，农村宅基地面积比例为 39%~64%、公共管理和公共服务设施用地比例为 6%~28%、工矿企业用地比例为 2%~27%、道路用地面积比例为 9%~26%、商服用地面积均低于 10%、闲置地面积比例为 0.3%~9.5%。

2）"一户多宅"现象普遍存在

全省农区户均宅基地数为 1.11。从全省各地市来看，县市一般农区的户均宅基地除东营、泰安和莱芜三市整体符合"一户一宅"的标准外，其余各地市均超"一户一宅"的标准，其中菏泽市户均宅基地数最高（大于 1.3），其次是德州市和潍坊市（大于 1.2），青岛、威海、枣庄、聊城、济宁五市的户均宅基地数为 1.1~1.2，淄博、滨州、临沂、日照四市的户均宅基地数为 1.0~1.1。县市中心城区的户均宅基地数德州市最高（大于 1.2），其次是临沂、菏泽、济宁三市（大于 1.0）。从空间分布特征来看，全省户均宅基地的高值主要分布在鲁西南、鲁西北以及鲁中社会经济发展相对落后的农区。此外，从"一户两宅"和"一户三宅及以上"的统计来看，全省"一户两宅"农户数约占农户总数的 10%，"一户三宅及以上"的约占农户总数的 1.5%；其中德州市有 9%左右的"一户两宅"情况和 1%以上的"一户三宅及以上"情况。

3）户均宅基地面积严重超标

全省户均宅基地面积约为 360 m^2，其中县市一般农区户均宅基地面积较高（约 410 m^2），县市中心城区户均宅基地面积相对稍低（约 300 m^2），两个地区的现状值均超出国家和省级地区规定的用地标准。以《山东省实施<土地管理法>办法》和各地区的宅基地管理办法中规定的城市郊区每户新建宅基地面积标准 166 m^2 和其他地区最高新建宅基地面积标准 264 m^2 为基准，从全省各地市来看，县市一般农区的户均宅基地面积除威海市和莱芜市符合标准外，其余各市均高于 264 m^2 的标准；县市中心城区的户均宅基地面积均大于 166 m^2 的标准。其中德州市不论县市一般农区的户均宅基地面积还是县市中心城区的户均宅基地面积均超标，且属全省最高，县市一般农区的户均宅基地面积超过 500 m^2。

4）农村宅基地占全省建设用地的比例较高

1996~2014 年，山东省建设用地总面积从 3258.75 万亩增加到 4175.71 万亩，其中，

宅基地面积从 1842.99 万亩增加到 2108.29 万亩，农村宅基地占全省建设用地总面积比例从 56.56%下降到 50.49%，但比例仍较高。此外，全省总人口从 8747 万人增加到 9612 万人，农村人口（公安户籍登记）从 6484 万人减少到 5482 万人，农村人口占总人口比例从 74.13%下降到 57.03%。由此可见，虽然山东省宅基地比例在下降，但其下降速度明显小于农村人口比例下降速度。

3. 研究区概况与城乡土地利用特征

1）研究区一：德州经济开发区

德州市区包括德城区、运河经济开发区和德州经济开发区。德州经济开发区位于市区东部，是 1992 年经山东省人民政府批准设立的省级经济开发区，于 1998 年正式启动，围绕“依托老城区，建设新城区，逐步形成河东新区”的思路发展建设。该区辖 4 个乡镇 1 个街道办事处，即宋官屯镇、赵虎镇、袁桥乡、抬头寺乡和长河街道办事处，辖区面积 320 km^2，总人口 29 万人。该区经过 10 余年的发展，已逐步显示出其作为德州市经济发展带动区、制造业集聚区、改革创新先导区的发展强劲势头。2007 年，开发区地区生产总值 75.73 亿元，工业总产值 194.69 亿元、实际利用外资 2680 万美元、进出口总额 9628 万美元，分别占德州地区的 14%、8.66%、19.73%和 9.24%；地区生产总值占德州市区的一半以上，其中工业产值达 80%以上。未来，随着开发区建设的逐步完善、企业数量增加、规模扩大，社会经济将得到进一步发展，并成为德州市区东部重要的新城区。

基于 1995 年和 2000 年德州市区土地利用遥感影像解译数据（图 6.7，彩图见书后），可看出 1980~2000 年德州市区城市建设用地变化较明显，主要向西扩张建设德州运河经济开发区（原为德州商贸开发区，后于 2002 年在此基础上成立德州运河经济开发区）。城市建设所需土地约 96%来源于耕地，也有少量（约 4%）农村居民点在城市扩张、旧村改

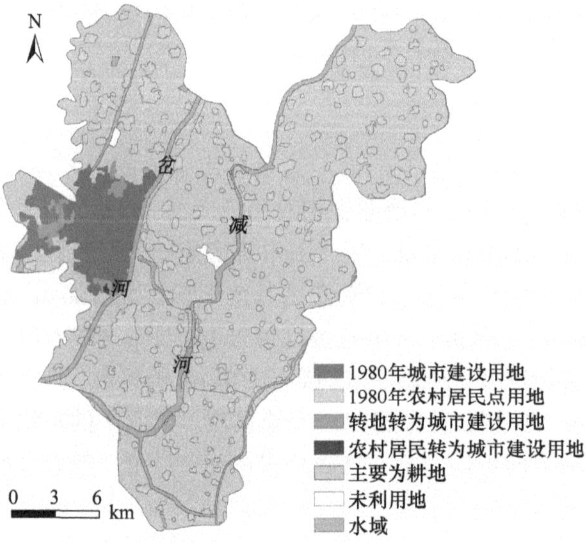

图 6.7　1980~2000 年德州市区土地利用变化

注：1980 年和 2000 年 Landsat TM 30m×30m 遥感影像解译

造后被城市化（表 6.2）。除此之外，其他土地类型变化较小。到 2010 年，德州城市发展除在老城区（德城区）基础上南北延伸外，已向东跨越岔河、减河并形成一定城市规模（图 6.8，彩图见书后），德州经济开发区也初具雏形。开发区是从“零城市区”逐渐发展起来的新城区，建设用地主要来源于耕地、农村居民点和未利用地。

表 6.2　2000 年德州市区城市建设用地来源

2000 年城市建设用地面积/km²	1980~2000 年城市建设用地增加		
	来源	面积/km²	比例/%
44.09	农村居民点	0.19	3.70
	耕地	5.04	96.30

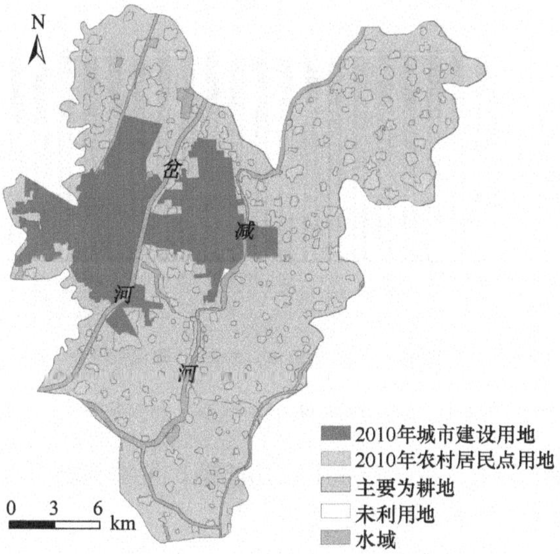

图 6.8　2010 年德州市区土地利用现状

注：基于德州经济开发区基础调研中所得资料手工绘制

2）研究区二：禹城市

禹城市为德州市下辖县级市，处于中国东部环渤海经济开发圈内，是鲁西北的区域性城市之一，距济南市区和德州市区分别为 50km、70km。市境南北长约 58km，东西宽约 33km，总面积 990.7 km²。至 2011 年 8 月，全市辖 8 镇、2 乡、1 个街道办事处和 1 个省级高新技术产业开发区，分别为张庄镇、房寺镇、伦镇、辛店镇、梁家镇、安仁镇、辛寨镇、十里望回族镇，莒镇乡、李屯乡，市中街道办事处和禹城高新技术产业开发区，全市共辖 1007 个行政村，总人口 53 万人。禹城市为德州市两个县级市之一，为重要的经济强市，除德州市区外其经济实力排名第三。2002 年起 GDP 增长加快，年均增长率为 18.4%（图 6.9）；经过多年发展，禹城市产业结构逐步优化，第一产业比重降低，第二产业比重明显增加（图 6.10），2009 年三产业结构为 16.7∶50.9∶32.4。禹城是德州重要的农业生产地区，是国家重要的商品粮、优质粮、瘦肉型猪生产基地和联合国棉花技术研究基地。近几年，该地区工业发展迅速，高技术水平提高。2009 年工业总产值 296 亿元，比 1999 年增长约 15 倍，其中高新技术产业产值比重为 40%。目前，全市

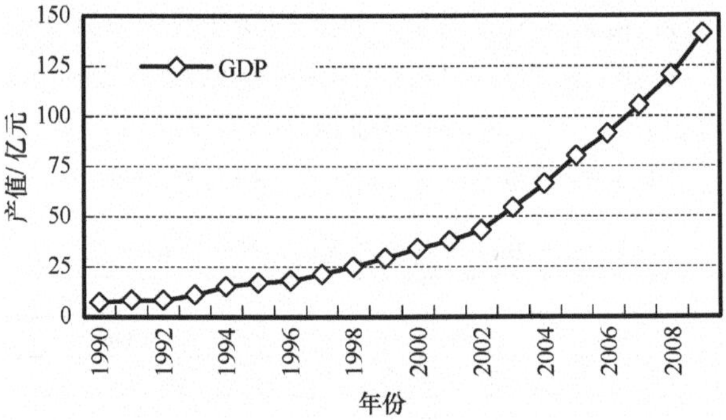

图 6.9　1990~2009 年禹城市 GDP 变化

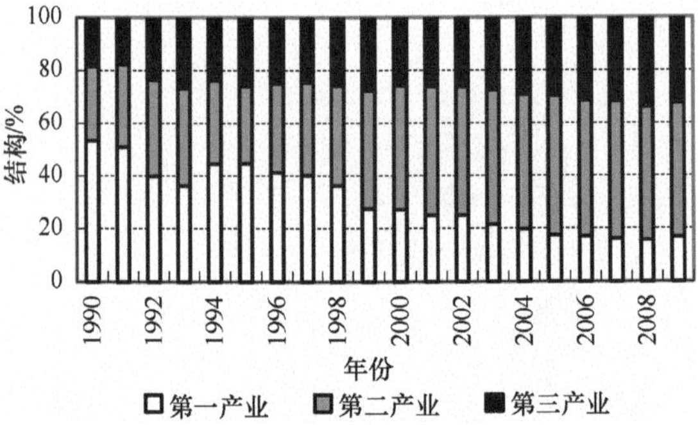

图 6.10　1990~2009 年禹城市产业结构变化

规模以上工业企业 280 多个，并已形成了以功能糖、生物制药、机械制造、羊绒精深加工、木材加工、精细化工等高新技术产业群。

基于 1995 年和 2000 年禹城市土地利用遥感影像解译数据（图 6.11，彩图见书后），可看出 1980~2000 年禹城市城市建设用地变化明显，主要向东、南扩张，城市建设所需土地来源于耕地（表 6.3）。除此之外，其他土地类型变化较小[①]。2009 年，禹城市市区向东发展，较 2000 年城市建设用地扩展显著（图 6.12，彩图见书后），用地主要来源于耕地、农村居民点用地和水域。2000 年后经乡镇合并及撤乡立镇，形成目前的 7 镇、3 乡、1 街道办事处的行政区划，建制镇得到发展且用地增加。

对 2000 年和 2009 年禹城市人口和建设用地数据分析可知，2000~2009 年，禹城市城市化水平由 16.7%增长到 31.4%，城市人口由 8.38 万人增加到 16.38 万人，增长率为 95.35%，农村人口由 41.52 万人减少到 35.66 万人，增长率为–14.26%；相对应城市建设用地增长 90.98%，而农村居民点用地并没有随人口减少而减少，反而增加了 0.94%。利用城乡人口变化与建设用地变化关系指数（α）模型计算得到：城市地区 α=1.05，位于关系坐标图的第一象限（0.8，1.2）区间，城市人口与建设用地变化关系属于扩张连接关系，即城市建设用地增长率相近于人口增长率；农村地区 α= –28.9，位于关系坐标图

① 由于 Landsat TM 遥感影像解译图精度有限，图中所示 1980~2000 年城市建设用地扩展显著，约有 309.03 hm^2 耕地转化为城市建设用地，另有 75.15 hm^2 耕地转化为水域（主要为坑塘，用于发展渔业），有很少量的耕地转化为农村居民点。

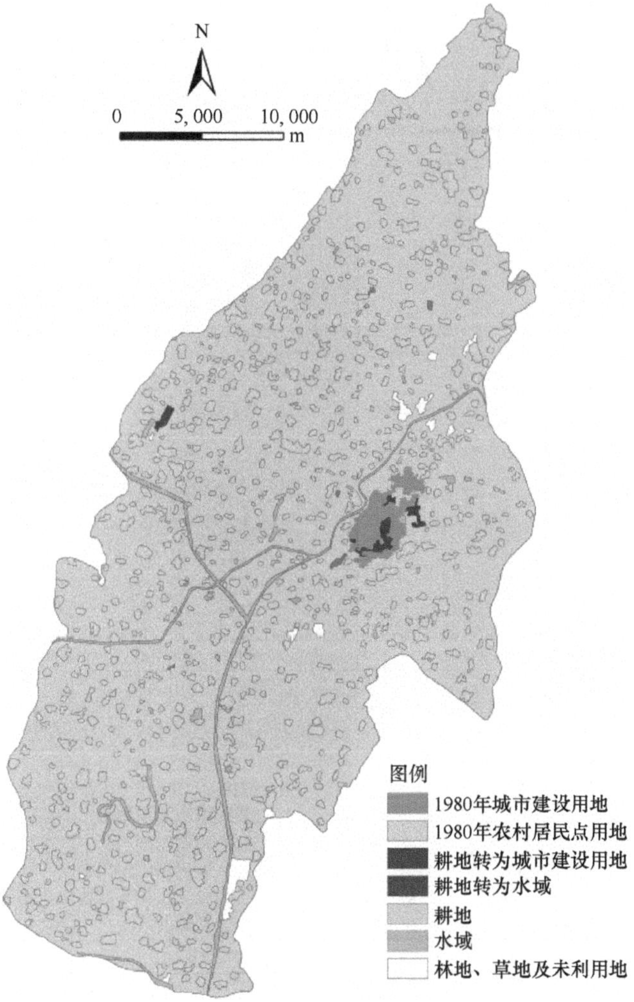

图 6.11　1980~2000 年禹城市土地利用变化

注：1980 年和 2000 年 Landsat TM 30m×30m 遥感影像解译

的第四象限，农村人口与建设用地变化关系属于强脱钩关系。2009 年，禹城市城市建设用地面积 28.74 km^2，比 2000 年增加了近一倍，人均城市建设用地面积 175 m^2，虽然比 2000 年人均数量有所降低，但仍高于 120 m^2 上限标准。2000~2009 年农村居民点用地总量略有增加，而人均数量增长较多，达 304 m^2，高于 150 m^2 上限标准约两倍①（表 6.4）。总的来看，禹城市城市人口与建设用地增长相协调，但由于城市地区人均建设用地面积高于国家规定的上限标准，因此今后禹城市在城市化过程中，在保持城市地区人口与建设用地协调变化的同时，应尽可能提高城市用地效率、降低人均面积；而农村地区表现极不协调的人口与居民点用地增长关系，并且人均农村居民点用地面积较高，体现出较低的农村土地利用效率、土地资源浪费现象，农村地区用地整理工作有待开展（表 6.5）。

① 2010 年 12 月 24 日，住房和城乡建设部发布《城乡用地分类与规划建设用地标准》（GB50137—2011）。标准中规定新增城乡人口人均居民点建设用地面积小于或等于 150 m^2，新建城市规划人均城市建设用地面积一般为 95.1~105.0 m^2。

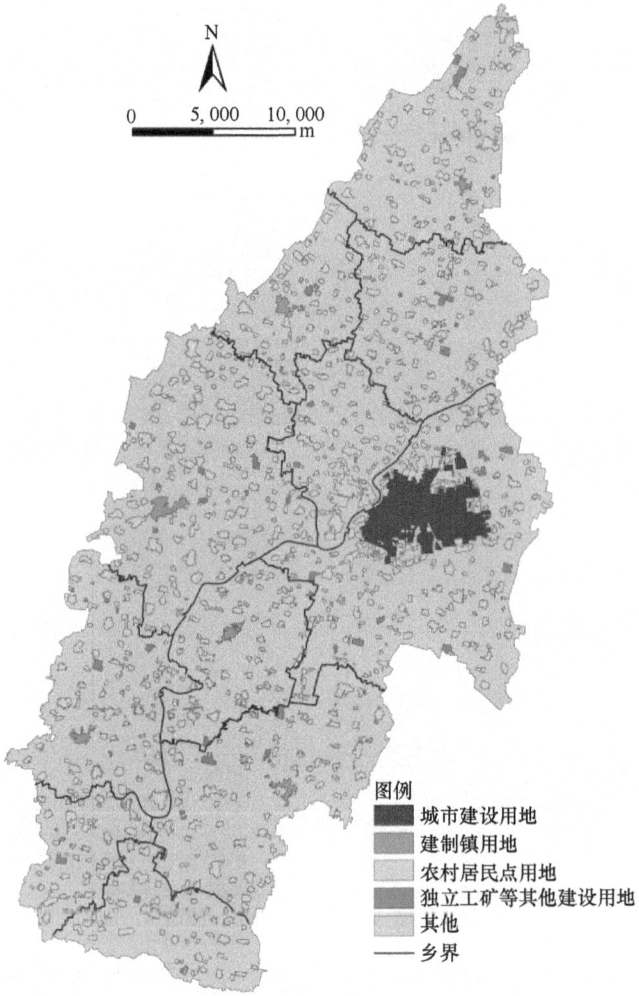

图 6.12 2009 年禹城市土地利用现状示意图

注：基于禹城市基础调研中所得资料手工绘制

表 6.3 禹城市 1980~2000 年土地利用转移矩阵 （单位：hm^2）

项目	林地	草地	水域	城镇用地	农村居民点	其他建设用地	未利用土地	耕地
林地	7.97	0.00	0.00	0.00	0.00	0.00	0.00	0.00
草地	0.00	63.80	0.00	0.00	0.00	0.00	0.00	0.00
水域	0.00	0.00	1848.01	0.00	0.00	0.00	0.00	0.00
城镇用地	0.00	0.00	0.00	1104.37	0.00	0.00	0.00	0.00
农村居民点用地	0.00	0.00	0.00	0.00	12233.09	0.00	0.00	0.00
其他建设用地	0.00	0.00	0.00	0.00	0.00	75.29	0.00	0.00
未利用土地	0.00	0.00	0.00	0.00	0.00	0.00	577.98	0.00
耕地	0.00	0.00	75.15	309.03	0.00	0.00	0.00	82561.42
合计	7.97	63.80	1923.16	1413.39	12233.09	75.29	577.98	82561.42

表 6.4　禹城市 2000~2009 年城乡建设用地利用情况

年份	城乡建设用地面积/km^2		人均城乡建设用地面积/m^2	
	城市	农村	城市	农村（居民点）
2000	15.05	98.52	179	237
2009	28.74	108.53	175	304

表 6.5　禹城市城乡人口与建设用地变化关系

项目	城市地区	农村地区
人口增长率（RP）/%	95.35	−14.26
建设用地增长率（LP）/%	90.98	0.49
人口与建设用地变化关系散点图	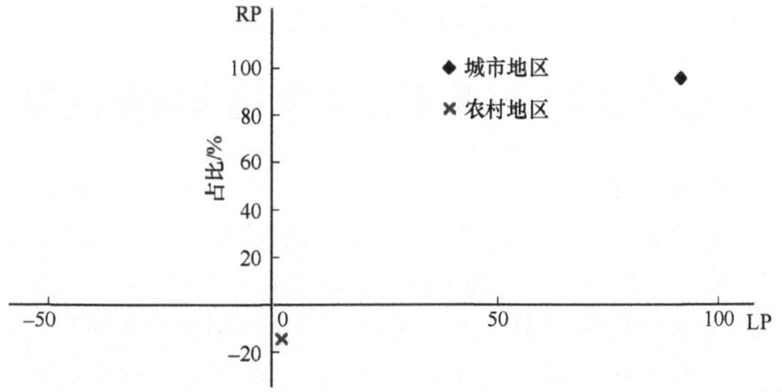	
α= RP / LP	1.05	−28.9
人口与建设用地变化脱钩关系	扩张连接	强脱钩

注：农村地区建设用地为农村居民点增加用地。

6.2.2　德州市城乡建设用地统筹置换实践演变

山东省较早就开展了城乡建设用地统筹置换。2003 年 5 月省国土资源厅发布 79 号文件《关于实行建设用地指标置换和农用地整理指标折抵的意见》，提出对城镇建设用地范围以外的合法建设用地复垦，并与非农建设项目新占耕地指标进行等量交换的做法，以及对配置不当、利用不充分的农用地进行综合治理，并将净增加的指标按 60%比例折抵规划非农建设占用耕地指标的做法①。2005 年，山东成为全国第一批“挂钩”试点，实践在全省范围内逐渐展开，并出台相关实施办法。2009 年 3 月省政府发布 17 号文件《关于推进农村住房建设与危房改造的意见》，同年 11 月出台 24 号文件《关于推进农村社区建设的意见》，全面围绕新农村建设与统筹城乡社会经济发展。2010 年 8 月发布 73 号文件《关于加强土地综合整治推进城乡统筹发展的意见》，提出建设高标准农田、推进农村建设用地挖潜工作、整合并返还土地级差收益到农村、推动城镇与社区建设的目标与任务。省级工作部署后，各地市响应并开展实践。

在省级工作思路的影响下，基于本地发展现状与突出问题，经反复学习、借鉴与创新，德州市城乡建设用地统筹置换实践不断发生变化，并在变化中探索实践科学性与合理性。其实践演变过程为：①阶段一，自 2006 年山东省成为全国第一批“挂钩”试点

①《山东省国土资源厅关于实行建设用地指标置换和农用地整理指标折抵的意见》（鲁国土资发[2003]79 号）。

开始，德州市下辖县（市）逐渐参与到“挂钩”工作中。②阶段二，2009 年，针对本市农区村庄多、村庄小、布局散、设施差的现状，提出并开展合村建区的农村社区建设，随后“挂钩”工作便和农村社区建设结合起来。③阶段三，2010 年山东省提出“规范城乡建设用地增减挂钩试点加强农村土地综合整治”，重点主要集中在完善增减挂钩试点，推动农村存量建设用地挖潜，以及围绕增减挂钩项目区，科学安排基本农田整理项目片区等方面。由此，德州市展开新的土地整治（挖潜）实践可分为“挂钩（挖潜）”、合村并建、置换三个方向[①]。④阶段四，2011 年 1 月德州市提出积极推进“两区同建”，即农村社区和农村产业园区同步建设，至此，德州城乡建设用地统筹置换演变为两区同建与土地综合整治（挖潜）相结合。上述发展演化反映了地方政府在探索中逐步将政策办法、操作条例同解决现实问题及时衔接的过程。

6.2.3 德州市区城乡建设用地统筹置换实践概况

随着城市建设推进、各大企业进驻，市区东部的德州经济开发区社会经济发展迅速，人口急剧膨胀。产业发展也带来广阔的就业市场，越来越多的农村劳动力转移到非农生产领域，农村就业结构发生变化，农民收入水平提高。如此快速的城市化与工业化发展，迫切要求开发区完善城市功能，其中对内部原有农村居民点进行改造（即“旧村改造”）成为集约利用土地、完善用地布局、加快开发区建设的重要工作。开发区旧村改造过程实际上为农民逐渐与土地分离并逐渐城市化的过程，旧村改造在较好地整合农村建设用地和节约土地资源的同时，将城市化发展与当地人民生产生活紧密结合起来，把农村地区人民的生产生活转型与发展纳入到城市化与工业化发展的轨道，为未来开发区合理有序的发展建设奠定基础。

从德州经济开发区城市空间发展特征来看，以减河为界线，减河以西的新城片区为开发区建设的第一个区域，减河以东的高铁新区为开发区向东扩建的第二个区域。德州市经济开发区的旧村改造最早由新城片区开始，主要为单村改造。自 2003 年开始酝酿；2004 年设小申庄为第一个试点；2005 年开发区推广了成功经验，开始在宋官屯村和十二里庄村两个规模最大的村庄进行改造，实践进入攻坚阶段；2006 年在建成区全面铺开；到 2010 年，小申庄、宋官屯、十二里庄、八里庄、大申庄、李相庄、艾家坊、苗庄、簸箕刘、小温庄、岳庄等村庄已经完成搬迁，郭家庵等村庄正在建设安置社区，并将于 2011 年年底或次年年初完成搬迁（图 6.13）。德州经济开发区旧村改造在没有具体操作实施标准的情况下开始，在“问题—纠偏”的不断循环中摸索前行。

高铁新区旧村改造实行大社区建设。截止到 2010 年 8 月，高铁新区已经形成合村并居方案和编制完成总体规划初稿，未来将高铁新区所在的袁桥镇（约 43 个村庄）经合村并居后规划成为袁桥、牟庄、大王（合并）三大社区。目前，三大社区建设一期工程已经启动，预计年底第一批村庄（袁桥村、牟庄村、大王村）搬迁完成。

① 各县（市）积极申报“挂钩”项目，获批纳入项目区的按照国家相关政策与规定执行。没有纳入项目区的仍执行合村并建，并建社区要尽量在原村址建设，以土地利用率低、空心村、破旧房屋比较集中的村作为突破口。一部分为申报的置换项目，所谓建设用地置换是指将土地利用总体规划确定的城镇建设用地范围外依法取得的零星分散的建设用地（违法用地、采煤塌陷地、沉沙池及临时用地的复垦除外）复垦为耕地，其原建设用地与新占用的土地进行等量交换的行为。

十二里庄新村(2011-08-16)

郭家庵新建安置社区(2011-08-16)

图 6.13　德州经济开发区减河以西新城片区旧村改造

6.2.4　禹城市城乡建设用地统筹置换实践概况

为全面协调发展社会经济、加快城市建设与推进民生工程，禹城市于 2010 年组建十大建设指挥部，分别负责企业扩张、道路改造、招商引资、重大项目和民生事业等重点工作。农村社区建设指挥部便是其中一支队伍。该领导机构由市委书记、市长任总指挥，市委副书记、帮扶工作团常务副团长任常务副总指挥，常务组织部长和分管副市长任副总指挥，指挥部下设 7 个指导组，由相关科局负责人任组长。并实行市乡领导包社区制度，各乡镇实行一个社区一套工作班底，其中，乡镇层面相关政府机构和村集体领导机构为实践重要的贯彻执行者。自 2009 年，禹城市在贯彻《山东省人民政府关于推进农村住房建设与危房改造的意见》（鲁政发[2009]17 号）的同时，结合增减挂钩政策，全面开展合村并建、农村社区建设工作。

基于山东省和德州市工作安排，禹城市城乡建设用地统筹置换实践工作主要包括“挂钩”、置换、土地综合整治和合村并居四类。2006~2011 年，禹城市合计实施 5 批增减挂钩项目、3 批置换项目、1 个土地综合整治项目。共涉及拆旧村 67 个、窑厂 18 个、棉站 5 个、学校 4 所、麻风院 1 个，拆旧区总规模为 11 003 亩，预计新增耕地 9703 亩，除安置区面积 3732 亩外，可增加土地指标 7293 亩（已验收 4 个项目，使用指标 1632 亩用于城市建设）。前三类项目开展与合村并居实践并行或交叉进行。

（1）城乡建设用地增减挂钩：①2009 年 5 月，由国土资源部、省政府于 2006 年批复的第一批“挂钩”项目通过省厅验收，拆旧总规模 829 亩，复垦耕地 829 亩，安置区占地 234 亩，新增用地指标 595 亩。②2009 年 12 月，由省政府于 2008 年批复 2009 年度“挂钩”项目通过省厅验收，拆旧总规模 361 亩，复垦耕地 348 亩，新增用地指标 348 亩。③2010 年 8 月，由省政府于 2009 年批复的第二批“挂钩”项目通过省厅验收，拆旧总规模 478 亩，复垦耕地 429 亩，新增用地指标 429 亩。④2010 年，由省政府批复并实施两批项目，拆旧总规模 2743 亩，复垦耕地 2616 亩，安置区占地 1443 亩，其中占用耕地 1324 亩，新增用地指标 1242 亩，涉及北丘社区等 16 个社区建设[①]。

① 2010 年批复并实施的两批项目中，调研期间第一批项目等待验收，第二批项目安置区正在建设。2006~2010 年的“挂钩”项目总规模 2205 亩，预计复垦耕地 4224 亩，安置区占地 1677 亩，新增用地指标 2616 亩，其中，2006~2009 年申报的项目新增指标 1373 亩已全部用完，主要用于城市发展建设，2010 年项目的新增指标尚未使用。

（2）建设用地置换：①2009 年，由市局、省厅于 2008 年批复的第一批置换项目通过验收，项目总规模 465 亩，复垦耕地 258 亩，新增用地指标 258 亩。②2010 年，由省政府批复并实施两批项目，项目总规模 2347 亩，新增用地指标 1518 亩。

（3）土地综合整治：2011 年，由省国土厅与财政厅批复了房寺镇土地综合整治项目，项目总面积 3784 亩，计划拆村 32 个，预计复垦耕地 3596 亩、新增用地指标 2899 亩。

（4）合村并居：2009 年，全市 1007 个行政村整合成为 379 个社区，村庄合并率达 63%，2010 年在此基础上规划整合为 220 个居住社区并启动建设，截止到 2011 年 8 月，107 个社区已开工建设，其中以城中村改造的社区建设进展较快，已经形成群贤居花园社区、花园社区、友和社区、城角韩社区、东街社区等，其他社区均在不同进度的建设中。

部分乡镇街道办事处城乡建设用地统筹置换实践进展与概况分别见表 6.6 和表 6.7。通过对不同街道、乡镇的不同区域调研发现，基于行政区划等级、社会经济发展特征综合考虑，可将具体实践按照城区及周边、镇驻地及周边、农村地区和其他区划分类型（表 6.7）。

表 6.6　部分乡镇（街道办事处）城乡建设用地统筹置换实践进展

乡镇（街道）名称	城乡建设用地统筹置换实践进展
市中街道办事处	该区实践主要集中在城区及周边区域和农村地区。城区及周边区域有 23 个城中村，执行撤村建居，目前已回迁 9 个村，形成城角韩、花园、东街三个社区；在农村地区以夏季村为并居点整合 9 个村建立夏季社区，执行两区同建，形成规模化蔬菜种植产业；另外有两处窑厂用地整理
高新技术开发区	该区为城区用地，执行撤村建居。已完成建设群贤居、花园、友和和先锋 4 个社区，回迁 7 个村，待迁 4 个村，正在建设六和杨桥社区
房寺镇	2011 年 4 月，1.5 亿元资金支撑的“5 万亩土地综合整治项目”立项，项目区内农用地整治部分涉及 66 个村，建设总规模 50396 亩，预计新增耕地 2247 亩，建设工期为 3 年；建设用地整治部分涉及 37 个村，拆旧区面积 3748 亩，预计复垦耕地 3598 亩，安置区规划占地 2055 亩，挂钩指标 2899 亩
十里望回族镇	该区实践主要集中在镇驻地及周边区域，执行撤村建居。新建站北社区，尚未回迁；另外有一处窑厂用地整理
张庄镇	该区实践主要集中在镇驻地及周边区域和农村地区。镇驻地及周边区域村庄向驻地的张庄社区集中；农村地区的刘立庙和沟刘社区执行两区同建，规模化养殖业园区建设最为突出
伦镇	该区实践主要集中在镇驻地及周边区域和农村地区
辛店镇	该区实践仅为镇驻地的辛店街社区建设

表 6.7　部分乡镇（街道办事处）城乡建设用地统筹置换分类型实践进展

乡镇（街道）名称	城区及周边	镇驻地及周边	农村地区	其他区
市中街道办事处	新建 3 个社区，已回迁 9 个村	无	新建 2 个社区，尚未拆迁	2 个窑厂
高新技术开发区	完成建设 4 个社区，在建 2 个社区，已回迁 7 个村	无	无	无
房寺镇	无	新建房寺社区	完成建设 1 个社区，在建 4 个社区	3 个窑厂、2 所小学、1 个棉站
十里望回族镇	无	新建 1 个社区，尚未回迁	新建 1 个社区	1 个窑厂
张庄镇	无	在建 1 个社区	在建 2 个社区	1 个窑厂
伦镇	无	在建 1 个社区	完成建设 2 个村，在建 2 个社区	2 个窑厂、1 个砖厂
辛店镇	无	在建 1 个社区	无	1 所小学、2 个窑厂、2 个棉站

6.3　研究区城乡建设用地统筹置换实践过程分析

通过前期研究积累和在德州地区的预调研，概括性认识了部分典型地区的城乡建设用地统筹置换实践情况。在实践中统筹置换的是所节约出来的建设用地指标。由此，城乡建设用地统筹置换实践划分为两大重要内容：获得指标和统筹置换指标。怎样获得指标是统筹置换指标的基础工作，是实践所面临的最大挑战；统筹置换指标则是实现新增建设用地指标使用、保障城市用地增长的重要过程。目前，在实践中指标的获得主要通过农村土地整理和建设用地利用潜力挖掘来实现①，也是案例区现阶段的重要工作。基于 6.2.4 节中提到的实践划分类型，进一步综合考虑行政区划等级、社会经济发展特征、农村建设用地整理目的，将城乡建设用地统筹置换实践区域划分为 5 个类型区，即城区及周边、镇驻地及周边、纯农区、自然或区位条件限制区和其他类型区（独立工矿或其他闲置公共设施用地区）。针对每个类型区选择 2~3 个典型案例进行比较分析，然后综合分析“地级市-县-乡镇-村”体系下的新增建设用地统筹置换方式与综合效应。针对各类型区实践所调查研究的案例见表 6.8 与书后附录。

表 6.8　研究区案例与类型区对应一览表

序号	类型区	农村建设用地整理方法	对应案例	参与主体抽样调查
1	城区及周边	单村改造或合村并居	德州经济开发区（小申社区、簸箕刘社区）	小申等5个社区
			禹城市市中街道办事处	花园社区
			禹城市高新技术开发区	吴东安村
2	镇驻地及周边	农村居民点向镇驻地集聚	禹城市房寺镇、张庄镇、十里望回族镇	万庄村
3	纯农区	单村改造或中心村集聚	禹城市邢店社区、夏季社区、刘立庙和沟刘社区等	夏季村
4	自然或区位条件限制区	农村居民点拆迁	禹城市伦镇	—
5	其他类型区	整理复垦	禹城市砖瓦窑厂、棉站、小学等	—

6.3.1　城区及周边

在五大类型区划分中，城区及周边类型区是城乡区域要素联系最为紧密的地区。在研究区内，城区及周边的农村居民点整理执行旧村改造（或撤村建居）②，主要案例包括德州经济开发区、禹城市市中街道办事处和高新技术开发区。

① 这两种获得指标的途径主要按照实现目标来划分。土地整理是以规模化农业生产为目标，建成大面积、连片的高标准农田，如江苏的万顷良田建设，在土地整理过程中涉及居民点拆迁，拆迁后的居民点土地利用集约并节约了建设用地指标。建设用地利用潜力挖掘是以指标挖潜为目标，对低效利用的农村居民点用地和废弃、闲置的独立工矿等其他建设用地进行整理。另外，加快小城镇建设的城镇集聚过程中的土地整理也是能够获得指标的重要途径，在这里也归于建设用地利用潜力挖掘。当前的城乡建设用地统筹置换是兼顾农业和农村现代化、工业化、城市化“三化”以及提高土地利用效率、解决用地指标紧缺等多方面，这里是按照增加耕地和增加建设用地指标两个目标方向，对获得指标的途径进行简单划分，如做重点讨论可再细分。

② 不同地区对“农村居民点改造”的叫法不同，在德州经济开发区的叫法为“旧村改造”。调研期间，德州经济开发区减河以西的实践进入中后期阶段，其做法主要为单村改造；减河以东的高铁新区建设正在起步，其旧村改造的做法主要为合村并居式的大社区建设。在禹城市城区及周边的农村居民点改造称为“撤村建居”。

1. 德州经济开发区

德州经济开发区执行旧村改造，对规划纳入开发区建设范围中的原村庄进行改造，改造后由村庄变为社区，集体土地转为国有土地，农村居民转为城市居民。

1）旧村改造方法与路径

在德州经济开发区的旧村改造过程中，合理安置与补偿是实践顺利进行的重要工作环节。安置主要包括安置的地点与标准，补偿主要针对拆迁和土地征用过程中，农民所受到的物质与精神损失以及未来生活保障等方面，给予的一段时期内的物质弥补，如金钱补偿、生活用品补偿、社会福利待遇及就业分配补偿等。其中，安置地点的选择，依据城市总体用地布局规划和就近安置的原则，安置与补偿标准则是在实践中摸索、总结出来的。开发区在实践初期“零标准，零规则”的情况下，通过多次组织考察潍坊、烟台、珠海等城市实践工作，基于本区实践现状，组织群众参与，开展试点工作，最终形成德州经济开发区的旧村改造方法（表 6.9）。

表 6.9 德州经济开发区的旧村改造方法一览表

<table>
<tr><th>项目</th><th colspan="2">具体做法</th><th>补偿标准</th></tr>
<tr><td>征地</td><td colspan="2">商住用房补贴</td><td>征（占）用一亩耕地，补偿村集体 100m² 商住用房；每征（占）用一亩非耕地，补偿 25 m² 商住用房</td></tr>
<tr><td rowspan="4">拆迁</td><td>先拆后建</td><td>租房补贴</td><td>每人每月 600 元</td></tr>
<tr><td colspan="2">拆迁补贴</td><td>合法或符合规定的住户，凡宅基地面积大于等于 0.4 亩的，按照每户（院）最高价 15 万元进行补偿</td></tr>
<tr><td colspan="2">旧宅等价补贴</td><td>按照建筑材料评估价格</td></tr>
<tr><td colspan="2">拆迁积极性</td><td>按期完成拆迁给予 3000 元</td></tr>
<tr><td rowspan="4">安置</td><td colspan="2">住宅面积</td><td>人均 40 m²</td></tr>
<tr><td rowspan="2">购房价格</td><td>住宅</td><td>本村安置面积内按 680 元/m²，外村的常住居民按 800 元/ m²，超出的部分按“市场价”</td></tr>
<tr><td>储藏间/车库</td><td>储藏室 300 元/ m²，车库不统一</td></tr>
<tr><td colspan="2">基础设施配套</td><td>免初装费</td></tr>
<tr><td rowspan="3">生活保障</td><td colspan="2">就业</td><td>未统一，主要为本村和城市内服务性劳动就业，或到企业务工</td></tr>
<tr><td colspan="2">收入</td><td>未统一，主要包括村集体经营收入与补贴、劳动收入</td></tr>
<tr><td colspan="2">社会保障</td><td>未统一，转为市民前由村集体根据自身经济实力提供，包括物质帮助、医疗补贴、基础设施补贴等</td></tr>
</table>

（1）征地与补偿。因村庄改造征（占）用集体土地，采取房屋补偿方式。即征（占）用一亩耕地，补偿村集体 100 m² 商住用房；每征（占）用一亩非耕地，补偿 25 m² 商住用房。

（2）拆迁与补偿。未经批准非法占用土地或违反规划擅自建设的房屋和其他设施，拆迁不予补偿；合法或符合规定的一户多宅户拆迁后按照标准进行补偿。

拆迁过程中，由住户与拆迁方估价与协商后自行变卖拆迁（按照建筑材料评估价格）。从调查结果看，基本上每户住宅拆迁变卖能达到 6000~8000 元，有的破旧住宅拆迁变卖价仅为 2000~3000 元。

合法宅基地房屋及其他设施拆迁补偿标准为：凡宅基地面积大于等于 0.4 亩的，按照每户（院）最高价 15 万元进行补偿，其中每减少 0.1 亩递减补偿费 3 万元。拆迁补偿最后在换房安置后进行一次性结算，多退少补。在改造期间多数项目执行先建后拆，对于先拆后建的项目，在搬迁以前给予 600 元租房补助。

拆迁公告发布之日起，拆迁人与被拆迁人签订房屋拆迁补偿安置协议，在规定期限内无正当理由不搬迁的，每超过一天扣补偿总额的千分之二。基本上多数村庄执行按期拆迁奖励 3000 元的办法，以提高村民拆迁积极性。

（3）安置标准。旧村改造中，最终以户口在本村的常住村民人均 40 m^2 的标准进行安置，建设 120 m^2 和 80 m^2 两种面积住房（具体户型通过村民参与选择确定），并考虑了多种家庭组合形式及可能发生的家庭关系。例如，一家三口住户可选择一套 120 m^2 住房，一家四口则可以选择两套 80 m^2 住房，无后代的一口人家庭再给予照顾 40m^2。

本村常住居民安置楼房平均价格按“建安造价”680 元/ m^2，外村参照本村常住居民安置的按 800 元/ m^2，储藏室安置价为 300 元/ m^2。若被安置面积超过应安置面积 5m^2 以上的部分按照“市场价”结算，对于负担较重的家庭有一定特殊优惠标准，例如，三代以上（包括三代）家庭只有一处住宅共同生活，符合分户条件但没有分户的，在应选的安置楼的第三套、第四套中，购买价在原有的基础上降低 20%①。

（4）生活保障与补偿。从调研情况来看，在区域层面开发区在拆迁、征地、安置与补偿方面形成了一套规则，在未来生活保障与补偿方面没有相对应的实施办法，而主要由村集体来实现。每个村（搬迁后成为社区）的生活保障与补偿标准略有差异，基本上每月与中秋、春节两大节日期间，每人均得到一定补贴，资金来源于村民生活保障用房和村内企业经营收入。由于开发区部分村集体管理与经营成效突出，村民福利待遇较好，整村社会经济文化氛围好，在开发区形成良好的示范带头作用。

2）拆迁村案例分析

在调查研究过程中，对小申庄、十二里庄、岳庄、宋官屯、簸箕刘 5 处旧村改造后的新社区进行了详细调研，由于每个村在经济基础、领导班底、群众基础等方面不同，每个村的改造推进速度、突发事件率、群众满意程度等也存在一定差异。其中小申庄为开发区第一个试点，见证了实践初期的探索阶段，簸箕刘为改造最为成功的案例。关于小申庄和簸箕刘两个村的旧村改造过程见专栏 1。

基于 5 个村的农户调查，通过分析实践差异与基础参与者农民的意愿可知：村集体在该地区实践中起到重要作用，村集体经济实力与组织、领导、管理方法决定旧村改造实践的顺利进行与农民意愿；再者，相同的村集体中，由于思想观念、家庭环境、经济基础、利益诉求等有差异，不同参与主体的生产生活转变与实践意愿也各异。以下从居住环境、劳动收入、生活消费、生活保障和实践意愿评价等方面对德州经济开发区 5 个旧村改造进行对比分析。

（1）居住环境：农村多人口家庭居住的情况基本上按照人口数分房后，70%以上的住户房屋数量增加，其中近一半的住户出租闲置的房屋。

（2）劳动收入：除岳庄还剩下 1000 亩耕地外，旧村改造后由于城市建设占地其他

①《德州经济开发区村庄改造房屋拆迁补偿安置实施办法》（德经开建发[2007]3 号）。

四个村均没有耕地，农业生产收入为零，且失去粮食与蔬菜等生活资料供应源；搬迁后农民收入主要来自非农产业、村内补贴、房屋租赁等三方面。

（3）生活消费：搬迁后由于家用基础设施增加，每年的水、电、气及供暖费用成为住户的重要支出，生活成本加大，生活支出增加 1 倍以上。

（4）生活保障：对于那些经济条件好或者拆迁前其生活已不只是靠农业生产来源的住户而言，旧村改造并没有给他们带来过多影响，反而因离开土地、解放了劳动力后有更多时间投入到非农生产活动中，从而提高了家庭收入；那些补贴较多的社区，也因稳定丰厚的补贴收入填补了农业生产收入的空白。相反，那些家庭经济基础薄弱、依靠农业生产收入维持生活的家庭，或者以承包土地搞规模种植为主的农户，旧村改造对其经济收入有一定影响。倘若由于家庭健康劳动力缺乏而制约非农业劳动收入，搬迁后生活成本增加将给家庭带来经济负担。

岳庄、宋官屯、小申、十二里庄 4 个村，相对于簸箕刘来说，在安置补偿和后期生活补助方面有一定差距，由于经济基础和社会环境不同，各村之间也存在不同程度的差异（表 6.10）。

表 6.10 不同村拆迁后居民获得的补偿比较

村名	拆迁奖励/元	每人每月补贴	节日补贴	设施补贴	其他补贴
小申	3000	55 岁以上，补贴 300 元	两节分发肉、鱼、油各 2.5kg/人	—	房屋评估拆旧补偿
簸箕刘	3000	按照 40 岁、55 岁（女）/60 岁（男）的年龄划分，分别补贴 100 元、200 元、300 元；且有 1 袋面（12 或 13 个月）	节日分发副食品或现金补贴	整体厨房、套装门、2 台空调，供暖补贴	房屋评估拆旧补偿租房 600 元/月股票分红
岳庄	3000	50 岁以上，100 元 60 岁以上，200 元 70 岁以上，300 元	中秋，300 元/人 春节，300 元/人	免费供暖 4 年	房屋评估拆旧补偿
宋官屯	3000	1 袋面 55 岁以后有补助	两节分发鸡蛋、油、大米、月饼等	半价供暖	房屋评估拆旧补偿 租房 250 元/月
十二里庄	3000	1 袋面 55 岁以下，50 元 55 岁以上，100 元	五一，100 元/人 中秋，200 元/人 春节，300 元/人	半价供暖	房屋评估拆旧补偿上楼 60 元/人占地补偿 1000 元/亩

注：基于 5 个村 30 份基础参与主体调查问卷数据整理。簸箕刘村自 2001 年开始实行居民生活补贴费发放制度，以上为截止到 2010 年的补贴标准及旧村改造后的标准。

专栏 1. 德州经济开发区旧村改造典型案例

（一）小申庄案例

1. 选为试点的原因：①该村规模比较小，总人口 560 人，226 户。②工作基础比较好。③领导班子团结、群众基础较好。④村民素质相对较高。

2. 实践过程：①首先，依据《中华人民共和国土地管理法》《中华人民共和国土地管理法实施条例》及山东省、德州市相关文件，确定每户宅基地一次性补偿 15 万元的房屋拆迁补偿政策，且群众对此基本没有疑义。②基于国家、省、市相关政策，充分考虑群众实际情况，旧村改造领导小组和村领导班子商定并形成补偿安置方案，并确定“建安置楼—村民搬迁—拆除旧房—综合算账（多退少补）”的程序，按照每户 110m^2 标准进行安置，房价定为成本价 680 元/m^2。③开发区管委会批复同意该方案，并于当日召开小申村改造拆迁动员大会、公布方案。90%以上村民同意实施该方案，绝大部分在规定时间内搬迁完毕。

3. 生活保障与补偿：①壮大村集体经济实力以增加居民生活保障。每占用一亩村庄用地，补偿 25 m^2 经营性用房，每占用一亩耕地，补偿 100 m^2 经营性用房，统一由村集体经营，且规定只允许出租不允许出售，所有租金收益归村集体所有，用于对老百姓生活进行补贴。②解决村民基本生活保障、生活成本高的问题。小申庄村民获得基础设施使用费用补贴，包括全部的水费、电费及部分燃气费、取暖费；除此之外，村集体为全体村民办理了医疗保险；每人每月发放 22.5kg 面粉；55 岁以上的老年人，每月发放 50 元生活保障金，每年 5kg 油，中秋节发 10kg 大米和 1kg 月饼。③关于就业，村里的许多青壮年劳动力，有的通过开发区人力资源服务中心获得到附近企业务工机会，有的在便民市场和商贸城做个体经营，有的在新建社区内部担任物业管理员、保安、清洁工。

（二）簸箕刘案例

1. 实践背景：簸箕刘村位于德城区东，德州经济开发区腹地，全村共有 496 户，1800 余人。2003~2009 年 3 月先后进行了四次拆迁，共拆除村民住宅 119 处。2009 年 4 月为配合全运会项目在德州的顺利开展，进一步完善全运会场馆周边环境，德州市委、市政府决定对簸箕刘村进行全面整体拆迁。

2. 实践过程：自 2009 年 4 月 24 日下达拆迁通知到 5 月 20 日，全村 400 多户住宅、14 万 m^2 建筑全部拆迁完毕，当年 11 月底拆迁户全部安置完毕。在整个旧村改造过程中，簸箕刘村除了按照德经开发（2007）3 号文件执行拆迁补偿安置外，本村在带头人的领导下根据本村居民家庭情况、尊重群众意愿，与村民通过群众代表大会、党员代表大会等沟通方式，多次调整补偿安置方案等具体操作方法，并尽可能在后期提供足够的居民生活保障与补偿。

簸箕刘村旧址

簸箕刘村新区

注：图为作者在该村调研时收集得到，左图拍摄于 2009 年 4 月 27 日，右图拍摄于 2011 年 5 月 17 日

3. 生活保障与补偿：在开发区旧村改造过程中，簸箕刘村是补偿最多，搬迁最顺利的村子。①簸箕刘村改造为先拆后建型，拆迁后村民到外村自行解决住房问题，每户每月补贴 600 元租房费。②安置时按照居住面积人均 40 m^2、一套房一个储藏室、一户一个车库进行安置，本村居民住房安置价 680 元/m^2、储藏室和车库安置价为 300 元/m^2；非本村村民安置楼均价 800 元/m^2，不享受车库安置政策。③每户安置楼面积少于应安置面积的部分或不要求安置的按照平均价 1500 元/m^2 与安置价的差价退补给被安置户。④由于该村经济基础较好，安置住房除完成初装修以外，房屋内配套有热水器、一体厨房、空调等设施，并实现水、电、暖、气等基础设施畅通。⑤安置后村集体以实物或货币形式对村民实行按月补贴。例如，45 岁以下的每人每月分发一袋面（20kg 标准），45 岁以上的每年按照 13 个月份分发；50 岁以上居民按照年龄等级每月获得 200~400 元不等的补贴；每逢大型传统节日还可获得节日补贴。如此的后期生活保障与补偿措施，解决了居民尤其是中老年人的无耕地无就业的生活保障问题。⑥自开发区成立、建设至今，村民较早融入城市的生产生活中，旧村改造后村民的传统生产生活心理能够较快转变。

4. 簸箕刘村旧村改造成功原因。通过调研可以看出，簸箕刘村具备以下三大特征，也是改造成功的重要原因。

（1）有素质好的村领导班子。从多个地方的调研中可看出，乡镇选择拆迁村的一个重要参考指标是有素质好的领导班子。农村管理与日常事务处理由村干部组成的领导班子负责，好的领导班子及其群众基础是村子安定、协调发展的重要保障。由于村民的团结、信任与支持，簸箕刘村在村领导班子的带领下，仅用了 20 天时间就完成了拆迁，仅 8 个月就完成搬迁入住，期间无恶性事件发生，至今对于旧村改造，村民反响较好，真实地演绎了一个好的基层领导班子带领下的农村社区建设。

（2）抓住保护农民权益的主要矛盾。在实践过程中，簸箕刘村认识到农民受益是旧村改造顺利开展的基础，因此，从前期征求意见到拆迁、安置补偿均公开、公平、公正，多次修改操作方法、安置与补偿标准，并切实让村民得到实惠。

（3）有较为雄厚的经济基础和创新发展的管理思路。创新的管理发展思路能够实现经济快速发展、资本积累。15 年前，簸箕刘村确定了村集体经济带动村庄发展的思路，随即成立了多个村集体企业，且所积累的资本用于村内社会保障事业，推动全村的社会经济发展，并为此次旧村改造提供了充足的补偿资金。其中的“簸箕刘工贸开发公司”在旧村改造过程中承揽了本村改造开发项目，使簸箕刘村成为德州市唯一自拆自建的村庄。社区建成后村内积极争取所节约的土地，用于发展村集体企业。为进一步加强集体资产管理，确保集体经济组织成员利益不受侵害，避免和化解新形势下出现的一些新的矛盾，经讨论后簸箕刘村实施集体资产股份制量化，在经济发展及管理方式上把居民变为企业股东，让居民成为企业的“主人”。簸箕刘村不断创新的管理发展思路使全村社会经济良性发展，是此次旧村改造成功的重要原因之一。

2. 禹城市中街道办事处

禹城市中街道办事处城区及周边区域执行撤村建居，根据城市发展需要，进行整体拆迁、整合改造，村庄变为城市社区，集体土地转为国有土地，农村居民变为城市居民，村委会变为居委会，农村集体经济变为城市混合经济或股份制经济。

1）概况

市中街道办事处位于禹城东部，南距省会济南 40 km，北临德州 60 km，为禹城市政府机关所在地，全市政治、经济、文化的聚集地。京福高速公路、京沪和邯济铁路穿境而过，1001 省道纵跨南北。该区域辖 137 个村，合村并建后组成 50 个社区，总面积 181 km^2，其中耕地面积 7435 hm^2，总人口约 7.49 万人。市区面积约占 1/5。

2）撤村建居方法与路径

禹城市城乡建设用地统筹置换实践项目由禹城市迎宾路指挥部（十大指挥部之一）负责组织管理及规划建设，并由市中办负责拆迁推进[①]（表 6.11）。

表 6.11　禹城市市中街道办事处撤村建居方法一览表

项目	具体做法		补偿标准
征地	每亩收益		1500 元/亩·年
拆迁	先拆后建	租房补贴	120 元/间·月
	旧宅等价补贴		按照建筑材料评估价格
	拆迁积极性		未统一，较少地区给予物质和现金不等
安置	住宅面积		大多按照人均 40 m^2，较少按照 1∶1 和 1∶1.5 面积置换
	购房价格	住宅	未统一，安置面积内按 680 元/m^2，超出的部分按“市场价”
		储藏间/车库	未统一
	基础设施配套		免初装费
生活保障	就业		未统一，主要到城区自主经营和务工
	收入		未统一，主要来自劳动收入
	社会保障		转为市民，享受市民待遇

（1）征地与补偿。在多年城市发展逐渐占用耕地的过程中，市中街道办事处市区周边村庄所剩耕地较少，平均每人剩余 1~2 分地，此次执行撤村建居的村庄将完全转为城市地区。对于耕地占用的补偿临时按照 1500 元/亩·年（一亩地收获 350 kg 麦子和 400 kg 玉米的收益）进行补偿。

（2）拆迁与补偿。拆迁前对全村人口与安置住房数量进行统计，并与村民签订协议。之后由市中办委托房管局对房屋进行评估，评估主要依据重置价[②]对房屋进行估价。房屋评估后，各住户在规定期限内自行拆除完毕。拆除后的建筑材料根据需要保留或变卖，

① 在禹城市范围内，各乡镇（街道办事处）的社会经济发展现状不同，所需解决的问题不同，因此实践具体操作方法存在差异。本书对禹城市首个案例的实践方法与路径进行较为详细的介绍与分析，后面的案例结合各自的发展现状与问题仅对重点实践方法与路径展开分析。

② 重置价是指在现时条件下，重新购置、建造或形成与评估对象完全相同或基本类似的全新状态下的资产所需花费的全部费用。

没有能力进行拆除或不希望自行操作的住户，可由街道办工作小组统一组织拆除。

该区为先拆后建型，拆迁后居民自行解决住房问题，并原则上规定拆迁后 16 个月内完成建设安置。期间，政府按照 120 元/间 • 月给予拆迁户租房补贴，补贴最高不超过 600 元/户 • 月（5 间）。

（3）安置标准。前期主要按照面积置换进行安置，置换标准为：住房按照 1∶1 进行面积置换，即 1 m^2 旧房换 1 m^2 新房，辅房按照新旧 1∶1.5 进行面积置换，院落按照面积乘以 0.6 的系数后进行置换。由于该方法未考虑家庭人口数量，存在一定的不公平问题[①]，且易出现拆迁乱搭乱建违规现象。因此，经多次讨论调整为按人口置换，即每人 40m^2。并根据不同家庭情况进行适当优惠和调整。

安置实行“两算账”的方法，即宅基地评估定价后按照家庭人口数买房，且多退少补。回迁楼成本价为 1200~1300 元/m^2，政府补贴后给予居民安置价为 680 元/m^2，购房面积超出应安置面积的按照市场价 1500 元/m^2 购买。

新社区管理暂时由合并村庄的村干部共同承担，并设立专门的办公场所，形成合并式社区管理小组，负责日常事务和物业管理。

（4）生活保障与补偿。政府给予免费办理房产证，房屋产权归住户所有。水、电、气、暖等基础设施安置费与初装费全免，以后各住户按照市场价缴纳使用费。除此之外，截止到调研期间暂没有解决其他生活保障问题。由于该区位于城区边缘，拆迁前已有多数年轻劳动力进城务工，拆迁后其他农民多数脱离土地耕种产业，进入社会就业。

（5）资金来源。拆旧建新资金来源主要依靠政府投入与市场化运作收益，其中商品房开发占地约 70 万~100 万元/亩，企业占地约 10 万元/亩，公益性事业占地费用较低。

3）进展

该区有 23 个城中村，调研期间已回迁 9 个（祝庄、彭庄、东街、城角韩、刘家花园、香坊、周尹、李罗、南街），形成城角韩、花园、东街三个社区（其中包括高新区的 4 个村子[②]），已拆迁待安置的村庄有 7 个（图 6.14）。

已建成的花园社区(2011-08-05)　　　彭庄旧址(2011-08-05)

图 6.14　禹城市城区花园社区与旧址

① 经济条件差的家庭几代人住在一处宅子内，房屋置换后应置换面积远远不够生活所需，而另外购买需按照市场价，购房负担较大；经济条件好的家庭人均住宅面积大，置换后能够得到较低价格的多面积房屋。因此，面积置换法对经济条件差的家庭来说较为不利。

② 禹城高新技术产业开发区是经省政府批准后由市中办辖区划出，部分在边界处的城中村改造由两个地区共同完成，共同建设社区。

3. 禹城市高新技术产业开发区

禹城市高新技术开发区执行撤村建居，对村庄进行整体拆迁、整合改造。

1）概况

禹城省级高新技术产业开发区位于禹城市区东部，京沪铁路、济邯铁路、京福（沪）高速公路、青银高速公路、308 国道、101 和 316 省道穿境而过。1999 年 3 月正式启动建设，2002 年 9 月被省政府批准为省级高新技术产业开发区，2003 年 2 月，以高新区为基础，科技部批准建立国家火炬计划禹城生物技术产业基地，2004 年 12 月省科技厅受省政府委托对禹城高新区进行了审定并正式挂牌，是山东省第一家设在县级市的省级高新区，目前入区企业达 213 家。该区辖 51 个村，总面积 48.15 km^2，5 万余人，撤村建居后由 3 个社区 7 个村构成。

2）撤村建居方法与路径

禹城市高新技术开发区的撤村建居方法和路径与市中办基本相同。

宅基地评估定价后，拆迁安置按照人均 40 m^2 和 680 元/m^2 的安置价购买新住宅。据了解，房屋评估中，基本上比较好的房子评估后能实现 1 m^2 老宅换 1 m^2 新房，有的二层楼评估价能达到 700 元/m^2，土房也能尽量达到 300 元/m^2。超出安置的面积则按照成本价 1200 元/m^2 购买，另外，高新技术开发区有一项针对困难户的新政策，即两代以上的可以申请按照 680 元/m^2 的安置价增购 40 m^2 面积。

3）进展

截止到 2011 年 8 月，已经拆迁并安置完成的社区有群贤居花园社区（包括张相老、南于、南七里堡共 3 个村）、花园社区（祝庄、彭庄两个村）、友和社区（周尹、李罗两个村），共安置居民 1388 户、4179 人。基本竣工等待入住的有先锋社区，包括东李泉、王火、李老、庞店四个村，共 517 户、1687 人。正在建设的有六和社区和杨桥社区，六和社区包括前油坊、后油坊、单堂、西孙、吴东安、纪庄以及韩庙部分住户，共 620 户、1903 人；杨桥社区包括三里桥、五里杨、崔庄共 3 个村，共 299 户、898 人（图 6.15）。撤村建居后将净增土地约 4000 亩。

已拆除的吴东安村景(2011-08-05)　　吴东安尚未拆除的旧宅(2011-08-05)

图 6.15　吴东安村拆迁现状

4. 特点与问题

该类型区实践的特点主要包括：

（1）以城市化和产业发展为需求。德州经济开发区和禹城高新技术开发区分别为市区和县域产业发展重要区域，产业发展为城市建设用地增长的原因，其城乡建设用地统筹置换实践为典型的产业发展用地扩张征地的基础行为，用地需求量较大。实践有利于居民点整合、节约集约利用土地，并为未来城市空间发展做好准备。

（2）在城市空间发展规划范围内的根据情况整合或在原址改造，融入城市居住用地规划，在城区周边的向城区集中。农村居民点经过改造或合并成为城市居住社区，村民逐渐转变为市民并享受市民待遇，集体土地转为国有土地，并且该类型区为建设用地指标的重要“消化区”。

（3）拆迁补偿越合理，实践动力越强，同时基础参与主体负担越小。德州经济开发区的 15 万元/户的补偿标准为多数基础参与主体所接受，按照此标准购新房后仍有几千元或几万元不等的余额返还给基础参与主体，相比较而言，禹城市除了给予旧宅重置价的补偿外，几乎没有另外的拆迁补偿，基础参与主体负担较大，实践推进难度大。

（4）地区社会经济发展水平越高，农村生产生活受城市发展影响程度越高，转型就越快。城区及周边的农村居民受城市扩张与发展建设影响，已逐步融入城市生活与非农生产活动中，并且部分居民因生活水平提高迫切要求改善居住模式与生活环境。

（5）村域间、区域间实践差异较大，基础参与主体生活保障不均衡。由于村集体经济实力各异、具体组织操作方法不同，村域间实践方法与效果不同，经济实力越强的村集体其实践方法越灵活且效果越好；由以上同一类型区的不同地区实践来看，禹城市与德州经济开发区相比，缺乏统一的拆迁补偿安置办法，如此也导致了基础参与主体补偿较低，经济条件差异也是导致基础参与主体保障不均衡的重要原因。

（6）村集体在实践中具有较大的影响作用。村集体是实践的基本单元，村集体领导干部是实践重要的领导与组织者，村集体经济实力强、领导干部群众基础好的村庄实践进展顺利，簸箕刘村改造在德州地区同类旧村改造中提供了好的经验借鉴。

突出问题：①参与主体基本情况差异大，补偿要求多样化，难以完全满足意愿。②经济基础差、负担重的参与主体，搬迁后生活负担加重。③不同村集体经济实力差异大，后期生活保障标准各异，保障标准低的村庄社区实践满意度低。城区及周边的旧村改造或撤村建居实践，是城市化的必由之路，也有助于土地节约集约利用，但改居后的居民生活保障问题不容忽视，否则社区及社会发展将存在诸多不稳定因素。

6.3.2 镇驻地及周边

在研究区内，镇驻地及周边农村居民点整理执行合村并居建设，农村居民点逐步整合并向镇区集中，主要案例包括禹城市房寺镇、张庄镇和十里望回族镇。

1. 禹城市张庄镇

1）概况

张庄镇地处禹城市西北部，距禹城市区 13 km，101 省道和京沪铁路从镇中部穿过。全镇总面积 53.17 km^2，人口 2.43 万人，耕地面积 42 639 亩，宅基地 7691 亩，辖 61 个村，合并后为 21 个社区（村）①。张庄镇是全国小城镇建设试点镇，山东省“百新工程”试点镇，2000 年 2 月被山东省政府审批为省级中心镇。该镇 2006 年实现地区总产值 7.5 亿元，三产比例为 29.3∶29.3∶40.4，农民人均纯收入 4400 元。该镇畜牧养殖业发展较好，突出大户，建设小区，全镇拥有标准化养殖小区 20 多处，饲养大户 500 余户；工业发展方向主要有羊毛加工、纺织服装、建筑材料、机械制造、饲料加工等。未来该镇发展定位为“禹城市北部的物资集散地，贸工农全面发展的现代化小城镇”。

镇政府驻地为张庄村，镇驻地面积为 0.44 km^2，常住人口约 2600 人，人均用地 223 m^2，村庄空置率为 1/3~1/4。

2）合村并居方法与路径

（1）拆迁与补偿。张庄镇合村并居建设为先建后拆型，拆迁前由物价局进行评估，由评估结果看，一般房屋评估价为 5 万~6 万元，土房价钱低为 3 万元左右，最好的达 14 万元，凡为合法房产的一户多宅住户均给予评估。自行拆迁处理旧宅，并设立奖励政策，如按期拆完的奖励房产补偿金的 10%。

（2）安置标准。依据张庄城镇总体规划，安置地点选在镇区西、南方向。安置房屋样式通过群众会、党员会、干部会的形式征求群众意见来确定。镇驻地张庄社区一期建设安置房屋为 4+1 样式，即四层住宅加一个车库，每单元住八户，户型为 80 m^2、100 m^2 和 120 m^2 三种（图 6.16）。未来，考虑到农业耕种的器具收放便利，将在社区建设大型农机具存放处。另外，考虑到老年人安置困难的问题，预建设老年公寓，即周转房，为其提供免费居住。安置房屋由村里找的建筑商（非开发商）建设完成，成本价为 820 元 / m^2（含配套费，以后乡镇组织配套建设②，成本价会低至 700 元/ m^2），安置时住户按照成本价购买住房③。

（3）耕地复垦。张庄镇盐碱地严重，通过近几年“引黄压碱”耕地质量有所提高，根据经验，拆迁的土地复垦后耕种 2~3 年预计能达到耕地平均水平。复垦后的土地归集体所有，并根据群众意愿下分到农户或由集体经营管理。

（4）资金来源与使用。资金来源主要依靠市里 10 万元/亩的增减挂钩降补资金，主要用于安置建设、配套设施、土地复垦（成本价为 6000 元）、农民拆迁补偿（占 90% 左右）。

---

① 其中的宗集村，由于其规模较大，距离其他村较远，未被合并。

② 包括水、电、道路、路灯基础设施，及幼儿园、卫生室、娱乐室、办公室等公共服务设施，无供暖设施，计划每个并居点建一个燃气站，气源来自禹城天然气站。

③ 如 120m^2 三室一厅加一个车库住房 10 余万元；216 m^2 别墅式住房约 13.5 万元。

张庄社区建设(2011-08-03)　　张庄镇驻地商业街建设(2011-08-03)

图 6.16　张庄镇社区建设

3）进展

驻地商贸街正在建设过程中，所规划的张庄社区由张庄、于庄、前黄、后黄、林庄、前王、卢庄、杜庄、三庙、后王、周庄、高庄、东赵、西赵等 14 个村组成。2010 年上半年，社区建设一期工程实施，截止到 2011 年 8 月底，实践尚未进入拆迁阶段。

2. 禹城市房寺镇

1）概况

房寺镇地处禹城市西部，是 2000 年 5 月，由善集乡、大程乡、房寺镇合并而成。合并以后的房寺镇，版图总面积 140 km^2，辖 62 个社区（村），由原 162 个行政村组成，7 万人口，耕地面积 11 万亩。2010 年全镇规模以上企业达到 36 家，1 家企业成功上市，4 家企业税收过 500 万元。2010 年全镇完成财政收入 2.1 亿元，成为德州市唯一一个财政收入过 2 亿元的乡镇，是山东省和德州市重点中心镇。据调研得知，近几年房寺镇城镇发展速度快，并逐渐成为禹城市次中心。

2）合村并居方法与路径

该镇驻地及周边的合村并居建设与城镇建设紧密结合。依据总体规划，一方面由开发商投资建设驻地居住区，吸引驻地周边及镇区内经济条件好的住户入住；另一方面结合合村并居做法建设安置区，使周边村庄拆旧后向驻地集中，主要是在镇驻地南部建设房寺社区用于安置房寺、时庄、小李董庄、孟庄 5 个拆迁村。因该镇经济实力较强，并有“5 万亩土地整理项目”等项目支撑，与禹城其他乡镇相比，该镇不论在资金还是政策层面均有一定优势，由此合村并居项目启动相对顺利。

房寺社区采取引入开发商、建设多层楼房的建设模式，并注重完善社区功能配套，如建设便民服务中心、学校、医院、文化站、幼儿园、警务室、超市等设施。据了解，拆迁并购买房寺社区 120 m^2 住房需 15 万元左右，对于一般住户困难较大。该镇执行政府补偿，基本上，每户能拿到 6 万~7 万元补偿款，其余的由住户支付或贷款来解决。由于位于镇驻地周边，农村劳动力到驻地企业就业的情况比较普遍，因而搬迁后，部分社区居民生产方式变化不大；且由于部分家庭生活收入增加、生活水平提高，对于搬迁并改变生活环境的意愿表现较强。

3）进展

截止到 2011 年 12 月，新建房寺社区并拆迁孟庄、董庄村。

3. 禹城市十里望回族镇

1）概况

十里望回族镇原为十里望回族乡，于 2010 年撤乡建镇。该镇紧邻市区，是德州市唯一的少数民族镇。全镇总面积 57 km^2，辖 77 个行政村，合村并居后为 34 个社区（村），人口约 3.4 万人，其中回族 6237 人，占全乡总人口的 18.3%。该镇文化底蕴丰厚，人文景观众多。原政府驻地的十里望村前有禹王亭旧址，境内有禹王亭、禹王大殿、天主教堂、清真寺等景观；该镇也是革命老区，历史上出现过多位无产阶级革命家。全镇拥有规模以上企业 38 家，已初步形成了精细化工、机械制造、木器加工、食品加工等六大主导产业，商贸流通产业日益繁荣。该镇是禹城市以老城区为中心未来西扩发展的重要商贸镇。

2）合村并居方法与路径

该镇驻地及周边的合村并居建设同样与城镇建设紧密结合，城镇建设用地主要来自周边农村用地，居民点则通过合村并居向驻地集中。未来将形成以镇驻地为中心、以商贸物流、文化旅游为重要发展方向的城镇发展新貌。该镇合村并居实践属于先拆后建型，拆迁后政府按 360 元/（户·月）对居民进行租房补贴，居民自行解决居住问题，计划 16 个月后回迁①。社区建设为五层楼房，有 5~6 种 80~130 m^2 不等的户型，建成后按照人口安置②。

3）进展

需要合村并居的村庄共 13 个，截止到 2011 年 8 月已拆迁 6 个，范庄、万庄因征用土地用途变更导致安置住房不能按期完成，致使拆迁后居民一直居无定所，孙东、孙西、李庄、南村共 4 个村的居住社区正在建设中。

4. 特点与问题

该类型区实践的特点主要包括：①与镇区发展建设紧密结合，助推小城镇建设。张庄镇、房寺镇、十里望回族镇为禹城市重点发展镇③，3 个镇驻地及周边的合村并居均紧密结合镇区发展，融入镇区发展规划，合村并居成为镇区空间与资源整合、人口集聚的重要推动性实践。②合村并居向镇驻地集中。合并后的居民点逐步改造成为城镇社区，并将吸引周边村庄有条件的农户入住社区，促进镇区人口集聚与发展建设。③镇区社会

① 事实上，由于部分安置区延迟建设，部分拆迁村也没能按时回迁，预计将在 2 年内完成。

② 起初按照面积置换，即正房按照 1∶1 面积置换，偏房按照 1∶1.5 面积置换，院落不算，后来按照市里统一的人口分配置换，即 40 m^2/人。

③ 房寺镇、张庄镇、伦镇镇以及十里望回族镇为禹城市四大重点发展镇。房寺镇为禹城市除市区与高新区以外的经济实力最强的乡镇，为禹城市东西发展轴向上的副中心；张庄镇与伦镇镇为禹城市南北两翼重点发展工贸镇；十里望回族镇为禹城市城区扩展重点辐射镇。

经济发展水平与发展方向影响实践过程。房寺镇是禹城市除市中办和高新区以外的第一大镇，整体社会经济发展水平较高，并且镇区发展建设较快，集聚吸引力增强；并且房寺镇区利用区位优势，采用半市场化运作、多方筹资以减轻实践资金压力，且尽可能增加拆迁补偿。相比较而言，张庄镇虽然也为省级中心镇，但张庄镇经济实力弱，发展建设速度慢，镇驻地集聚吸引力弱，实践也基本依靠政府资金。由于十里望回族镇是城区西扩发展的重要镇，镇驻地及周边农村地区居民点除需合村并居外，部分农村用地被征用，与前两个镇不同。

突出问题主要表现为：①该类型区实践同样存在合村并居后居民生活保障问题。②因融资渠道单一，导致资金紧张，也是补偿不到位的原因之一。③地方政府操作方法欠妥，致使基础参与主体与政府之间存在一定矛盾冲突。

6.3.3 纯 农 区

在研究区内，纯农区的农村居民点整理执行“两区同建”，主要案例包括禹城市夏季社区、邢店社区、刘立庙和沟刘社区。对于偏远且规模较大的村庄实行单村改造，这里不作分析。

1. 禹城市邢店社区

邢店社区隶属于房寺镇，由邢店、前糕、张宋、郑牛、魏庄、辛庄、东崔、虎头尚、霍庄、徐翟、楼子王、曲庄 12 个村组成，拆迁涉及 1498 户、5066 人。

1）农村社区建设

社区建设规划用地 755 亩，为尽量避免占用耕地，一期工程选址为废弃窑厂、池塘、养老院用地，二期工程选址为商业用地。截止到 2011 年 7 月，邢店社区一期楼房主体全部完工，二期工程进展迅速，主要为二层连体别墅（图 6.17）。226 m^2 的安置房按照成本价 15 万元售予农户，部分农民无力全额支付，可在报名购房时交 2 万元，一层地基打好时交 3 万元，一层封顶时再交 4 万元，剩下的 40%未付款可向银行贷款。通过建设商贸街项目，把市场运作所得收益全部用于社区配套工程建设。另外，针对无力购房的孤寡老人、五保户以及经济极其困难家庭等特殊群体，社区建设养老中心。若占用耕地，给予农户每年每亩 350 kg 小麦、400 kg 玉米的补偿。

2）产业园区建设

整个房寺镇大力建设产业园区[①]，其中邢店社区的产业园区建设已形成畜牧、花卉、蔬菜、育苗四大特色产业，成立各类专业合作社 8 个，农民人均年增收 700 余元。如养奶牛园区，建有多个牛棚供社区内饲养奶牛散户免费使用，由合作社提供无菌挤奶设备

① 调研了解到，该镇正在建设的有绿城精品花卉苗木基地、双锣生态农业观光园、邢店花卉产业基地等 3 个精品农业产业园区；正在洽谈的有投资 5000 万元的千亩有机蔬菜基地和 1500 万元的百亩金银花生产基地等 2 个产业园区项目。316 拓宽工程完成后，将形成以五大园区为主体的现代精品农业展示带，成为集产业观光旅游和现代精品农业于一体的禹城西部绿色长廊。由于受高新区发展的影响，未来 10 年内，房寺镇在保持原有产业发展现状的基础上，将产业发展定位于现代农业。

图 6.17　邢店社区建设

并统一销售给大型合作企业，以达到规模化饲养与生产、提高经济效益、增加农民收入的目的。又如静远花卉蔬菜育苗示范基地，规模化发展社区现代农业的同时，为当地居民提供就业机会①。

2. 禹城市夏季社区

夏季社区隶属于禹城市中街道办事处，位于原夏季村西侧，东临 101 省道、南接青银高速禹城出入口，由夏季、王桥、朱庄、王先、大魏、小魏、范庄、路庄和三义庙 9 个村组成，总人口 267 人，是禹城村庄合并和社区建设试点。

1）农村社区建设

该区为先建后拆型，市委办等政府部门及企业共同投资约 540 万元，为工程启动奠定良好基础。新社区根据人口分配标准建设 80 m^2 和 120 m^2 两种户型、“3+1” 样式四层楼房（一层为车库存放农机具，另外三层安排住户），同时配套布置社区服务中心、老年活动中心、幼儿园、超市、医疗、治安等公共服务设施。社区规划占地 20 万 m^2，入住 800 户。截止到 2011 年 8 月，一期工程和社区综合服务中心完成主体建设，搬迁户依据报名交款顺序挑选楼层，但项目还未进入拆迁阶段。另外，市中街道办事处为农户提供农村项目贷款优惠政策，平均每户可贷款 5 万元。

以夏季村为例（图 6.18），夏季社区建设一期基本完成，入住率并不高。购房的人群主要为三类：一是经济条件好的居民；二是年轻居民（相对于中老年人，年轻居民的故土情节较弱，再者，许多家庭出于为下一代成家考虑而提前购房）；三是外村居民（即使是市场价安置区的楼价也较低，且具备较完善的基础设施，吸引其他有经济实力的村民购房）。部分家庭因购房压力大仍居住在原村未采取任何行动。拆迁工作较为复杂，尤其是拆迁过程中的补偿问题较敏感，截止到 2011 年 8 月，夏季村尚未拆迁，也未形成相应的拆迁补偿办法。

① 部分农民搬进新居后，将耕地承包出去，在农业产业链劳动上，每日人均收入 50~60 元。

夏季社区安置区(一期)(2011-08-05)

图 6.18 禹城市中街道办事处夏季社区建设

2）产业园区建设

该社区的组成村皆为重要的蔬菜生产村，产业园区建设过程中，努力做强蔬菜产业，形成规模化生产与销售。由政府帮扶支持建设大型蔬菜批发市场，形成对外销售门户；由社区干部及经营能人带领组织村民参与土地流转，实现规模化种植，形成充足销售源；建立蔬菜专业合作社并注册商标，除组织管理本社区蔬菜产销外，还吸收了周边社区 50 个蔬菜种植村。合作社推行统一供种、统一育苗、统一管理、统一技术服务、统一销售的产销联结模式，并进一步吸纳周边县乡蔬菜种植大户，初步培育禹城最大的集生产、加工、销售于一体的蔬菜产业化基地。土地流转与整合及规模化生产，不仅使社区及周边一些贫瘠、未开发土地得到整合与充分利用，农村劳动生产趋于规模化与现代化，而且部分农村劳动力转移到整合后的农业生产合作中，改变了传统农业生产方式。

3. 禹城市刘立庙、沟刘社区

刘立庙社区与沟刘社区隶属于禹城市张庄镇。刘立庙社区位于刘立庙村北侧，由刘立庙、南邢和红庙 3 个村组成，总人口 1118 人；沟刘社区位于北邱村西侧，由北邱、沟刘和席头王 3 个村组成，总人口 980 人。

1）农村社区建设

刘立庙社区是张庄镇开始的第一批合村并居项目之一，2010 年下半年开展第二批合村并居项目，即建设沟刘社区。本镇合村并居建设为先建后拆型，截止到 2011 年 8 月两个项目点均在建设中，一期建设已基本完成。仅有两个村的房屋评估结束，项目未进入到拆迁阶段，预计社区拆迁安置完成需 3~5 年。项目完成后，预计人均增加土地指标约 0.5 亩，由禹城市统筹管理。沟刘社区为三间两层一个院的别墅式（216 m^2/户）；刘立庙社区为“3+1”样式和“4+1”样式，即三或四层住宅加一个车库，每单元住六或八户，户型为 80 m^2、100 m^2 和 120 m^2 三种。未来，考虑到农业耕种的器具收放便利，将在每个社区（或并居点）建设大型农机具存放处。另外，考虑到老年人安置困难的问题，将建设老年公寓，即周转房，为其提供免费居住（图 6.19）。安置地点选择基本上按照中心村安置不超过 50 m，其他村安置不超过 2.5 km，以保证搬迁后农户距离耕种土地不超过 2.5 km。

沟刘社区安置区(2011-08-03)

玻璃庙社区建设(2011-08-03)

图 6.19　禹城市张庄镇沟留社区与刘立庙社区建设

2）产业园区建设

由于近几年粮食直补优惠政策的出台与粮食价格的提高，作为纯农区的张庄镇各村种粮积极性较高，不想种地的并不多见，但是粮食产量有限，为增加农户收入，村集体或个人将未利用地出租给种养殖大户赚取租金，并形成规模种养殖，增加了部分闲散农户的打工机会[①]。依据“两区同建”的思路，每个社区旁距离不到 1000 m 处建设一个经济园区，用于解决除耕作以外的农业产业发展。张庄镇养殖产业发展突出，重点为养羊与养鸡产业，其中羊肉销往济南、青岛、北京、天津、内蒙古等地，形成一定产业规模。为支持养殖产业发展，张庄镇分别建设养羊与养鸡的规模养殖基地，其中养羊基地规模为 3 万只，未来将以大户或合作社的形式扩大养殖规模（图 6.20）。目前，张庄镇重点的羊肉产业发展处于产业链条上游，即初级养殖阶段，部分的肉食加工仅由当地小型加工个体完成，产业链条较短，发展潜力得不到释放，为延伸重点产业的链条，张庄镇欲充分利用所增加的土地指标，引进羊肉食品加工企业、羊绒制品企业等，发展壮大重点产业，调研期间产业项目正在规划与土地报批阶段。

张庄镇园区建设(养羊基地)(2011-08-03)

图 6.20　张庄镇园区建设

4. 特点与问题

该类型区实践的主要特点包括：①以中心村为并居点，以社区为建设形式，农村居民点逐渐集聚。选择中心村或规模较大、经济实力较强村庄或大企业驻地的周边村庄作

① 例如，2010 年流转 150 亩地给种植大户，周边闲散农民（包括租地者）为其打工，每年增加收入 1000 余元，部分出租土地的农民有机会到镇里加工企业（如东胜玻璃制品厂）打工。

为并居点，按照农村新型社区的标准建设居住区，并组织搬迁周边村庄向中心社区集聚；社区同步配套建设基础设施和公共服务设施，吸引偏远、弱小的村庄居民入住；集中居住后，参与主体的身份与土地性质未发生改变。②农业生产逐步规模化、现代化。生活生产转型同步，建设社区的同时建设园区，鼓励农业规模化、现代化发展条件成熟地区，利用当地资源通过土地流转集中经营，努力延伸产业链促进增收、优化劳动力产业结构。③土地整理与农村发展建设相结合。从实践来看，纯农区实践不仅以土地整理为目标，更结合改善人居环境、发展农业生产。

突出问题：①纯农区的生产生活方式决定了不能盲目效仿城市社区建设，建设应因地制宜，适合农村生活与农业生产。②实践补偿不足，土地增值收益返还未得到体现，拆迁遇到困难，农民负担加大。

6.3.4　自然或区位条件限制区

该类型区实践主要是因自然条件差、地质灾害频繁或因公共设施修建而开展的自发式或政府主导式村庄搬迁与土地整理。以伦镇的水坡杨村、寺前李村为例：伦镇位于禹城市南 18 km 处，共有 83 个行政村，人口约 3.74 万人，辖区面积 120 km^2，合村并居后建设 28 个社区和 3 个独立村，交通区位优势明显。其中的水坡杨村，地势低洼、土地盐碱化严重，该村因修建引黄干渠二级沉沙池需要整体搬迁，在引黄沉沙工程的统一安排下，建立项目区由政府组织实施，新建安置区位于旧址西侧，且改善了地势低洼与土地盐碱化。村庄南侧的寺前李村长期地处沉沙池低洼处，比水坡杨村更为严重，每年夏天都要遭遇雨水浸泡，自然条件极差。为改善村庄居住环境，2008 年镇政府申请组织拆迁，申请建立拆旧与建新“挂钩”项目区。建新安置区位于村庄北侧小耿村，复垦后新增土地 500 余亩。建设资金主要来源于禹城市土地整理指标配套资金、信用社贷款和镇政府融资。总体来看，该类型区实践最大特点为自然条件较差，拆迁自发性与意愿性强，拆迁动力大，多为单村整体拆迁，非严格的土地整理实践。

6.3.5　其他类型区

除以上四种类型区以外，将闲置的工矿及公共设施用地归为其他类型区，主要由政府投资整理复垦，新增指标用于城市发展建设。且复垦后的土地不得再作为非农建设使用。从调研来看，这类区域主要包括砖瓦窑厂、棉站和村内学校等。该类型区参与主体少，受主观因素影响少，相比于前四种类型区实践开展容易。

6.3.6　新增建设用地统筹置换方式与综合效应分析

1. 德州市新增建设用地指标统筹置换方法

对于在实践中所节约出来的建设用地指标，实行市里统筹，各区县根据发展需求申报并获得指标。在市政府文件《关于统筹城乡建设用地整治挖潜（挂钩）和耕地占补平衡指标管理的通知》（德政办字[2011]10 号）中规定：建立市级挖潜指标储备库，对各县（市）在城乡建设用地挖潜（挂钩）项目履行了立项、实施、验收等程序，取得了挖潜指标后，将取得指标的 20%纳入市级管理，主要用于中心城区市级建设项目，也可以在市域范围内各县（市）之间调剂使用①。对进入市级“挖潜”指标储备库的指标实行有偿使用，同时给予提供指标的县（市）每亩 10 万元的补偿。耕地纳入占补平衡指标库后，将其中 20%纳入市级管理，主要用于中心城区项目的耕地占补平衡，也可以在县（市）之间有偿使用，给予提供指标的县（市）每亩 1 万元的补偿。提供市级统筹指标的县（市、区）按照纳入市级管理指标的数量，向德州市政府投融资管理中心申请统筹指标定金。市级挖潜统筹指标定金每亩 1 万~6 万元，市级耕地占补平衡统筹指标定金每亩 2000~4000 元，统筹指标使用后付清全部补偿费。提供市级统筹指标的县（市、区）取得该补助资金后，要专项用于整治挖潜项目拆旧、复耕、安置及项目区基础设施配套。相关部门耕地占补平衡可以提取 3%的业务费，整治挖潜可以提取 1%的业务费。

2. 为德州市区产业发展建设提供用地保障

长期以来，德州城区发展均在岔河以西，1996 年德州经济开发区成立，成为德州实践城市向东发展战略的重要载体。自建区之初，德州市区便投资推进开发区基础设施建设，搭建与老城相连并具有高发展性的路网框架。依托 2 km^2 面积的起步区②建设，开发区加大招商引资力度，加快本地与外来企业建成落户，逐步推进产业发展以带动开发区社会经济全面发展。自 2000 年起，各大企业集团投资建设并进驻开发区。由于受西部、北部发展空间的限制，并依据德济城镇密集带发展目标、工业化带动城市化策略，2003 年，德州市政府提出两个“东进”的发展战略，即市区发展东进跨岔河，开发区发展东进跨减河，整个德州城区为自西向东方向的空间发展格局（图 6.21，彩图见书后）。城市发展必然需要建设用地作为载体，然而每年下拨的建设用地难以满足城市发展用地需求，城乡建设用地统筹置换成为保障德州市区产业发展建设用地需求的重要措施。通过发展规划与耕地占补平衡指标方案制订，市域范围充分整合与节约集约利用土地资源，通过农村建设用地整治与挖潜，部分新增建设用地指标用于开发区。德州市通过城乡建设用地统筹置换实践，不仅提高了农村集体建设用地的利用效率，还获得了可观的新增耕地指标，对实现占补平衡起到了突出作用，有力保障了近年经济开发区建设和城市化发展的用地需求。

到 2006 年，开发区建成区已达 20 km^2（图 6.22，彩图见书后）。从 2009 年开始，开发区建设跨越减河，截止到 2010 年，开发区建成区面积 40 km^2，建成投产企业 500 多家，诸多国内外知名企业在区内落户，如江苏波司登集团、上海光明乳业集团、河南双汇集团、山东皇明集团、鲁银投资集团、日本明治机械株式会社、日本三和电子有限

① 在 2003 年鲁国土资发 79 号文件《关于实行建设用地指标置换和农用地整理指标折抵的意见》中，便有易地调剂使用指标的提法。具体为：“以置换方式取得的建设用地指标，经上一级（省和设区的市）国土资源行政主管部门同意，可以易地调剂使用”，“以农用地整理折抵方式取得的建设用地占用耕地指标，经上一级（省和设区的市）国土资源行政主管部门同意，可以易地调剂使用”。

② 范围为东至京福高速公路，西至沙王沟，南至 104 国道，北至陈段沟，并于 1998 年初编制规划。

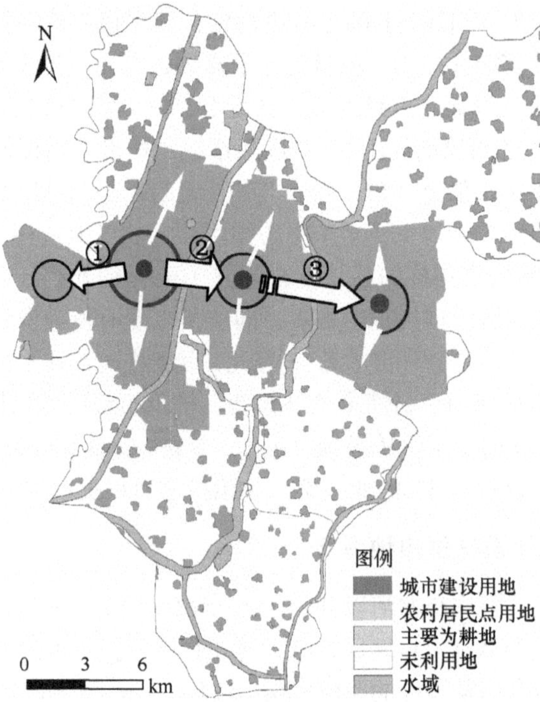

图 6.21　未来 10~20 年德州城市空间发展

注：①2000 年以前市区向西扩张；②2000 年以后市区向东跨越岔河，逐步建设德州经济开发区减河以西区域；③未来 10~20 年德州经济开发区继续向东扩，跨越减河，逐步完善东部高铁新区建设

资料来源：基于德州经济开发区基础调研中所得资料绘制

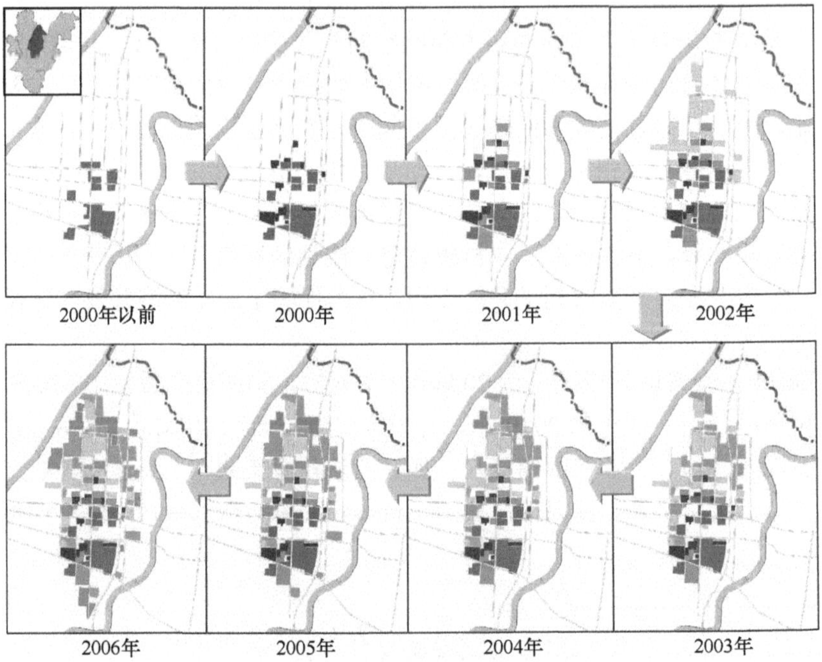

图 6.22　2000~2006 年德州经济开发区减河以西企业用地扩张

注：基于德州经济开发区基础调研与访谈中所得资料绘制

公司、中国香港华宇集团、韩国宇星饲料株式会社、韩国厚成电子株式会社等。初步形成了新能源利用、空调、医药、机械、纺织、食品、建材、物流八大基础产业。在置换实践的用地保障下，德州经济开发区迅速发展并为德州社会经济的全面发展注入新的活力。“十二五”期间将完善建设新城区、改造升级建成区、加快建设高铁新区①，未来 10~20 年内结合京沪高速铁路德州东站建设形成高铁新区“城市综合体”。在高铁新区建设中将依据规划，通过农村居民点改造与合村并居建设（图 6.23，彩图见书后），充分整合与节约集约利用土地资源统筹置换用于未来开发区发展建设。

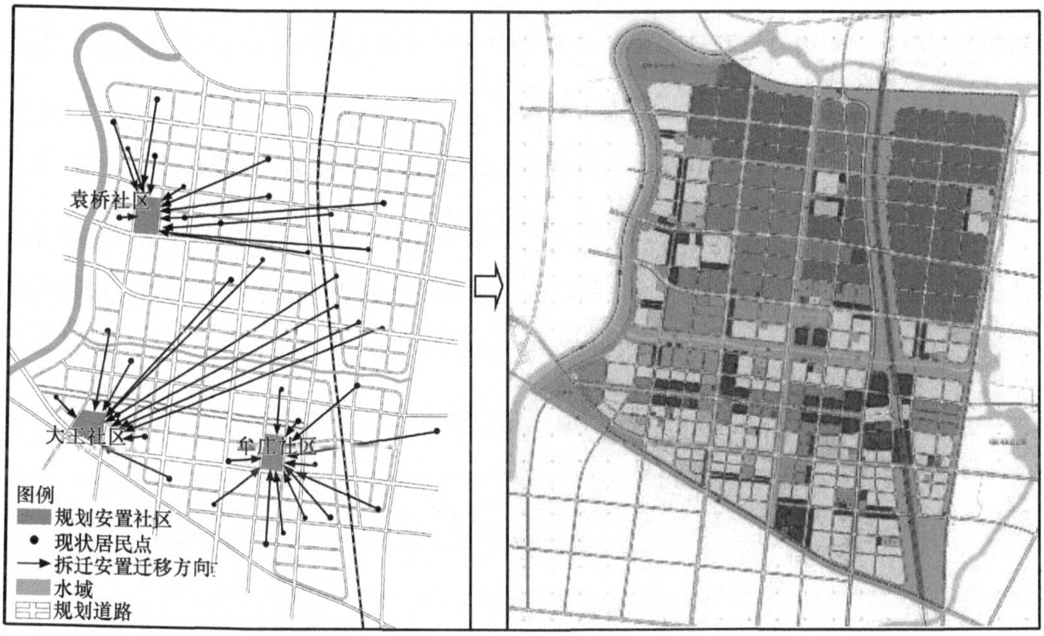

(a)　(b)

图 6.23　德州经济开发区高铁新区社区建设规划

注：图 6.23（a）根据实地调研手工绘制，图 6.23（b）来源于实地调研资料。袁桥社区合并村庄 16 个，安置人口 8964 人，占地 493.5 亩；大王社区合并村庄 12 个，安置人口 6658 人，占地 367.5 亩；牟庄社区合并村庄 16 个，安置人口 6973 万人，占地 384 亩

3. 为禹城市城镇化发展与高新区建设提供用地保障

禹城市城市空间发展主要是以市中街道办事处城区为中心，向西建设完善高新技术开发区，向东开发十里望回族镇，并将其建设成为商贸物流区和重要的大禹文化旅游区。除此之外，规划②在七大镇建设工贸发展区，尤其在房寺镇依托其较强的综合经济实力与发展势头，建设禹城市东西发展轴向上的西部经济中心。未来禹城市城市建设用地需求主要在高新技术开发区、城区、十里望回族镇和房寺镇驻地，其他镇驻地及乡镇中企业用地需求相对较小。同样，在禹城市，城乡建设用地统筹置换的新增建设用地成为高新区、城区及重点乡镇发展的重要用地保障来源。

① 德州经济开发区管委会. 德州经济开发区国民经济和社会发展第十二个五年规划纲要. 2011 年 2 月。
②《禹城市村镇体系规划 2009~2020》。

全市各乡镇（街道办事处）通过农村居民点整治（挖潜）新增的建设用地指标，除20%由德州市里统筹外，其他用于本市城镇发展建设，重点完善城区与高新区的发展建设。高新区已在西部形成机电、新材料、轻工业、新能源、生物产业以及通裕集团六大产业区，未来在建设用地保障下高新区将向东逐步完成发展建设。除此，十里望回族镇紧邻市区，为未来禹城城区扩展重要辐射区①，未来将形成以镇驻地为中心、以商贸物流、文化旅游为重要发展方向的城镇发展新貌。其中，山东国际商贸港建设是禹城市2009年10大项目之一，总投资40亿元，总面积200万 m^2，是由香港本旺发展有限公司和山东光华置业有限公司共同投资兴建的环渤海经济圈超大型购物中心。该项目用地指标来源于挖潜，一期建材批发场已完成并于2011年3月正式开业，二、三期建设正在进行中，建成后将成为华北地区最大的现代商流基地。

房寺镇为禹城市城乡建设用地统筹置换实践规模最大的乡镇，2010年以来，先后开工建设六大社区，其中，房寺社区为镇驻地社区建设（图6.24，彩图见书后）。由于房寺镇有良好的区位优势和较为便利的交通条件，以及较好的社会经济发展环境，在未来人口集聚与商贸经济发展的推动下将建设万人大型社区。该镇利用新增指标加快城镇建设，已完成房寺中学、小学、卫生院门诊楼、派出所办公楼、房寺敬老院等公共服务设施建设，以及天然气管道引入、道路和广场等基础设施建设，并开发建设1 km的房寺商贸街，吸引386个商户入驻。

图6.24　房寺镇土地综合整治项目规划示意图

注：A 东店社区安置区；B 崔李社区安置区；C 邢店社区安置区；D 房寺社区安置区；E 陈寨社区安置区；F 张安社区安置区

① 《禹城市总体规划2009~2020》中要求坚持“城边村进城、镇边村进镇、城郊村和其他村庄通过迁村并点进行整合”的原则，对全市村庄进行整合，以节约村镇建设用地。规划确定，城区规划外环路内的136个行政村全部进入城区生活区（市中街办共64个行政村，十里望街办共45个行政村，高新区共27个行政村，共15 224户，71 576人，村庄占地约10 709亩）。

总的来看，以禹城为典型代表的县域层面的城乡建设用地统筹置换实践，在坚守耕地红线的基础上，有力保障了禹城市高新区、城市地区发展的用地需求，并在较大程度上促进了重点小城镇的产业发展和空间拓展。

4. 置换实践的综合效应分析

城乡建设用地统筹置换是一项复杂的系统工程，不仅能够及时有效地保证城市与产业发展建设用地需求，如果实践得当，还能够在社会、经济、生态资源等方面发挥综合效应，并且这种综合效应的判定是把握实践规模、判断实践价值的重要参照。

基于研究区实践，从“投入-产出”的角度来分析城乡建设用地统筹置换综合效应。城乡建设用地统筹置投入主要包括三个方面，即实践资金投入 $f(C)$、基础参与主体的情感与利益投入 $f(S)$、资源与生态环境投入 $f(E)$。其中，实践资金投入主要包括拆迁资金投入 $f(C_1)$、建设资金投入 $f(C_2)$、补偿资金投入 $f(C_3)$、复垦资金投入 $f(C_4)$ 以及其他资金投入 $f(C_5)$；基础参与主体的情感与利益投入主要为逆反损失投入 $f(S_1)$、心理投入 $f(S_2)$、生产生活方式转变投入 $f(S_3)$ 和误工投入 $f(S_4)$；资源与生态环境投入主要为因实践所造成的生态环境破坏和资源浪费。城乡建设用地统筹置投入可用公式表示为：

$$Y_{投入}=f(C)+f(S)+f(E)$$

式中，$f(C)=f(C_1)+f(C_2)+f(C_3)+f(C_4)+f(C_5)$；$f(S)=f(S_1)+f(S_2)+f(S_3)+f(S_4)$。

公式详细解释见表 6.12。城乡建设用地统筹置产出主要包括两个方面，即资金收益 $f(M)$ 与社会经济发展建设 $f(D)$，可用公式表示为：

$$Y_{产出}=f(M)+f(D)$$

公式详细解释见表 6.12。

表 6.12　城乡建设用地统筹置换过程中的“投入”分析一览表

内容		符号	含义
投入	实践资金投入 $f(C)$	$f(C_1)$	拆迁资金投入，主要为拆迁的劳动成本
		$f(C_2)$	建设资金投入，主要为安置区规划建设的成本
		$f(C_3)$	补偿资金投入，主要包括拆迁补偿与生活保障补偿
		$f(C_4)$	复垦资金投入，由复垦土地质量与复垦标准决定
		$f(C_5)$	其他资金投入，实践组织管理运行费用
	基础参与主体的情感与利益投入 $f(S)$	$f(S_1)$	逆反损失投入，为概念指标，主要为基础参与主体因抵制拆迁做出过激行为后带来的损伤和不良社会影响
		$f(S_2)$	心理投入，为概念指标，主要是基础参与主体故土难离心理的转换，高龄人群投入较多
		$f(S_3)$	生产生活方式转变投入，包括概念投入与具体投入两部分内容，概念投入为对发生转变的生产生活方式的适应，具体投入为转变后增加的生活成本
		$f(S_4)$	误工投入，主要为因实践影响并延误劳动带来的损失
产出	资源与生态环境投入 $f(E)$		因实践所造成的生态环境破坏、耕地资源损失、土地资源低效与不合理利用，以及其他资源浪费等
	资金收益 $f(M)$		通过新增建设用地指标使用所获得的土地增值收益
	社会经济发展建设 $f(D)$		借土地整理之力推动农村与农业发展，通过新增建设用地指标使用保障城市发展建设、促进社会经济发展的综合效益，如 GDP、财政收入、就业、基础设施完善等方面

在实践"投入"中，资源与生态环境投入*f*（*E*）起到决定性作用。从可持续发展的角度来讲，当实践致使生态环境受到破坏，或侵占基本农田、减少耕地资源时，不论$Y_{产出}$有多大，实践中的$Y_{投入}>Y_{产出}$，实践的综合效应最低。事实上，城乡建设用地统筹置换实践不仅没有与保护生态环境相矛盾，而且通过土地整理工程在一定程度上改善了部分农村地区恶劣的卫生环境，并且践行严格的耕地保护制度，因此基本上排除上述情况。而在实践中所存在的新增建设用地指标使用不合理、土地资源利用效率降低的现象，可通过相应的整顿、规范办法及时纠正。

基础参与主体的情感与利益投入*f*（*S*）中的概念投入（逆反损失投入、心理投入与生产生活方式适应投入）很难测量，其中的心理投入是必然的，基于不同的个体随时间变化而减小；而对于逆反损失投入与生产生活方式适应投入，当组织开展工作的领导者采取合理的处理方式或补偿资金投入增多时，这一类概念投入（逆反损失投入、生产生活方式适应投入等）会因补偿资金投入增多而减少，其投入数量与影响可控。

实践资金投入为政府融资投入，以禹城市为例，假设X村有100户（每户平均人口为4人），每处宅基地占地面积为300 m^2（0.45亩），拆迁前房屋评估均价为50000元，安置区成本价为680元/ m^2，复垦土地费用约为6000~10000元/亩，则X村实践资金投入约为550万元（表6.13）。

表6.13　X村实践资金投入计算一览表

内容		计算过程
实践资金投入*f*（*C*）	拆迁资金投入$f(C_1)$	拆迁由基础参与主体自行解决，暂不计算
	建设资金投入$f(C_2)$	680×4×100=272000元
	补偿资金投入$f(C_3)$	拆迁补偿：50000×100=5000000元
	复垦资金投入$f(C_4)$	6000×0.45×100=270000元
	其他资金投入$f(C_5)$	实践组织管理运行费用，暂不计算

在实践"产出"中，资金收益因新增指标用途不同而异，计算公式为

$$W=(C+E+F+T+I+P)\times k$$

式中，*W*、*C*、*E*、*F*、*T*、*I*、*P*和*k*分别如土地增值收益、征地补偿费、土地开发费、城市建设大配套费、税费、投资利息、投资利润和土地增值率。按照50%的节地率，通过X村实践可新增建设用地指标约为22亩，指标用于城市发展建设后增值收益最高可达2200万元以上，最低为220万元，基于发展的角度分析，则实践资金收益*f*（*M*）大于实践资金投入*f*（*C*）。同样，通过实践推动社会经济发展建设所带来的社会经济综合收益也是不可估量的。由此，总的来看，如果操作得当，所获得的资金与其他不可预见收益将远大于实践投入。

6.4　城乡建设用地统筹置换实践的综合比较与问题剖析

6.4.1　典型省市城乡建设用地统筹置换实践的综合比较

江苏、天津、山东在不同的目标导向下，都探索了农村地区的土地整理、优化配置与集聚式发展。在实践过程中，农村建设用地统一整理并复垦为耕地，所涉及拆迁的村庄向周边小城镇和中心村集聚，并取得不同的实践成果：江苏万顷良田建设增加了优质耕地，并推动农业现代化与规模化生产经营；天津宅基地换房有效推动小城镇建设，加快了城镇化步伐；山东农村社区化改变了传统农村聚落生产生活形态，加快了农村硬件设施建设步伐。同时，三省（直辖市）均在不同程度上改变了农村居民点平均规模小、布局分散、分布不均的格局，提高了农村用地效率，节约了用地指标。然而，无论哪一种做法对农村生产生活来说都是一次大的变革，农民作为最基础的参与主体，其权益与生活保障成为实践中所面临的重要问题。但凡涉及拆迁，补偿与安置仍是极为繁杂且出现问题较多的环节。虽然耕地有所增加、土地实现节约集约利用、生活环境也得到改善，但是补偿不合理导致基础参与主体利益受损；城市步伐加快、农民住上楼房甚至变成市民，然而基础参与主体却面临生产生活空间脱节、生活成本加大、生活保障程度不高的问题。

与上述地区实践相比，重庆实践注重探索土地市场交易。完善的土地市场条件下，市场机制的充分作用能实现资源配置的帕累托最优，资源实现合理配置和集约利用。然而，完善的土地市场只是一种良好的理论假设，现实中是不存在的（吴郁玲和曲福田，2007)。由于受农村土地市场发育滞后和城乡二元体制的长期影响，把本质上就具有同一性的完整土地市场人为割裂成城、乡两个市场。一级土地市场体现为政府垄断下的土地征用与出让，国家以土地所有权人的身份，把土地的使用权投入市场运行。对于农村集体所有土地而言，《土地管理法》中规定："严禁限制农用地转为建设用地"，且"农村集体土地使用权不得出让、转让或者出租用于非农建设"，但"国家为了公共利益的需要，可以依照法律规定对土地实行征收或者征用并给予补偿"；《城市房地产管理法》中规定："城市规划区内的集体所有土地，经依法征用转为国有土地后，该国有土地的使用权方可有偿出让"。可见，土地征用是我国农地非农化的唯一途径，也因此农村地区大量的闲置和废弃的用地得不到充分利用。重庆的地票交易探索，第一次将农村地区荒置的土地通过复垦而变为建设用地指标推向市场，践行了土地节约利用，实现了土地增值收益。虽然这种土地交易方式取得了一定成效，但实际也并非完美，在实践过程中出现了企业或开发商囤地趋向和收益分配不合理的问题。以上地区城乡建设用地统筹置换实践比较见表 6.14。

表 6.14 四个地区城乡建设用地统筹置换实践比较

地区	江苏	天津	山东	重庆
实践比较	万顷良田建设工程	宅基地换房	“社区化”农村	地票市场
目标	增加高质量农田	推动小城镇建设	农村发展建设	探索用地指标交易方式
突出环节与特点	调查与备案 → 方案制订 → [① 资金 ② 居住/农作/补偿 ③ ④ → 拆迁安置与补偿 → ⑤ 复垦] → 指标利用与建设			
	②③④⑤ 居住/补偿： 货币安置 养老院安置 进镇与中心村安置 农作/补偿： 土地使用权流转—落实城镇保障	①②③④ 资金：建投资机构 ↓贷 国家开发银行 → 设施建设；招/拍/挂 ↑还 国家开发银行 居住：40m^2/人 补偿：提供社保、就业上岗、生活补贴等 农作：土地承包经营入股等	②③ 居住： 村庄 → 社区中心村 散居 → 集中上楼 乡村居住风貌改变	①⑤ 资金：竞价形成，有保障 复垦：先复垦还耕再上市交易，有保证 这是建设用地“指标”基于特定的中介机构所进行的一种市场化竞价交易与流转
突出成效	保护耕地 土地节约集约利用 人居环境改善	推动小城镇建设 土地节约集约利用 人居环境改善	农村空间集聚发展 土地节约集约利用 人居环境改善	农村荒置土地转为指标进入土地市场 土地节约集约利用
问题	补偿不合理、生产生活方式转变、生活保障偏低			指标用途管理、收益分配

6.4.2 山东省德州市城乡建设用地统筹置换实践的综合比较

1. 不同尺度区域实践比较分析

德州市以市域范围为总控制区，形成“地级市-县-乡镇-村”体系的实践。总的来看，实践按照自上而下体系管理与执行，由各级政府牵头并主要由各级国土部门组成工作小组，部分地区针对实践成立专门领导小组或办公室共同组织协调当地实践工作。村域为土地整理和用地指标获得的基本单元；县级区域为城乡建设用地统筹置换的基本单元；镇域为介于村、县之间的承接转下区域，镇级相关部门负责承接县级下达的任务并组织安排各村实践；市级区域为城乡建设用地统筹置换扩展单元，市级部门为上级工作思想的传递者与总体工作思路的提出者，市区也是重要的用地指标需求区域（表 6.15）。

从德州市实践来看，德州经济开发区为市级区域中指标集中使用区，开发区建设征占的部分用地需要通过农村地区土地整理、指标置换来实现占补平衡，此置换指标大部分由下辖县（市）用地整理获得。而在开发区内部，被征用土地的村域通过社区建设实现集中居住，村民转变为市民，享受市民待遇，并且依托当地开发区企业实现劳动力非农化，安置转型后的剩余劳动力。相对而言，禹城市为城乡建设用地统筹置换的基本单元，既是市区的指标“供给方”又是指标的“消化方”，所得指标的20%交由市里统筹，其余指标用于本县区发展建设，其中大部分用于县城（高新区）发展建设，部分用于乡镇发展建设，尤其是重点镇建设（如房寺镇）。

表 6.15　研究区“地市—县—乡镇—村”体系的实践分析

区域		市级区域	县级区域	镇域	村域
区域实践功能定位		城乡建设用地统筹置换扩展单元	城乡建设用地统筹置换基本单元	承接任务、组织工作、成果提交	农村用地整理基本单元
政府管理结构		反馈（←） 市级领导组 --------- 县级领导组 --------- 乡镇领导组 ------ 村集体领导组 — 村民 管理（→）			执行
市场运行		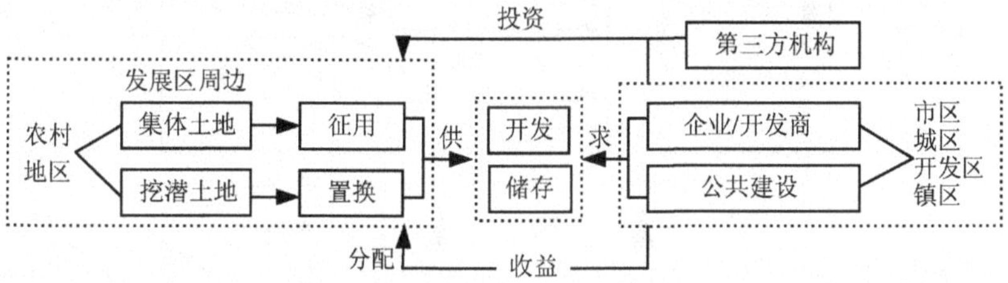			
实践重点区	指标使用	市区/开发区▲▲▲	城区/开发区▲▲	镇区▲	社区建设
	指标来源	辖区县土地整理	辖乡镇（街道办）土地整理	辖村土地整理	本村土地整理

注：▲表示新增建设用地使用量，▲越多表示用地需求量大且使用的指标越多。

2. 不同类型区比较分析

在五大类型区的实践中，除其他类型区（闲置工矿用地等）通过政府组织整理复垦后获得新增建设用地指标以外，其他四种类型区均需要不同程度的拆迁、安置、建设用地整理，并形成新的村镇体系与农村土地利用格局。城区及周边地区，通过旧村改造和撤村建居使农村居民点向城区集中，并逐渐成为城市系统中的一部分；镇驻地及周边地区，通过合村并居使农村居民点向镇驻地集中，推动镇区集聚发展；在纯农区，大的村庄执行单村改造，小的村庄则以中心村为并居点，通过社区建设形成空间集聚；自然或区位条件限制区实践目的略有不同，根据情况灵活选择整村拆迁、向中心村或镇驻地集聚的方式，并且由于自然或区位条件直接影响村域安全与生产生活便利，有些村庄早先自发进行村庄搬迁，政府在后期对村庄旧址进行复垦。

基于不同的社会经济发展水平与生产生活环境，不同类型区居民点集聚建设后，其生产生活方式的转变存在差异，最突出的是城区及周边地区与纯农区。城区及周边地区，农业生产薄弱且土地征用比例高，多数村庄土地所剩无几，大部分农村青壮年劳动力转向非农生产领域；改居后，居民逐步被城市化，生活方式发生根本改变，同时农村劳动力完全释放，转向城区务工的劳动力增多，闲散劳动力也同时增多。在纯农区，农村居民基本保持原有的生产方式，部分农业大户通过土地流转从事土地承包经营；并居后，传统的农村生活方式得到改变，公共基础设施建设趋于完善、村风村貌得到改善；建立农业园区与合作社，并鼓励村民流转土地、经营入股，农业生产趋于规模化与现代化；而解放的劳动力分别到城里和园区务工，劳动收入增加。镇驻地及周边地区居民生产生活方式转变，介于前两者之间。

研究区域不同类型区实践比较分析见表 6.16 与图 6.25。

表 6.16　研究区内不同类型区实践比较分析

<table>
<tr><th colspan="2">类型</th><th>①城区及周边</th><th>②镇驻地及周边</th><th>③纯农区</th><th>④自然或区位条件限制区</th><th>⑤其他类型区（闲置工矿用地等）</th></tr>
<tr><td colspan="2">土地整理与空间集聚方式</td><td>●旧村改造或撤村建居
●向城区集聚</td><td>●合村并居
●向镇驻地集聚</td><td>●合村并居或单村改造，两区同建
●向中心村集聚</td><td>●整村拆迁
●向中心村或镇驻地集聚</td><td>●整理复垦</td></tr>
<tr><td colspan="2">产业发展与劳动力转移</td><td>●非农产业发展
●失地后大多数劳动力转向城区务工</td><td>●非农产业与规模化农业双向发展
●失地或土地流转后，部分劳动力到城区、镇区或园区务工</td><td>●农业规模化生产
●土地流转后，部分劳动力到园区务工</td><td>根据并居区域类型，发生改变（与②或③同）</td><td>无</td></tr>
<tr><td colspan="2">指标统筹置换</td><td colspan="5">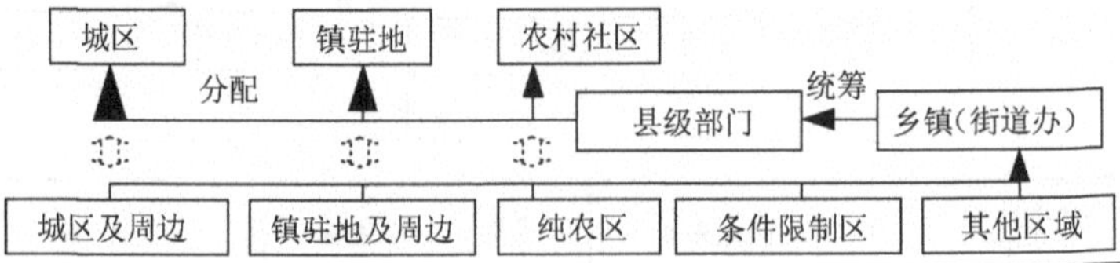
</td></tr>
<tr><td colspan="2">政府主导</td><td>★★</td><td>★★★</td><td>★★★</td><td>★</td><td>★★★</td></tr>
<tr><td colspan="2">社会经济发展</td><td colspan="2">地区社会经济发展越快、水平越高，实践越容易推进★★★</td><td colspan="2">村集体经济实力强，实践越易推进（大多经济基础薄弱）★★★</td><td>地区社会经济发展作用不大★</td></tr>
<tr><td rowspan="3">影响因素</td><td>产业发展</td><td>产业发展是实践重要的推动力★★★</td><td>产业发展是实践重要的推动力★★
传统农业发展对实践有一定制约××</td><td>传统农业发展对实践有重要制约×××</td><td>★</td><td>★</td></tr>
<tr><td>土地利用效率</td><td>农村地区土地利用效率低是实践的重要前提之一★★</td><td colspan="2">农村地区土地利用效率低是实践的重要前提之一★★★</td><td>★</td><td>节约利用土地是该区实践的重要原因★★</td></tr>
<tr><td>其他</td><td>无</td><td>无</td><td>无</td><td>自然或区位条件差是该区实践的重要原因★★★</td><td>无</td></tr>
<tr><td colspan="2">问题与难点</td><td>居民生产生活方式转变▲
土地征用与补偿▲▲▲</td><td>居民生产生活方式转变▲▲
安置与补偿▲▲▲</td><td>居民生产生活方式转变▲▲▲
安置与补偿▲▲▲
宅基地面积变小、房屋产权不清晰▲▲▲</td><td>无</td><td>无</td></tr>
</table>

注：“★”“★★”“★★★”分别表示该因素对城乡建设用地统筹置换积极影响程度一般、比较重要、非常重要，“××”“×××”分别表示该因素的制约程度；“▲”“▲▲”“▲▲▲”表示问题对基础参与主体的影响程度一般、比较影响、严重影响；以上基于调研座谈和农户访谈而确定，用符号标记作用大小仅为模糊示意。

3. 基于操作过程的比较分析

研究区的实践操作过程主要包括五个阶段：项目选址、前期宣传与意愿征求阶段、宅基地评估阶段、拆迁阶段、安置与补偿阶段及指标统筹置换阶段。

1）项目选址、前期宣传与意愿征求阶段——基础工作尤为重要

项目选址是开展农村建设用地整理的重要基础工作。研究区项目选址包括拆旧选址与安置区选址，主要依据实际情况与经验。拆旧区应具备良好的群众基础与基层干部队

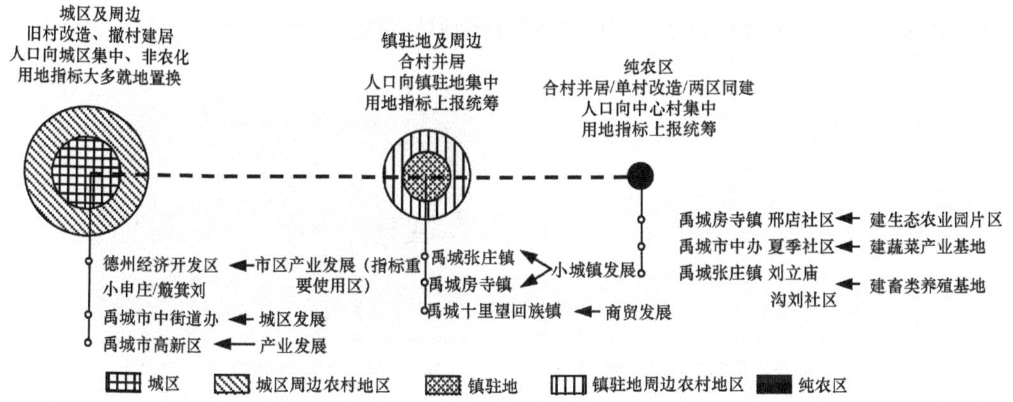

图 6.25　研究区内不同类型区案例及其实践比较分析示意图

伍、宅基地空置率高、村内经济基础好等条件，且村内居民具有拆迁强烈意愿的优先。安置区选择未利用用地、且距原址不超过 2 km，或在原址建设，此外还应具备较好的房屋、基础设施建设适宜性与交通条件，部分地区结合产业与商贸发展规划并考虑到未来人口集聚来确定中心区、集聚区或直接选择镇驻地。项目选址后组织调研与专项规划①，并进行申报，项目批准后予以实施。

前期宣传与意愿征求是推进农村建设用地拆迁的重要准备工作，能够充分体现群众参与意愿，实现实践的公平、公开、公正，有利于拆迁顺利进行和社会稳定。乡镇（街道办事处）政府接到上级任务通知后，组织相关村级领导干部部署工作，并进一步与村民沟通、协商。主要形式包括村民代表大会、党员代表大会等，不同村讨论及所确定的内容不同，包括项目期限、程序、补偿措施、安置标准等，并统计全村人口与安置住房数量，最后签订协议。

2）宅基地评估阶段——实现基本财产价值保护

拆迁前需对房屋进行评估，宅基地评估是依法律和标准对参与主体基本利益保护的体现，是对参与主体基本权益补偿的重要依据。以禹城市为例，拆迁前期宣传等工作结束后，乡镇政府委托房管局或物价局开展拆迁区内宅基地评估工作，两个单位有两套不同的评价标准。前期评估工作基本由房管局承担，按照相关法律法规制定评估标准②，主要按照重置价③进行房屋估价。2011 年起，禹城物价局依据《山东省物价局、财政厅、山东省国土资源厅关于济南等三市调整征地地面附着物和青苗补偿标准的批复》（鲁价费发[2008]178 号）中规定的评估标准开始房屋拆迁评估工作，评估过程为：①乡镇委托部门开展评估工作。②相关工作人员在住户的陪同下，通过勘察、测量、拍照建立宅基地房屋档案，并经住户核实后签字。③依据勘查结果和评估标准进行价格评估。④乡

① 各乡镇或村自行组织规划。
② 如房管局的《2009 年迎宾路房屋拆迁评估标准》。
③ 重置价是指在现时条件下，重新购置、建造或形成与评估对象完全相同或基本类似的全新状态下的资产所需花费的全部费用。

镇政府取得评价结果进行公示。⑤住户核对并确认（图 6.26）。

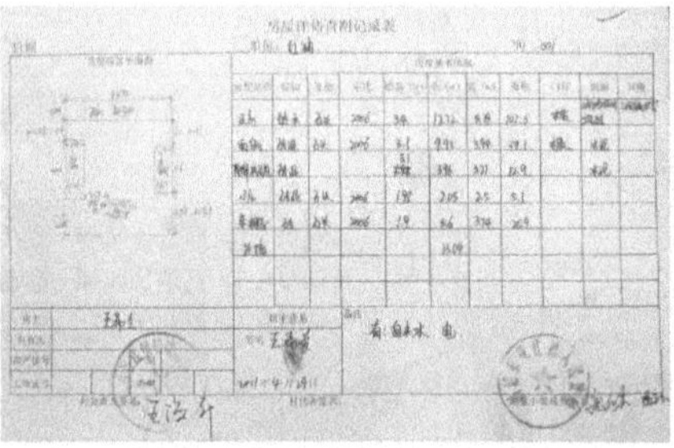

房屋评估查勘记录(2011-08-02)

物价局房屋评估查看照片(2011-08-02)

图 6.26　物价局房屋评估档案记录

3）拆迁阶段——操作灵活但差异大，矛盾突出且问题多

拆迁阶段是农村建设用地整理的重要和关键环节，是主体参与互动和矛盾产生的焦点环节。房屋评估后，各住户在规定期限内自行拆除完毕。拆除后的建筑材料依据评估价格统一变卖，没有能力进行拆除或不希望自行拆除的住户，可由乡镇（街道办事处）政府统一组织。为提高住户拆迁积极性，部分乡镇规定凡在限定时间拆除完毕的住户将得到一定拆迁奖励。根据建与拆的先后顺序划分为两种类型，即先建后拆型与先拆后建型。其中，先拆后建型，政府给予在规定期限内完成建设安置的承诺，期间给予每户每月一定数量的租房补贴。

对于先拆后建型的村庄，拆迁后的安置成为各居民的头等难题。虽然政府每个月补偿一定数额的租房费用，但是不论投奔亲戚还是租房，期间为生产生活带来诸多不便。并由于种种原因某些地区没能在规定时间内完成安置房建设，使得地方政府与农民之间矛盾重重。当然，农民既是政策的顺应者，又是独立权益的维护者，在此期间，有的农民拒绝拆迁，有的农民利用法律维护自身权益（表 6.17）。

表 6.17　拆迁阶段实践比较分析

拆迁阶段	先拆后建	先建后拆	房屋评估后拆迁	每套宅均价补偿
代表案例	德州经济开发区簸箕刘村，宋官屯村；禹城市中街道办事处、高新技术开发区和十里望回族镇辖村案例	德州经济开发区高铁新区辖村案例；禹城市房寺镇、张庄镇辖村案例等	所有案例	德州经济开发区案例
应用条件	二次占地困难，依照城市规划；多用于城区及周边和单村改造	依照规划，且有可调剂的用地使用；多用于合村并居与非城区	无	由资金总量、收益分配和操作办法决定是否给予补偿
实践优势	先拆复垦或在原址新建，避免二次占地	避免拆迁后基础参与主体无居所	依法律和标准实现宅基地地上价值兑现	接近实现农村宅基地地价兑现
实践劣势	拆迁难度大；拆迁后搬迁前，基础参与主体居无定所，生产生活受影响；群众满意度低	原址复垦后一段时间内耕作质量降低；易产生基础参与主体因对新建住房不满等各种原因而推迟拆迁；导致二次占地	没有具体可参照的、统一的农村地区标准，各地依据《国有土地上房屋征收与补偿条例》拟定标准	没有统一标准，只能相对均衡地满足多数人的要求

4）安置与补偿阶段——多种安置方法并行，补偿差异显著

安置与补偿阶段是农村建设用地整理后对参与主体权益保护的体现，安置与补偿是否合理决定了基础参与主体的满意程度及未来生产生活状况。从调研来看，安置的形式有四种，一是按面积，二是按人口，三是介于前两者之间，四是独立安置（表 6.18）。

（1）按面积安置：主房按照 1∶1 进行面积置换，即 1 m^2 旧房换 1 m^2 新房，辅房按照新旧 1∶1.5 进行面积置换，院落按照面积乘以 0.6 的系数后进行置换。

（2）按人口安置：即按每人 40 m^2 的标准，并根据不同家庭情况进行适当优惠和调整。按人口安置能够较好的平衡人口与用地数量关系，被较多采用。

（3）介于按面积和人口安置之间：平衡村内住房情况与群众意愿，建设二层带院落的套房，以尽量满足农区居住与使用需求。

（4）独立安置：针对经济负担重的孤寡老人，案例实践中采取了提供中转房或鼓励养老院居住的方式，其中，中转房为相对简易的一居房屋，低价或免费提供给此类人群居住。

表 6.18　安置与补偿阶段实践比较分析

安置办法	按面积安置	按人口安置	介于前两者之间	独立安置
代表案例	禹城市中办前期实践案例	德州经济开发区案例，禹城市城区与镇区周边案例	禹城市房寺镇、张庄镇纯农区案例	禹城市夏季社区
应用条件	无	无	多用于纯农区	适用于孤寡老人
实践优势	平衡原宅基地面积	平衡人口数量与用地面积，土地集约利用成效较大	兼顾农村居住与生产生活方式	兼顾各类人群，缓解拆迁购房压力
实践劣势	土地集约利用成效差，人均面积大，出现突击盖房现象	住房面积缩小，基础参与主体满意度低，实践开展难度大	房屋面积大价格高，购买难度大	少数人持不满态度

房屋置换时实行“两算账”，不同的区域补偿差异较大。除按房屋评估价给予房屋拆迁补偿外，德州经济开发区规定凡是合法宅基地面积大于 0.4 亩的均能得到 15 万元原址补偿款，买房后统一核算，执行多退少补，禹城市大多仅有房屋评估价补偿。对于非城区，为兼顾生活与生产方式同步转变而开展“两区同建”，园区根据当地农业与其他产业发展基础及未来发展规划进行合理建设，且不能擅自占用耕地。

5）指标统筹置换过程——政府主导，统筹兼顾，区域差异

从研究区实践来看，指标统筹置换由政府主导，并兼顾各等级行政区域发展与用地需求。城区及周边地区农村居民点整理后，经过城市发展扩张占地消化本区域的新增建设用地指标，并且因每年国家下拨的用地指标不能满足发展需求，而需要使用下辖乡镇实践获得的用地指标，以实现耕地占补平衡。研究区内，德州经济开发区产业发展用地需求大，需要统筹使用下辖县（市）的部分指标。禹城市城区发展与高新技术开发区建设的用地指标需求主要由本县（市）下辖乡镇供给；各乡镇通过村集体用地整理获得的新增指标，全部由禹城市统筹管理，除重点镇镇区发展或大项目建设需要申请用地指标外，其他地区几乎没有人的用地需求。依据德政办发 2011 年 10 号文件和禹城市 2011 年合村并居建设情况推算，2011 年禹城市农村居民点整理节约指标为 1242 亩，用地节

约率近50%，其中有约150亩供德州市统筹，其余用于禹城市建设使用。

6.4.3　城乡建设用地统筹置换问题梳理

城乡建设用地统筹置换对解决我国当前城乡建设用地供需矛盾起到了积极作用，部分地区建成了规模良田，农村生活风貌得到改善，城乡土地市场更为活跃，基本达到了城乡土地集约利用程度提高、耕地总量不变甚至有所增加、城市建设用地指标增加的预期效果。但是，在实践推进过程中也产生了诸多问题。

1. 基于系统要素分析的问题体系

依据主体、客体、中介的系统要素分析方法，城乡建设用地统筹置换作为一个系统，它包括作为主体的“人”、作为客体的“地”以及作为中介联系两者的“操作”活动三大单元，每个单元由多个基本要素构成，这些要素在作用及相互作用过程中产生或可能产生问题（图6.27）。

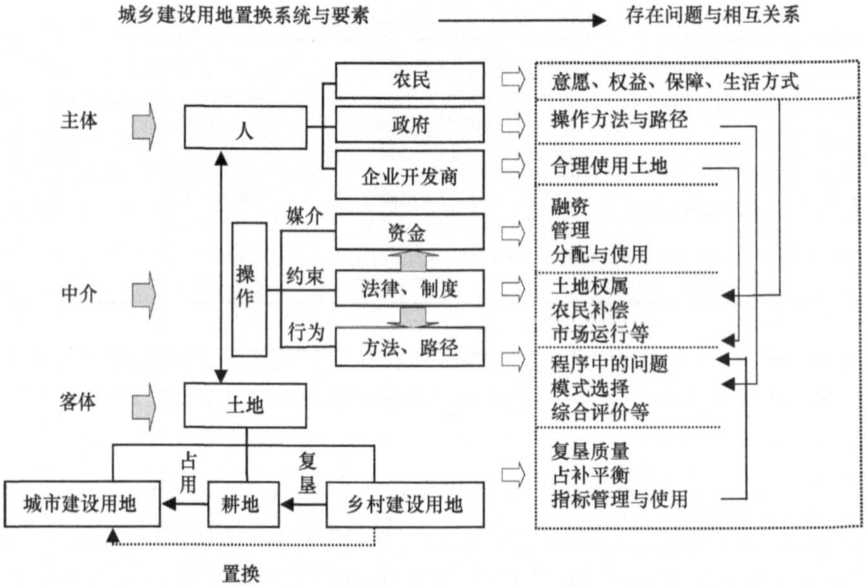

图6.27　城乡建设用地置换系统与问题分析示意图

1）主体单元对应的问题集

主体主要包括农民、政府（包括中央政府和地方政府）和企业或开发商。

（1）农民作为最基础、最直接的参与主体，其权益保护和未来生活保障是实践的基础问题。农村居民点用地整理不是简单的“换房搬家”，在拆迁过程中将直接涉及参与主体的利益得失。一方面，由于拆迁补偿安置缺乏规范、农民法律意识薄弱且对实践缺少了解等原因，在实践过程中有时存在违背农民意愿、用地权属调整不合理、补偿安置不到位等问题；并且由于农村地区农民收入较低、土地几乎没有增值收益，一般住户进行完房屋评估后，所得的房屋拆迁补偿款难以支付购买安置房，房屋质量差的住户评估后所得拆迁补偿款更少，需补充支付的购房款成为家庭重要支出，经济条件薄弱的住户则倾其存款或者贷款支付买房。如果没有较为充足的拆迁补偿，基础参与主体将承受巨大的经济负担。另一方面，居住与生活环境较差是多数农村地区尤其是欠发达地区的普遍现象，也是统筹城乡发展、新农村建设中需要解决的问题，农村居民点用地整理无疑是改变农村人居环境的重要契机。然而，对于农区居民而言，突然改变的生产生活方式使其难以适应。由于按照人口数进行安置，不论旧宅有多少间房屋，均得到相应的安置面积，因此，搬迁后新房面积普遍比旧房面积小。虽然人居环境得到改善，但因空间变小失去存放粮食、农具和喂养畜禽空间，尤其是部分地区农民搬入楼房后因缺少适当的设施与空间配备，给耕种生产带来不便，且少部分地区存在耕作半径过大的问题。

除此之外，对于转化为市民的农民而言，还要面临失去土地后的就业与生活保障问题。一是基础参与主体失去了祖祖辈辈赖以生存的土地，生活失去基本来源，就业成为支撑生活必须面对的问题。二是村落居住变为城市社区后，生活支出也被“城市化”，如此意味着每年增加水、电、气、暖、物业等各种生活费用，生活成本加大。三是农民尤其是中老年人具有浓厚的故土难离情节，因此由平房搬到楼房、由耕作到外出打工、由村民变市民的心理转变成为改居时需正确处理的问题。

（2）政府是规则的制定者、实践的组织管理者。规则是否合理、操作过程中选择的方法、路径是否得当，直接关系实践能否顺利开展。一方面，地方政府容易过度重视政绩。部分地方存在重速度、重规模、重形象的现象，致使在村庄改造后，尤其是对一些不太符合条件的村庄改造后，在一定程度上加重了村集体及个体经济负担。另一方面，政府极易过度重视经济效益，在将指标置换到城市用于发展建设的同时忽视城市用地效率。另外，有的地方政府在具体操作中缺乏充分沟通或方式方法欠妥，致使与基础参与者之间存在一定矛盾。

（3）企业或开发商是实践中的重要受益者。获得用地指标后存在是否合理利用土地以及在指标使用中谋取暴利的问题。

2）客体单元对应的问题集

客体包括城市建设用地、农村建设用地和耕地。“置换”的整个过程实质为三个要素按照一定规则的置换，最终实现农村建设用地集约利用，城市建设用地指标增加，耕地总量不变或增加。在置换过程中存在复垦土地的质量高低、占补是否平衡、增加的用地指标管理与使用是否合理等问题。

3）中介对应的问题集

中介主要包括资金、法律和制度、方法和路径。其中资金是实现置换的重要支撑，决定了操作是否能够顺利进行，资金运转过程中存在资金来源、管理、分配与使用方面的问题隐患；法律、制度是约束实践的标尺，其完善程度关系到土地权属、农民补偿、市场运行等问题的解决，当前应尽快建立健全相关法律制度；方法、路径是实践行为与过程的体现，其直接影响置换工作成果。

此外，城乡建设用地置换作为当前重要实践之一，其系统内部的要素流动与结构改变影响社会、经济、生态的各方面，如历史民俗文化变迁、生态景观保护、社会安定团结、经济发展等，上述问题同样不容忽视。

2. 当前城乡建设用地统筹置换存在的主要问题

1）置换实践目前缺乏法律保障

城乡建设用地统筹置换所涉及的法律关系复杂广泛，包括土地权利关系、土地管理（用途管制）关系和土地开发整理关系等。特别是置换依然是一个新生事物，从地方到基层再到集体对其认知程度均存在差异甚至偏差。关于土地置换的相关政策，目前从国家层面来看，只有《土地管理法实施条例》以及《关于土地开发整理工作有关问题的通知》（国土资发[1999]358 号）、《国土资源部关于加强耕地保护促进经济发展若干政策措施的通知》（国土资发[2000]408 号）、《土地开发整理若干意见》（国土资发[2003]363 号）等作了一些原则性规定，并没有出台专门的土地置换法规或规章。实践中，各地陆续出台了一些规章或规范性文件，对土地置换工作进行规范，如《内蒙古自治区建设用地置换办法》（政令）、《河北省土地置换办法》（规范性文件）等。相较而言，针对“增减挂”的有关意见、通知、办法等更多一些。但总的来看，依然缺乏足够的法律效力，难以为如火如荼且问题层出不穷的土地置换实践提供有效的法律保障。

2）置换细则难以保障农民权益

由于国家层面对土地置换缺乏严格规范，因而地方政府在实践时必然需要因地制宜出台相关细则。事实上。许多省份、地市和县区都确实出台了城乡建设用地置换的细则，以完善制度安排，但实地调研和案例研究发现，这些细则尚存在一些问题。主要包括：一是细则编制及认定、出台的过程缺乏村民参与，许多村民不知道细则具体内容，因而难免对细则的公信力产生怀疑甚至抵触；二是对新增用地的面积认证较为苛刻，造成整治增地潜力偏小。如原有坑塘、晒场等非建设用地是否应该算作新增耕地潜力，是否可以计入补偿范围，没有一个公认的说法，村民和政府的意见较难统一；三是原有房屋的补偿标准普遍偏低，一般标准为 200~400 元/m^2，而且对于院落的面积及补偿系数的认证也存在较多争议，低于村民预期；四是新房价格的确定不够透明，缺乏公众参与。其实，除非补偿标准非常高、新房均价非常低，否则总会有村民觉得吃亏，总会有意见。问题的关键在于这个标准或者参数是怎么确定的。这需要一个科学、客观、可信的操作过程、参与过程。显然，置换细则的出台必然需要投入较长的时间、较多的精力和较高的成本，而这也决定了把好事办好、实事办实的难度很大，需要踩准节拍、稳步推进，不宜操之过急，需要各利益相关方的精诚合作。

3）市场机制发育缓慢，主体错位

我国的土地市场具有明显的城乡二元特征。城市经营性用地的市场发育程度已经较高，农村承包地土地流转市场也在快速发育，但由于土地管理法的严格限定，目前的农村集体建设用地市场仍处于初级阶段。土地置换涉及拆迁、安置、复垦等项目，成本很高，地方政府在运作时需要通过地方融资平台进行融资，可能导致暂时性的资金链短缺；从各地情况来看，难免会发生村民的补偿款项没有及时、足额到位的情况。事实上，相对于城市国有土地价格和增值空间而言，农村集体建设用地价格、置换成本，并不算大，因而总体来看是能够实现收支相抵并有盈余的。从本源上解决问题的办法在于，政府推进制度建设，立足于公共物品供给，着力构建城乡一体化的土地市场，通过更为完善的市场机制来解决土地要素的置换交易问题。

4）部分地方政府实践经验不足

城乡建设用地置换仍处于探索、试点阶段，在土地管理法律制度不完善、城乡土地市场发育不健全的情况下，地方政府确实有必要暂时地主导置换实践过程。但是，由于部分地方政府实践经验不足、部分地方政府有时追求政绩，使得在实践过程中产生许多问题。从案例调研来看，主要表现在前期工作不够细致和扎实、编制的规划缺乏科学性和操作性、政府管理方面部门分割严重以致部门间可关联的项目和资金的整合度不高、不重视土地复垦工作，急功近利、低估困难、盲目推进的现象不时出现。通过土地一级市场的交易获得土地财政，在实现耕地保护目标、促进农村发展建设的同时，可以为城市建设、民生工程、政绩工程提供足够资金，实现一举多得；由于经验不足等原因，容易出现置换成效降低、农民权益有时受损等问题。由于土地置换涉及多个主体，操作难度大，出现一些问题也是可以理解的，需要逐步积累经验、多总结多交流。

5）参与机制以及维权机制缺乏

城乡建设用地统筹置换实践是一个涉及政府（行政管理方）、企事业单位（建设用地需求方）、农民集体和农民（集体建设用地供给方）、建筑单位、银行、复垦施工单位等众多主体。调研发现，大多数地区的土地置换实践中农民的参与程度较低，主要参与到了前期意愿表决、土地面积丈量等环节，而在工程设计、中期评估、后期复垦、优化利用等环节的参与程度明显不足，影响到了土地置换的实际效果。此外，有时在权益受到侵害时，维权意识仍比较薄弱，维权途径也较为单一，这对于严格规范置换过程、确实保障农民权益提出了新的要求。亟待建立和完善公众参与机制、维权机制，明确参与事项、维权途径，切实做到保护利益相关方尤其是弱势群体的合法权益。

3. 问题的产生与演进

基于以上分析，实践问题的特征主要有两方面：其一，由于城乡建设用地统筹置换本身是一件复杂的系统工程，受多种因素影响与制约，主体利益诉求存在差异，因此问题的产生具有多样性、复杂性与不稳定性，并以主体中基础参与主体利益受损问题较为突出；其二，各地因采取的方法与路径不同，所产生的问题及突出程度不同，且各地的操作方法可为解决问题提供相互参考。诸多问题产生的根源主要为三方面，即国家层面的约束性法律、法规、政策尚不健全，地方政府操作不合理、不统一且缺乏细则，以及缺少科学研究支撑。表 6.19 所示为典型省份城乡建设用地置换实践问题分析。

表 6.19　典型省份城乡建设用地置换实践问题分析

典型实践	突出问题	涉及要素			解析	原因
		主体	中介	客体		
江苏：万顷良田建设工程	部分耕地被转用于绿化，以求更多征地补偿	土地承包商	约束机制	耕地	土地承包商逐利，而约束机制不健全	A
	安置工作不到位、补偿分配欠合理	农民/地方政府	资金/方法	—	缺少合理的操作方法与补偿机制，使农民利益受损	ABC
	部分地区存在土地被“非自愿”流转	农民/地方政府	操作方法	建设用地	操作不合理，违背农民意愿	B
天津：宅基地换房	打破了农民拥有耕地与宅基地的传统生活观念	农民	—	—	—	C
	农民失地、换房中的利益保护与未来生活保障问题	农民	资金/制度	—	农民利益受损	ABC
山东：“社区化”农村	村民思想难以转变并给农作带来不便	农民	—	—	—	C
	基础设施建设难以到位，且公共服务费负担重	农民	资金	—	农民生活成本提高	BC
	各类保障不足	农民	资金/制度	—	—	ABC
	被“上楼”现象严重	农民/地方政府	操作方法	—	操作不合理，而农民利益受损	B
重庆：地票交易市场	部分企业购买“地票 ”动机不纯	企业或开发商	约束机制	建设用地	企业逐利，缺少约束机制	AB
	收益分配欠合理	农民/地方政府	分配机制	—	缺少约束机制，收益分配不公，农民利益受损	BC
	土地级差收益未能体现	—	操作方法	建设用地	存在利益不公、农民利益受损	C
	与政策、总体规划衔接不够，约束机制不完善	地方政府	操作方法约束机制	土地	缺少方法指导与约束机制	AC

注：A 国家层面的约束性法律、法规、政策尚不健全；B 地方政府操作不合理；C 缺少科学研究支撑。

自城乡建设用地置换实践开展以来，在实践过程中多种问题随着工作展开与试点推进而频繁出现。从最初对“挂钩”政策认识不到位，发展到工作初期的融资难与实施方案探索，再到具体实践中土地权属纠纷、收益分配不均、补偿不到位、耕地复垦质量低等问题，并于 2010 年出现“过度挂钩”“乱挂钩”“强制挂钩”，以及借“挂钩”之机变相侵占农村集体土地、农民“被上楼”等现象，矛盾愈演愈烈，引起国家与社会各界的关注。2011 年 2 月国土资源部叫停部分试点工作，对其进行整顿、规范和限期整改，问题转而进入解决的弱化阶段。从根源来看，问题解决的关键除要规范地方政府不合理操作、建立有效的操作与监察机制外，健全的法律、法规、制度与政策以及具有支撑力度的相关科学研究必不可少。当前，从国家层面发起的实践整治来看，问题正在逐步得到解决，如果整顿得当并进一步建立起长效机制，我国城乡建设用地统筹置换有望步入良性发展阶段（图 6.28）。从地方实践来看，实践初期大小问题层出不穷，随着实践推进、经验总结以及采取相应措施，问题突出性将逐渐淡化。

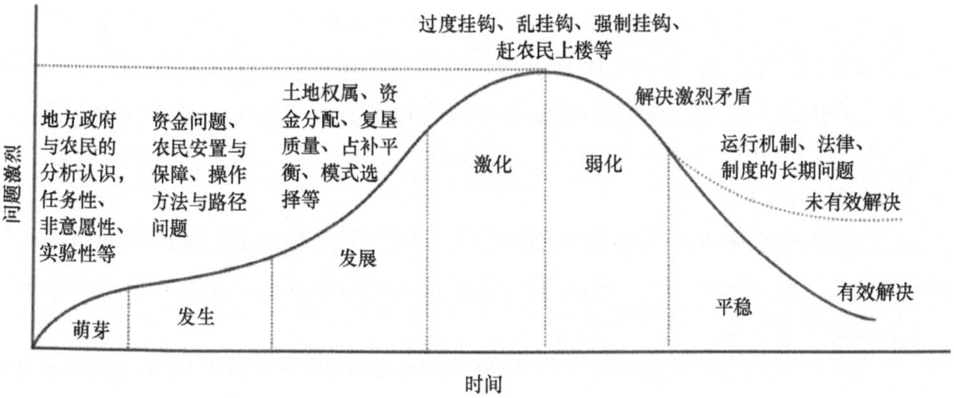

图 6.28　城乡建设用地置换问题发展演进曲线

6.4.4　启　　示

（1）政策是实践的重要指导，社会经济发展与土地利用现状是实践的重要基础，产业发展、城市发展建设、耕地保护与农村发展建设是实践的直接推动力。从实践来看，政策是政府对社会经济发展与资源利用宏观调控的重要作用方式，是政府领导决策思路传递的重要载体，是约束与规范实践行为的良好工具。社会经济发展与土地利用现状，反映了实践推进的可行性与潜力；并不是每个村庄或地区都适合开展城乡建设用地统筹置换，判定置换潜力与用地需求是开展实践的重要前提，由此来指导选址与置换规模，避免盲目实践加重部分地区及居民经济负担。不同地区在不同阶段其社会经济发展需求不同，使实践目的存在差异，产业发展、城市发展建设、耕地保护与农村发展建设均为实践的直接推动力。

（2）城乡建设用地统筹置换应统筹兼顾多项发展需求。城乡建设用地统筹置换不仅是增加耕地面积、实现城乡建设用地供需平衡的综合措施，也是推动小城镇发展、新农村建设的重要契机，因此实践应统筹兼顾城乡及各等级区域土地可持续利用与社会经济可持续发展。尤其是对农村实践区域，应贡献与获利并行。由于各村落经济发展、规模不均衡，因此对于中心村、经济强村和大企业驻地及周边村庄，应统一组织建设集中居住区，同步配套建设基础设施和公共服务设施，促进城乡基本公共服务均等化，吸引周边将拟撤并村庄的农户。鼓励经济强村兼并周边弱村，鼓励大企业改造村庄，通过集中建房改善农民居住条件，拓展发展空间。另外，应基于农业发展现状与资源，鼓励并推动规模化农业发展，加快传统农业向现代农业转型发展。

（3）各地区实践差异显著，地区内实践也应根据社会经济发展背景、生产生活环境条件等划分实践类型区域，例如，城区及周边采用改居或合居的集聚模式、镇驻地及周边采用镇驻地集聚模式、纯农区采用中心村集聚模式，使实践具有针对性和可操作性，切忌“一刀切”。

（4）政府操作规范与农民利益得到保障是实践顺利开展的重要条件，地区内的实践操作、补偿与安置标准有待统一。地方城乡建设用地统筹置换实践操作极为烦琐，并没有统一的操作规范，大多数地区通过相互学习以及工作经验开展工作。由于操作弹性大，补偿与安置标准不同，由此也造成补偿与安置不合理成为实践的突出矛盾。

（5）合理的统筹规划是实践的重要参照以及顺利推进实践应具备的基础条件。合理的统筹规划包括基于置换潜力与用地需求预测基础上的置换空间与数量规划，以及安置区规划、发展时序规划等。

（6）充足的资金来源是实践开展的重要支撑力。因此对于经济基础差的地区应慎重选择实践区，并且在实践中充分拓宽资金来源渠道，依靠政府、银行、市场等多渠道融资，实现资金来源稳定，资金量充足。

（7）当前实践急需相关技术支撑。目前实践中诸多环节多由理论与经验作为支撑，项目选址的正确性、指标置换的合理性、土地资源配置综合效益评估等有待技术实现。

第7章　城乡建设用地统筹置换的优化模式

城乡建设用地统筹置换前景广阔、意义深远、难度较大，探索科学合理的城乡建设用地统筹置换模式，可为当前国内相关实践工作提供重要参考。本章在统筹置换综合机制分析和实践调查研究基础上，基于“实践区域、用地需求、操作过程”3个层面，构建模式体系，提出11项城乡建设用地统筹置换优化模式（图7.1）。基于实践区域划分，城乡建设用地统筹置换包括县域、市域、省域3种区域模式，并以县域范围内实践为基础，以市域范围内实践为部分扩展需求，以省域范围内实践为探讨方向；基于用地需求的优化模式划分为5种，不同模式操作途径、效益与可推广性不同，针对不同情况可开展不同规模、程度的用地统筹置换；最后，城乡建设用地统筹置换具有极强的实践性，

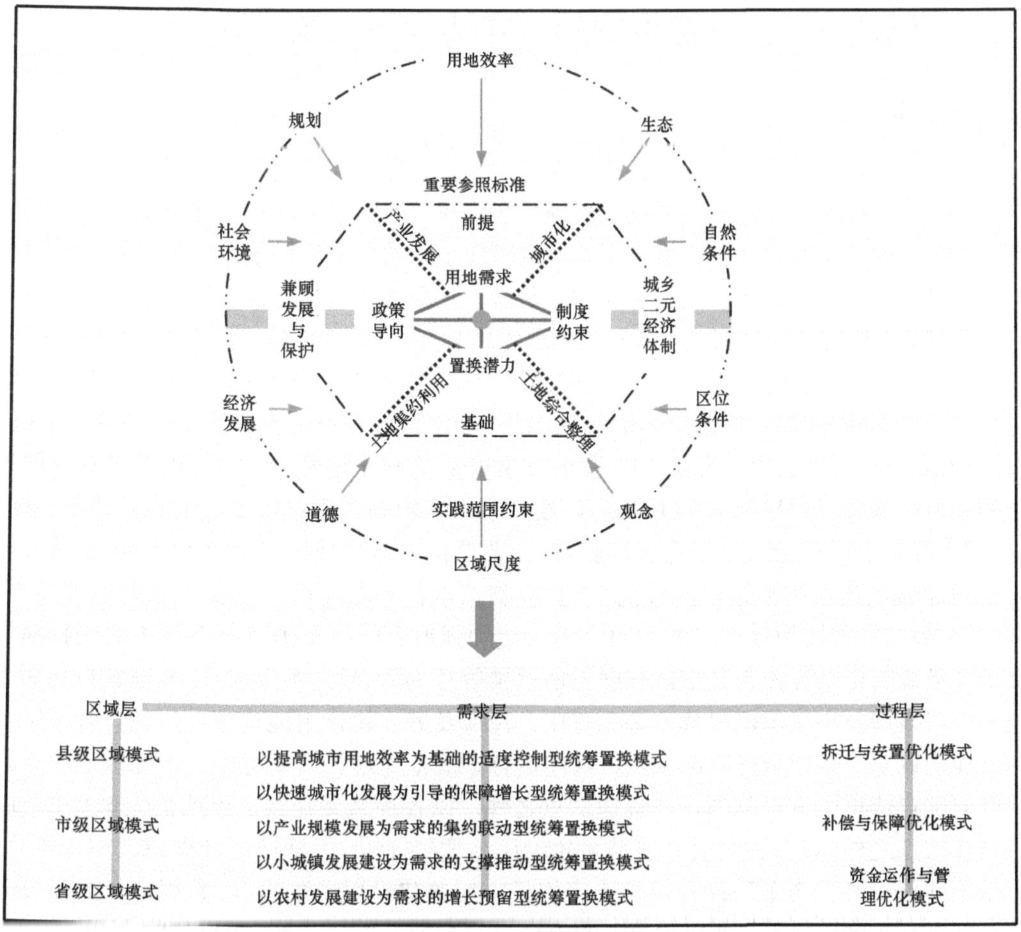

图7.1　城乡建设用地统筹置换的优化模式体系

并且各地在探索中尝试不同的操作方法，据此总结提炼以操作过程划分的城乡建设用地统筹置换实践优化模式。

7.1　基于实践区域划分的城乡建设用地统筹置换的优化模式

在城乡建设用地统筹置换过程中，应结合区域社会经济发展基本情况、土地利用与供需现状，提出合理的土地资源时空配置方案。按照实践的区域尺度，将城乡建设用地统筹置换分为 3 种模式，即县域模式、市域模式和省域模式。这种基于实践区域划分的模式，重在探讨空间层面土地资源统筹配置的可行性与实践的复杂性。目前，国内的实践多控制在县域范围内，少数地区执行城市发展建设“增地”、农村土地整理“减地”的市域范围用地统筹置换，省域范围内的实践极少。由于大尺度的用地统筹置换存在较多不可控因素、操作极为复杂，本节暂不探讨省域范围外的实践。

7.1.1　基于县域范围的城乡建设用地统筹置换模式

1. 模式背景

以“增减挂”相关政策主导的城乡建设用地统筹置换实践得到逐步推进，从大部分地区的执行情况来看，较好地促进了耕地保护，在一定程度上解决了建设用地紧缺的问题，对统筹城乡发展起到了积极作用。但也出现了少数地方片面追求增加城镇建设用地指标、擅自开展增减挂钩试点和扩大试点范围，甚至违背农民意愿强拆强建等一些亟待规范的问题，侵害了农民权益，影响了土地管理秩序（刘彦随和刘玉，2010；Long et al.，2012）。针对部分地区在挂钩整治中出现的严重问题，国务院于 2010 年年底出台了《国务院关于严格规范城乡建设用地增减挂钩试点切实做好农村土地整治工作的通知》（国发[2010]47 号）。该通知（简称“47 号文”）指出：农村土地整治应当“以促进农业现代化和城乡统筹发展为导向”“以增加高产稳产基本农田和改善农村生产生活条件为目标”“以切实维护农民权益为出发点和落脚点”，要严格规范增减挂钩试点，“坚决扭转片面追求增加城镇建设用地指标的倾向”“坚决制止以各种名义擅自开展土地置换等行为”“严禁突破挂钩周转指标”“严禁盲目大拆大建和强迫农民住高楼”“严禁侵害农民权益”；关于“坚决制止以各种名义擅自开展土地置换等行为”，通知规定，“在推进农村新居建设和危房改造及小康示范村建设等工作中，凡涉及城乡建设用地调整使用的，必须纳入增减挂钩试点。必须坚持局部试点、封闭运行、规范管理、结果可控，未经批准不得擅自开展试点或扩大试点范围。严禁在试点之外，以各种名义开展试点或扩大试点范围。严禁在试点之外，以各种名义开展城乡建设用地调整使用。严禁擅自开展建设用地置换、复垦土地周转等‘搭车’行为，防止违规扩大城镇建设用地规模”，并规定“严禁项目区跨县级行政区域设置”。“47 号文”的出台将对当前的农村土地整治起到一定的约束和规范作用。虽然“挂钩”实践中的问题引起国家对实践规范的重视并严厉整治，但城乡建设用地统筹置换是破解“两难”的重要途径，是统筹城乡土地利用并进一步推动城乡统筹发展的重要契机，待肃整之后继续开展实践势在必行[①]。

我国有 2800 余个县级行政区，县级区域是体现城乡完整空间结构的最基本单元，并具有相近的社会经济与资源环境基础，在县级区域范围内开展城乡建设用地统筹置换实践具有较强的可控性，风险相对更低，能够实现县级区域内城乡建设用地供需平衡，形成可供参考的、合理的土地资源空间配置和基本实践操作模式。因此，县域城乡建设用地统筹置换模式可作为新时期城乡建设用地统筹置换实践的基本模式。

2. 模式内涵

该模式强调在县域空间范围内科学、有序地开展城乡建设用地统筹置换实践。其内涵主要包括：①基于“县-乡镇-村”行政体系进行实践操作与监督管理。以县政府相关部门为实践任务承接与转下部署的关键角色，以及实践规范标准的最高制定者，制定严格的监督管理条例；以乡镇（街道办事处）为实践工作参与的基本单元，以村集体为实践具体组织与实施者，形成“县-乡镇-村”自上而下主导和自下而上协调反馈的实践操作与监督管理体系。②在县域范围内统筹置换用地指标。通过土地整理所节约出的建设用地指标，统一由县级相关部门管理，各乡镇（街道办事处）根据所需上报并经批准后获得用地指标，用于发展建设，用地指标只能在本县内有偿流动使用，不得超出县域范围（图 7.2）。

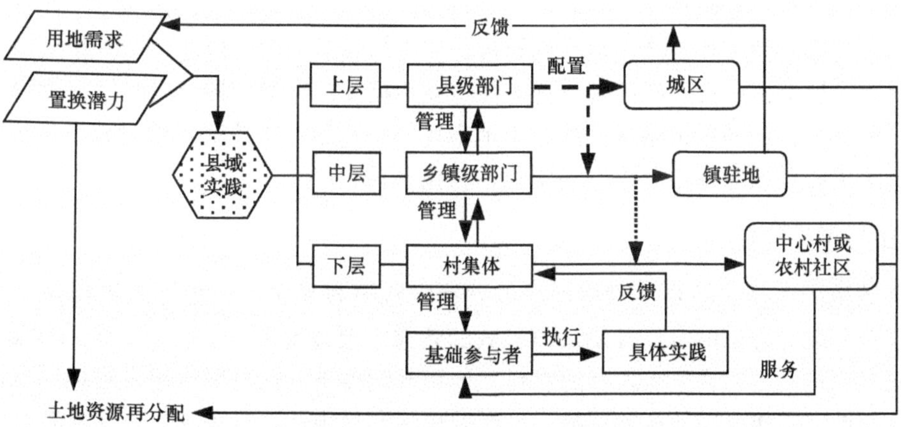

图 7.2　基于县域范围的城乡建设用地统筹置换模式结构

3. 操作途径

在国家层面，围绕农民增收、国家财政支农资金增量、农村基础设施与公共服务设施建设等而制定的一系列强有力政策措施，有效推动了城乡统筹发展（郭建军，2007）。在县域层面，应以创新发展为理念，以促进要素流动、优化城乡建设用地格局、科学保

① 事实上，经过暂时的叫停与整顿后“挂钩”实践以新的面貌继续在探索中推进，所不同的是，新阶段的实践较为稳健、较为规范，对于之前存在的易发的种种问题综合考虑，妥当解决。且在当前，增减挂钩又增加新的意义，即“支持扶贫攻坚、生态移民的重要抓手”。

障发展为目标，把城乡土地优化配置、完善与合理定位区域功能、综合提升土地价值作为城乡统筹发展、构建和谐社会的基本趋向。在城乡建设用地统筹置换实践过程中，除了要调整土地利用结构、优化土地资源配置，更需借力统一城乡土地市场，完善土地制度，合理分配土地收益，优化产业结构，促进产业发展，推动人力资本合理配置，转型与改善农村生产生活方式，维护农民利益等，搭建县域单元城乡统筹发展基本框架。

该模式注重建立县域城乡建设用地供需平衡的方法体系，探索以城乡建设用地统筹置换为综合平台，有助于加快中小城镇化，推进新农村建设并最终实现统筹城乡发展的现实道路。操作主要环节包括：①在县、乡镇设立城乡建设用地统筹置换的专职管理部门，并建立较完善的管理、监察制度。②发展规划与用地预测。依据最新编制和修订的城镇体系规划与土地利用规划，确定城镇发展空间及用地需求，国土部门通过调查与乡镇（街道办事处）土地利用概况汇编，掌握农村耕地与建设用地利用概况，预测农村地区建设用地整理潜力。③可行性研究、数据库建立与申报。乡镇（街道办事处）依据下辖村的社会经济发展现状与发展潜力、土地利用现状、村风村纪及领导团队综合品质，进行本区域实践可行性研究，通过综合评估排序，建立各乡镇（街道办事处）土地置换潜力数据库，按照一定比例筛选对象，并以县为单位上报上级相关部门审核。④主体参与和方案制订。审批后，各乡镇（街道办事处）组织相关村干部和村民代表共同开展实践，并以村两委作为实践协调与执行者，以公平、公开、公正为原则，与基础参与主体共同商定拆迁、安置、补偿方案。⑤组织实施与工程建设。各级专职化管理部门与村领导干部按照专项规划组织实施建新工程与拆旧工程。⑥安置补偿。按照方案及时、有效地开展安置和补偿工作。⑦用地指标管理、使用与收益分配。建新、拆旧和复垦结束并验收后，净增指标由县级部门统一管理并建立数据库；净增指标使用时严格管控、按需供给，并划分指标使用价格区，严禁土地市场不良竞争；按照对应原则建立供需联系，所得的土地收益按照规定分配，切实保护村民利益。

4. 效益与可推广性

县域范围内推进城乡建设用地统筹置换实践更容易实现在指标统筹置换、市场运行、收益分配等方面的全局控制。该模式的效益主要体现在：①有助于盘活存量用地，提高农村土地利用效率。在现有的农村土地管理制度下，农村集体建设用地闲置浪费突出，而通过城乡建设用地统筹置换，可有效盘活农村集体建设用地、优化农村土地利用结构、提高农村土地利用效率。②有利于保障县域城镇化、工业化发展的用地需求。通过推进县域城乡建设用地置换工作，可有效增加耕地面积，其部分转化为新增建设用地指标后，可有效增加建设用地供给，保障县域城镇化和工业化发展的用地需求。③有利于改善农村人居环境、促进现代农业发展，进而切实推进新农村建设。通过新型社区建设可明显改善农村人居环境，新增连片耕地可为现代农业发展奠定资源基础。总之，有助于县域城乡资源要素流动与优化配置、社会经济结构调整、缩小城乡发展差距，是城乡统筹发展的有益探索。

该模式针对当前实践存在的前期研究不足、公众参与不足等问题，强调对村镇体系和乡村空间结构的综合研究，倡导在可行性研究及方案设计过程中加强公众参与，是对当前县域实践模式的优化，具有较好的推广性。不过，城乡建设用地置换实践的影响因素较多、过程复杂，因此具体开展工作时仍需慎重，不可盲目。对于城乡土地利用矛盾突出、农村用地亟待整理的区县，可根据自身土地利用现状与发展基本情况，在有关政策的约束下科学规划、有序实施，并注重过程监督，切实保障农民权益。对于城乡用地矛盾不突出、置换条件不成熟且困难大的区县，应慎重开展。

7.1.2　基于市域范围的城乡建设用地统筹置换模式

1. 模式背景

“市域”代指地级行政区，市区为该区域空间社会、经济、文化发展的中心，其基本特征是城市化水平相对更高、高新技术产业发展较快、工业总产值在全市的比例高、第三产业比例高且发展成熟、城市功能完善且建设规模逐年扩张。除个别经济发展强县外，下辖县的经济发展水平大多明显低于市区水平。城市空间发展与社会经济发展水平高度相关，建设用地利用呈现以市区为高度扩展中心、以县城为扩展节点的网络结构。相对于县城，市区建设用地需求量更大，城市建设用地指标更趋紧张。由于市区城市化水平高、发展速度快，且郊区农村居民点整治增地潜力较小、整治成本更高，市区内的城乡建设用地置换已难以满足城市发展用地需求。因此对于部分地区而言，在地级区域范围内开展城乡建设用地统筹置换显得尤为必要。

2. 模式内涵

该模式是以满足市域城市地区发展用地需求为目的，在“地级市”行政区域范围内开展的城乡土地资源空间配置。传统的县域模式注重“县-乡镇-村”体系内的具体实践操作，而市域模式则强调用地指标管理与使用（图 7.3）。该模式的内涵主要包括以下两个方面：①统一管理，区域协调。形成市域范围内对辖区县城乡建设用地统筹置换的管理框架，统筹配置各区域土地资源，引导资源利用与社会经济协调发展。②市域范围内用地指标统筹置换。重在合理保障用地需求，以土地利用规划和城市发展规划为重要依据，平衡稳定区域整体发展，兼顾供给与需求双方效益，通过县域具体实践获得建设用地指标，在市域范围内流动并有偿使用，指标主要由市级相关部门统一管理，并审核批准后用于城市区域的发展建设。

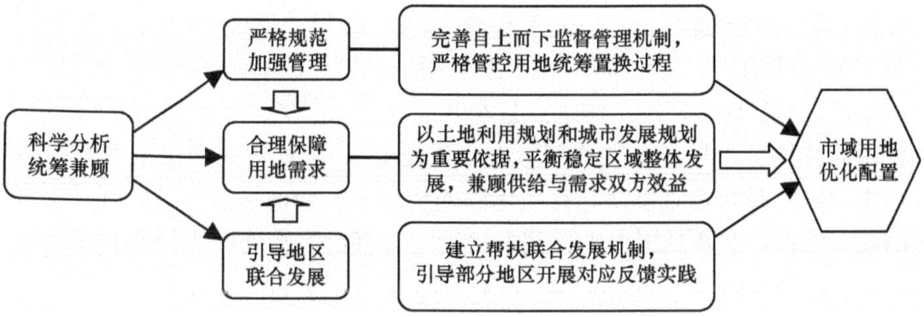

图 7.3　基于市域范围的城乡建设用地统筹置换模式结构

3. 操作途径

探索市域单元城乡建设用地统筹置换路径、规范操作是指导市域范围实践顺利进行的方法与技术支撑。市域范围内的城乡建设用地统筹置换的操作路径与县域范围内的大致相同，不同点在于管理层级中增加了地级行政部门。强调在地级市范围内进行中心城市与县域农村的对接。应充分发挥政府的监督管理与引导作用，指标管理使用要求综合考虑指标“消化区”和指标整理“贡献区”的土地利用规划、城市发展规划，并按照《土地管理法》和《基本农田保护条例》合理使用，严禁借机擅自开展实践或滥用指标。指标有偿使用后，所获得的收益应及时足量返还给“贡献区”及广大农村地区，用于改善农村生产生活环境、助推农业发展、增加农民收入。需要跨县区调剂使用指标时，应做好详细的发展规划、占补平衡、指标使用及收益分配方案。

4. 效益与可推广性

由于市区的地价高，通过用地指标置换可实现土地增值收益，从而满足农村集体建设用地整治的资金需求，可在一定程度上避免县域范围内由于用地需求少、土地价格低而难以开展城乡建设用地置换的情况，可更好地保障有潜力、有需求的农村区域及时开展置换实践。该模式的效益主要体现在：①有利于促进市域范围内的土地资源优化配置，保障市区发展建设用地需求，并由此通过地级区域中心城市的发展带动形成合理的城镇体系。②有助于通过收益返还、对称帮扶带动落后县域的乡村发展，促进欠发达乡村的中心社区建设、现代农业发展。需要注意的是，与县域模式相比，该模式的管理层级增多，因而管理、协调的难度增大，应在地市、县区、村镇各级相关部门的协同下，结合土地利用总体规划与城市总体规划，严格审批指标使用，防止城市无序扩张与指标低效利用，并避免灰色交易。

7.1.3　基于省域范围的城乡建设用地统筹置换模式

1. 模式背景

目前，我国的城乡建设用地统筹置换实践仍处于探索阶段，实践的尺度越小，不确定因素越容易控制。国内的实践多控制在县域范围内，少数地区经获批执行市域范围用地统筹置换，研究期内省域范围内的实践极少。自 2015 年发布的《中共中央国务院关于打赢脱贫攻坚战的决定》中提出“利用增减挂钩政策支持易地扶贫搬迁”后，“集中连片特困地区、国家扶贫开发工作重点县和开展易地扶贫搬迁的贫困老区开展增减挂钩的，可将增减挂钩节余指标在省域范围内流转使用”[①]。针对大城市区域、重大项目建设的合理用地需求越来越难以得到有效保障的情况以及当前扶贫需要，有必要探索省域范围内的统筹置换。安徽是国内先行获批启动跨市有偿流转建设用地指标的省，主要是

① 《国土资源部关于用好用活增减挂钩政策积极支持扶贫开发及易地扶贫搬迁工作的通知》(国土资规[2016]2 号)。

为保障皖江城市带承接产业转移示范区建设用地供给[①]。参考安徽省的置换实践规定和案例区域的置换实践经验，提出基于省域范围的城乡建设用地统筹置换模式。

2. 模式内涵

该模式是解决省内由于发展差异问题而产生的地区用地供需失衡，支持特殊发展如扶贫开发和易地扶贫搬迁，并以“省”为有效空间范围形成可供参考的、合理的土地资源空间配置和操作样式。该模式强调省域范围内用地指标的异地调剂和有偿使用，重在保障大城市区域、重大项目、特殊发展的用地需求，并促进空间重构与整合发展。

3. 操作途径

在操作层面，除要参考县域模式外，还应注意以下环节：①建立备选项目库。省域范围内的乡村地域类型多样，开展省域尺度的置换实践规划具有较大难度，因此，宜采取地方申报的办法，建立实践的备选项目库，明确各备选项目区的基本特征，如初步规模、大致潜力、建设方向、资金需求等。②项目对接。在研判建设用地需求的合理性之后，若确有必要，则进备选项目库选取规模适宜的备选项目，实现供需的初步对接。③规划设计。开展项目区的规划设计工作，其中，方案的筛选和确定过程中应充分尊重当地村民的合理需求，科学规划、尊重民意。④建设置换。基于规划设计开展拆旧建新和安置补偿工作。应保障资金及时足额到位，确保工程顺利推进。

4. 效益与可推广性

该模式的效益主要体现在：通过推进省域范围内的土地资源优化配置，保障快速发展的大城市区域、重大项目的建设、特殊发展（如扶贫开发和异地搬迁）的用地需求。由于省域范围内的实践模式仍存在较多不稳定因素，仅适宜在确定有较大的、合理的用地需求后开展（图 7.4）。此外，实践中还应兼顾城市地区的资源环境承载能力，不能全

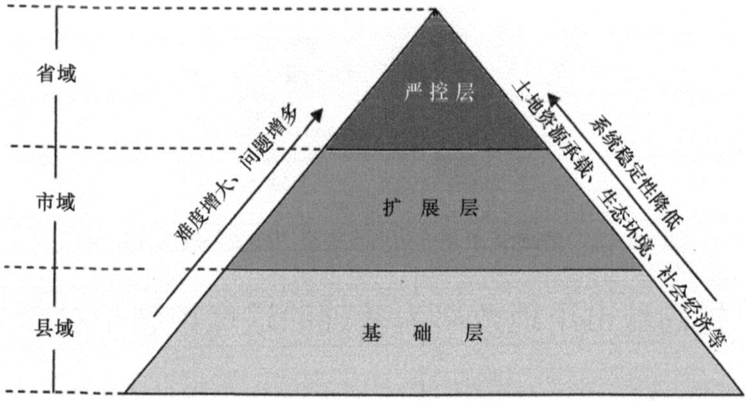

图 7.4　基于实践区域划分的城乡建设用地统筹置换效益与可推广性分析示意图

① 据《安徽省建设用地置换暂行办法》：省级国土资源部门于 2010 年验收确认各地建设用地置换指标时，统筹 10%的指标调剂到皖江示范区使用；支持皖江示范区市、县在皖北地区垫付前期资金开发复垦整理土地，置换出的指标有偿调剂给垫付方使用；建设用地置换指标流转反哺农村，其中不低于 20%留给先行复垦置换建设用地所在乡（镇）用于当地新农村、非农产业集聚发展建设，流转置换指标所得纯收益的一半以上返还给先行复垦置换建设用地所在的集体经济组织使用。

然地利用用地置换方法无节制增加城市容量，以致城市饱和或过饱和，从而埋下诸多资源利用、生态环境、社会发展的隐患。不论县域、市域还是省域范围的用地置换，“适度”都是实践中应当注意的问题。

7.2　基于用地需求划分的城乡建设用地统筹置换的优化模式

城乡建设用地统筹置换是实现建设用地内部结构调整、解决用地供需失衡问题的方法和途径，具有较强的针对性与时代性，因而需求应作为是否执行用地统筹置换的重要依据，并且决定了用地统筹置换的规模与程度。基于当前城市化发展的广泛性、城镇建设与规模扩大的用地需求、农村发展建设趋势、城乡土地利用现状特征以及各地区实践操作与模式探索，可将城乡建设用地统筹置换划分为五大优化模式（图 7.5），即以提高城市用地效率为基础的适度控制型统筹置换模式、以快速城市化发展为引导的保障增长型统筹置换模式、以产业规模发展为需求的集约联动型统筹置换模式、以小城镇发展建设为需求的支撑推动型统筹置换模式和以农村发展建设为需求的增长预留型统筹置换模式。

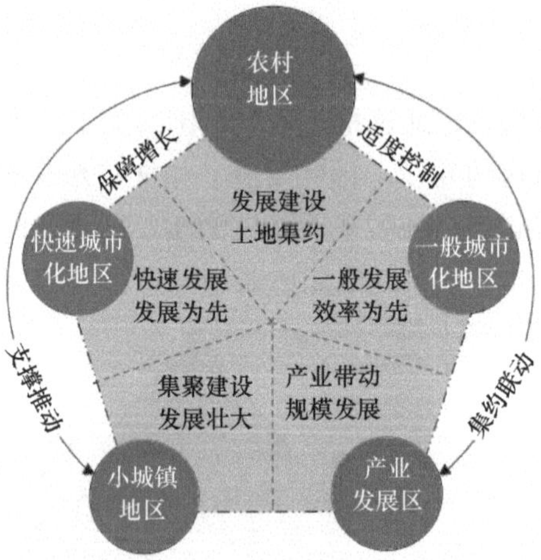

图 7.5　基于用地需求划分的城乡建设用地统筹置换优化模式

7.2.1　以提高城市用地效率为基础的适度控制型统筹置换模式

1. 模式背景

长期粗放式发展导致我国资源环境耗损严重，资源环境承载能力一直是近几年所担忧的问题。伴随耕地保护警钟敲响、城市建设用地资源不足等问题产生，土地资源利用问题成为关注的焦点。我国人均土地资源不足，节约集约利用土地资源非常必要（郑华玉和沈镭，2008）。研究表明，当前城市建设用地保障确实不足，城乡建设用地统筹置换换可在一定程度上缓解这种用地紧张的压力，部分农村地区也由此实现了土地节约集约利用。然而我国人地关系矛盾现状表明提高城市土地利用效率具有重要和极为深远的意义（毛汉英，2008），应从土地集约利用这一根本上解决城市土地资源紧缺和实现土地可持续利用。从人均面积角度来看，我国城市建设人均用地面积有严格的标准，统计数据表明，2008 年全国人均城市建设用地面积约 64 m^2，除西藏和宁夏地区人均面积较高、上海作为特大城市因公共设施面积大而使人均面积高以外，其他地区均低于国家规定标准。不同区域、不同类型城市土地人均面积差异较大，一些大城市人口容纳力大且人口密度非常高，尤其是居住区的人口密度更高，相反，某些类型的土地利用存在着低效使用的现象，如工业用地和不同类型的园区用地等（谈明洪和李秀彬，2010）。从投入产出效率角度来看，我国城市土地利用存在粗放化现象，城市土地投入产出效率普遍较低，可提升空间大，且东部地区高、中西部地区低（吴得文等，2011；张良悦等，2009）。

2. 模式内涵

该模式诠释了在快速城市化进程中，当城乡建设用地统筹置换成为解决城乡建设用地供需失衡问题的途径时，城市发展引发的建设用地增长不能从刚性扩张占地走向剥夺农村用地的另一个极端，不能将具有针对性解决问题的措施用作普遍性推动城市扩张的工具，城乡建设用地统筹置换需要有选择性地开展。该模式首先强调提高城市用地效率的基础性，其次强调农村用地整理、城乡建设用地统筹置换应适度控制，它致力于在解决城市用地需求紧张问题的基础上践行城市节约集约用地理念，以快速建设高质量城市为重心。该模式是实现社会经济发展与土地利用相协调的基础，无论是处于何种社会经济发展水平、城市化发展阶段的地区，其城市发展都必须在追求高投资建设、快速增长的同时，以土地节约集约利用理念引导城市土地利用，如此有助于避免土地资源过度消耗、延缓城市土地无序增长、实现城市空间精明增长。

3. 操作途径

该模式在确定的实践区域范围内开展，与前文介绍的操作途径相近，其中重点强调城市用地效率的调查，操作主要内容包括：①加强对城市土地利用效率的掌控。从节约土地、杜绝浪费的角度出发，充分了解当地城市土地利用情况，重点关注闲置地、废弃地、停产和半停产工业用地、“城中村”地区，并建立用地概况分类数据库。从投入产出效率的角度出发，通过对不同类型土地集约利用综合评价，充分揭示城市土地集约利用真实水平，全面掌握城市土地可开发潜力。②拟订提高城市土地利用效率的方案，减量与提质并举。一是重视“城中村”改造与旧城改造，这两个区域综合土地利用效率普遍较低且基础设施建设落后，是城市更新改造的重点区域，土地利用潜力较大；二是多措施存储建设用地后备资源，严控废弃地、停产和半停产工业用地的土地流转，鼓励单位腾出富余土地，结合企业改制挖潜存量土地；三是严格控制土地征用与城市土地置换，提高新增和置换土地利用效率。③综合考虑城市发展用地需求、农村土地存量和耕地保护，严格遵循土地利用规划和城市总体规划，依据耕地占补平衡原则，因地制宜，在特定区域适当开展城乡建设用地统筹置换。

4. 效益与可推广性

该模式以提高用地效率为实践约束前提，以促进土地集约利用为根本，适时纠正盲目开展城乡建设用地统筹置换实践行为。其应用效益主要体现在：①能够极大地促进城市合理布局、优化用地结构，引导城市土地潜力挖掘，实现城市系统内部土地资源结构平衡，降低城市低效扩张速度，实现城市精明增长。②引导资源集约节约利用，提高单位面积投入产出效率，为城市节能减排可持续发展奠定基础。③扭转盲目跟风的城乡建设用地统筹置换实践，正确处理城乡土地资源利用近期与远期、整体与局部、需求与可能的关系。该模式适用于城市社会经济发展平稳，城市建设用地扩张相对缓慢，城市土地利用潜力大、用地效率偏低，农村建设用地整理条件尚不成熟的地区。

7.2.2 以快速城市化为引导的保障带动型统筹置换模式

1. 模式背景

城市是人类社会发展的产物，城市化是城市发展的必由之路，城市化水平是衡量一个国家和地区社会、经济、文化、科技进步的重要标志，城市化已然成为世界各国社会经济发展的主旋律。该过程为社会经济带来了各方面量的增长与质的提升，使城市地区创造出较多的就业机会，大量吸收乡村剩余劳动力，有效带动广大农村地区的发展；有助于地区产业结构升级，提高工业生产效率，并进一步反作用城市化获得持续推进动力；使现代化大城市成为主要的科技创新基地和信息交流中心；推动城乡文化交流，提高乡村的对外开放程度，缩小城乡发展差距；城市外围空间扩展促进了城乡空间快速融合，城市溢出效应深刻影响着农村地区的生产生活。总之，城市化给社会经济发展注入巨大活力，但与此同时，也给资源环境带来多方面的压力和困难。在城市规模快速扩张过程中，缺地是许多城市化地区面临的资源利用与空间发展约束问题，亟待解决以保障城市发展与经济增长，也是城乡建设用地统筹置换重点解决的问题。而事实上，农村地区用地效率低，存在巨大用地潜力并可以用于补充因快速城市化而产生的用地需求。

2. 模式内涵

该模式诠释了当土地资源开发利用不能满足快速城市化发展的用地需求，甚至严重制约社会经济发展时，应当并必须采取一定措施来保障增长、促进发展。该模式首先强调发展的重要性与引导作用，其中引导作用主要体现在：一是对土地资源配置的引导。社会经济发展与城市空间规划引导土地资源对应发展需求的空间配置，引发对存量土地资源挖潜与二次空间配置；二是对完善城市结构功能的引导；三是对加快城市建设的引导。其次，该模式强调农村用地整理、城乡建设用地统筹置换作为解决土地资源阻尼发展问题的必要性，它致力于解决发展中用地保障问题。保障增长具体体现在以发展为重心、为完善城市空间结构功能提供后备土地资源。此外，该模式考虑到在发展过程中城市对农村的影响与带动作用，强调城乡建设用地统筹置换视农村地区为用地保障供给源的同时，更应充分发挥带动作用，实现城乡共同发展。

3. 操作途径

在城市化过程中，正确处理并协调城乡关系，以“农村支撑城市、城市带动农村”的发展理念，构建以保障城市发展建设为重要支撑方向、以城市辐射带动农村发展为重要内容的土地利用与社会经济发展格局。该模式的操作途径重点强调城市空间发展规划、城市用地增长预测及制定耕地占补方案，操作主要内容包括：①确定城市发展占地与农村用地整理的区域，正确引导土地资源优化配置，合理保障城市发展用地需求。②制定耕地占补平衡、指标统筹置换方案和城市带动农村发展方案。建立以用地保障为契机的城乡统筹发展机制，制定优惠政策，鼓励用地指标需求与供给双方建立发展带动关系，使农村地区不仅是城市发展用地保障支撑者，同时也是受益者。这种带动关系或者是鼓励城市中的企业向农村地区进行农业生产性投资，引导农村规模种植与生产，加快农业现代化经营；或者是技术支持与投入；或者是农村劳动力就业支持。③确保土地收益返还给农村地区，以推动农村地区基础建设、改善生产生活环境、提高生活保障水平、加快公共事业发展。

4. 效益与可推广性

该模式强调以实践“保增长，促发展”的同时，应重视农村地区贡献作用，并应抓住城乡土地资源联系主线促进农村地区快速发展。该模式应用效益主要体现在：①能够满足城市发展用地需求，适时排除土地资源制约发展隐患，保障城市发展与城市化进程推进。②促进农村地区土地节约集约利用与农村土地价值实现。③有效加强城乡联系，践行“城市带动农村”的城乡发展思路，推动城乡统筹发展。该模式适用于城市社会经济发展迅速，城市建设用地需求量大，城市内部土地资源潜力释放慢，农村建设用地潜力大且无刚性制约土地整理因素的地区。

7.2.3　以产业集聚发展为需求的集约联动型统筹置换模式

1. 模式背景

产业集聚是颇具特色的经济组织形式，产业集聚后企业通过互动的合作与交流，发挥规模经济效益，产生强大的溢出效应，带动某一区域乃至整个国家经济的发展。越来越多的国家和地区，都把产业集聚作为产业发展、拉动区域经济增长、推动农村工业化和城镇化的重要战略方式（侯志茹，2007）。产业集聚广泛存在于各种产业中，成为产业发展的一大趋势。自 20 世纪 80 年代，国家创办第一批开发区至今，开发区是折射我国最具经济活力、地方经济实力最强的区域，至此也逐渐成为产业集聚发展的良好载体。产业集聚的趋势已引起我国政府和业界的关注，各地产业集聚现象凸显，涌现出一批产业集聚区，其中包括政府规划扶持的各种工业园区。长三角地区和珠三角地区，尤其在浙江，产业集聚几乎遍布全省，据统计，浙江省 2006 年拥有年产值亿元以上的产业集聚区 601 个，总产出占全省工业的 64%（吴丰林，2010）。不论是综合经济发展载体的开发区，还是产业或工业发展的产业集聚区或工业园区，产业集聚发展都与区域、城市规划紧密联系，其用地需求在城市建设用地利用中占有重要地位。目前，我国各级开发区、产业集聚区和工业园区数量繁多，仅国家级开发区已有上百个，同时还有数不清的省级及以下的各类园区。近几年，全国各类园区快速发展建设，以致城市扩张占地现象严重，且园区用地效率堪忧。

2. 模式内涵

该模式体现了产业作为推动全社会经济发展的一支重要力量，规模经济与集聚效应是产业发展追求的直接目标，诠释了产业集聚发展是城乡建设用地统筹置换的重要影响因素，并倡导产业发展用地集约化。该模式的需求重点体现在集约型的用地需求和联动式的发展需求。首先，土地是产业集聚发展的重要载体，产业园区建设用地成为地方城市建设用地需求的重要组成部分，多数地区每年下拨的用地指标并不能满足如此大的用地需求，城乡建设用地统筹置换能够较好地解决用地资源紧缺问题，但严格规范产业用地规划、真正提高产业用地效率实现土地集约化利用，才是产业集聚发展的正确路径，是城市土地资源合理、可持续利用的正确选择。另外，产业集聚发展是带动地区社会经济发展的突出力量，在置换过程中，应借助土地作为联系城乡的重要资源与纽带实现供求双方联动发展，并着力推动农村地区全面发展。

3. 操作途径

在城乡建设用地统筹置换解决产业集聚发展用地需求过程中，以节约集约利用土地理念引导产业用地布局规划，充分发挥产业发展辐射带动作用推动社会经济进步。该模式的操作途径重点强调集约型产业用地规划与制订联动式农村发展方案，操作主要内容包括：①转变过去“土地招商，恶性循环”的被动局面为“产业引商，用地选商，无土招商”的主动格局（方创琳，2009），并尽快制定集约型、促发展的产业用地标准，指导园区产业用地规划。②政府为企业和农村地区牵线搭桥，制定优惠政策鼓励企业与村集体建立互助发展联系，通过用地置换建立就业、技术与投资建设支持，践行“城市带动农村，工业反哺农业”。

4. 效益与可推广性

该模式应用效益主要体现在：①既能够满足产业集聚发展用地需求，适时排除土地资源制约发展隐患，又能使农村地区节约利用土地和用地需求地区集约利用土地。②使农村地区土地利用价值得到体现，使城乡建设用地统筹置换不仅仅是平衡用地供需的措施，更是推动农村地区产业与社会经济发展建设的契机。该模式适用于用地需求超过城市土地供给能力的开发区、产业集聚区或工业园区发展建设，农村建设用地潜力大且无刚性制约土地整理因素的地区。

7.2.4 以小城镇发展建设为需求的支撑推动型统筹置换模式

1. 模式背景

城镇是推进中国走健康城镇化道路的重要途径之一，是中国农村经济社会发展最明显的成就之一。在提高城镇化水平的贡献中，小城镇功不可没，在村镇发展体系中，小城镇作为城乡联系纽带发挥了重要作用（方创琳等，2011）。长期以来，我国小城镇一直具有人口规模小、发展速度慢的特点。20 世纪 90 年代，全国建制镇镇区平均人口规模一直停留在 6000 人的水平，年均增长率只有 1%；2000 年后，建制镇发展速度明显加快。截至 2005 年年底，全国建制镇镇区平均人口规模扩大到 8352 人/镇，年均增长率达 10%。20 世纪 90 年代开始大量批准设立新的建制镇，建制镇总人口随之同步扩大，90 年代末起，审批数量大幅减少、建制镇总人口增加，建制镇已从原来的数量增长型转变为规模扩大型（表 7.1）。在农业经济占主导地位的发展中地区，小城镇建设是城乡发展建设的连接点，是社会经济发展的起跳点。党的十五届三中全会指出："发展小城镇，是带动农村经济和社会发展的一个大战略。"加快小城镇建设对于促进农村产业结构、推动城乡统筹发展具有十分重要的作用。由于特殊的国情，我国的城市化道路又不能照搬外国模式，用外力强制的手段迫使农民破产，迅速地向大中城市转换和集中，而应该让农村和农民进行自觉自愿的"蜕变"，小城镇建设正是实现这种"蜕变"的最好形式。

表 7.1　1949~2009 年全国城镇数量变动情况

项目	1949 年	1978 年	1985 年	1990 年	1992 年	1995 年	1996 年	1998 年	2000 年	2002 年	2004 年	2007 年	2009 年
城市个数	132	193	324	467	517	640	666	668	663	660	661	655	650
建制镇个数	2000	2850	7956	11392	14539	17202	17770	18800	19692	19811	19171	19249	19322

注：数据来自中国统计年鉴（1999~2010），并根据住房和城乡建设部网站有关资料整理。

2. 模式内涵

小城镇是我国城市化过程中一支庞大而极具发展潜力的队伍，全面加快小城镇建设，重点建设提升强实力小城镇，是从城镇结构上推动我国社会经济发展、增强综合国力的战略性决策。该模式体现小城镇为城镇体系结构中的重要节点，首先强调小城镇发展的重要性，其次强调农村地区作为支撑推动小城镇发展的重要后备力量和小城镇作为农村地区发展的重要带动力量的双向互动性。该模式从小城镇发展建设用地需求角度，诠释了以农村土地整理为保障小城镇发展用地需求的建设用地统筹置换思路。

3. 操作途径

该模式的操作途径重点强调小城镇空间与产业发展规划、村镇体系规划、城乡统筹规划，主要内容包括：①以支撑小城镇建设作为重要发展方向，兼顾农村发展，推进城乡统筹发展。不仅保障小城镇发展的用地需求，同时还需以此为契机促进农村城镇化、推动完善小城镇空间与社会经济发展建设，形成中心集聚、规模扩张的发展格局。重点推进百强小城镇发展建设，编制符合实际并具有指导意义的城镇发展战略规划，逐步完善城镇空间与功能结构；加大产业支持力度，创造良好的政策与发展环境，吸引大型知名企业入驻。②做好村镇体系规划，形成以镇驻地为中心的空间集聚形态。通过土地整理与空间整合使镇驻地周边居民点向驻地集中；加快镇驻地配套设施建设，营造良好的生产生活空间，吸引驻地周边及镇区内经济条件好的住户进入。③制订空间发展用地需求方案，引导小城镇节约集约利用土地。在全国不同等级的城市中，小城镇人均建设用地面积最高，未来应依据小城镇发展规划制订合理可行的土地利用方案，践行节约集约利用土地。

4. 效益与可推广性

该模式应用效益主要体现在：①为小城镇发展，尤其是重点小城镇跨越式发展，提供建设用地保障。②推动形成区域内合理的村镇发展体系，带动农村地区发展，减小城乡差异。该模式适用于具有较好的资源与产业基础，社会经济发展迅速，未来发展潜力仍较大，建设用地需求量大的小城镇。

7.2.5 以农村发展建设为需求的增长预留型统筹置换模式

1. 模式背景

目前，国内大多数地区都没有村级规划，农村宅基地建设因缺乏统一规划和严格管理而布局分散、人均用地数量超标。我国《宪法》和《土地管理法》中明确规定“农村和城市郊区的土地，除由法律规定属于国家所有的以外，属于农民集体所有”“农民集体所有的土地依法用于非农业建设的，由县级人民政府登记造册，核发证书，确认建设用地使用权”。农民对宅基地享有使用权，农村宅基地一直存在继承、转让和抵押等现象，并且随着农村生活水平不断提高，农民对宅基地数量与质量的要求也越来越高。长期以来，农村宅基地通常在原有宅基地的基础上翻新或择地新建，我国农村宅基地面积不断增加且新建住房不断蚕食耕地。随着工业化和城市化进程加速，大批农民进入城市，并在城市中寻求居所，宅基地空置率大大提高。加大农村居民点用地整理与管控、提高土地利用效率，是践行节约集约利用土地的重点，也是新农村建设中的难点。

2. 模式内涵

该模式首先强调农村发展建设的重要性。诠释了在我国经济社会全面发展进程中，统筹城乡发展是消除城乡二元体制禁锢、改变历来农村地区社会经济发展落后局面的重要途径，应十分重视并加大农村地区社会经济发展建设，提高农业生产效率，增加农民收入、改善农民生产生活条件。其次强调所节约的土地资源作为城乡发展建设的重要保障。土地资源浪费现象严重、建设用地利用效率低是农村地区土地利用所面对并亟待解决的问题。从土地节约集约利用入手，开展土地综合整治，农村建设用地整合是正确引导农村土地利用和实现土地资源优化配置的重要途径。农村土地节约集约利用不仅是为了减少土地资源浪费、助推社会经济发展，更是为了达到综合效益，充分发挥农村土地在保障国家粮食安全、生态安全和社会发展等方面的能力。该模式从农村发展建设需求角度，提出了以积极全面推动农村地区发展建设为重心，以资源整合、集约利用和规模发展为指导的城乡建设用地统筹置换的思路。该模式是加快农村地区综合发展、实现城乡统筹发展和践行土地节约集约利用的重要参考样式。

3. 操作途径

该模式的操作途径重点强调农村发展建设规划、社区规划与基础设施建设，以及用地指标储备，主要内容包括：①形成以中心村为中心的农村空间集聚发展格局。须基于城乡一体化土地空间规划，完善村镇空间发展体系，并以此为依据，在土地用途管制规则的约束下有序进行农村发展建设。在建设过程中，应约束村民建房的地块布局、建筑风格等细节，加强对新时期农村建房热潮的引导与控制，切实实现科学建房，严控建新不拆旧、新房布局无序等过去曾普遍存在的不良行为。配合推进基础设施建设与村域卫生环境治理，加强村域文化建设，树立良好的村风村貌。②以推动农村全面发展和提高农业综合生产能力为目标。借土地整理之力重新整合耕地资源、增加优质高产农田、加强基本农田保护区示范建设；加大农村产业扶持力度，以政策惠育农业发展；引进农业科技人才，以科技带动农业发展；鼓励企业投资标准化生产，鼓励建立合作社等联合组织，以规模化与现代化创新农业发展。③要合理调控宅基地数量，引导土地节约利用，建立合理的新增指标使用机制。针对农村房产继承者及通过其他途径获得并拥有多处宅基地的农户、在流入地有稳定工作和居住保障的农村外出务工家庭等，建立和完善相应的宅基地退出机制。节约出来的用地指标作为发展的后备指标资源，建立统筹置换用地指标数据库，并建立指标使用审批制度，严禁盲目置换指标追求经济效益。

4. 效益与可推广性

该模式应用效益主要体现在：①抓住机遇适时推进农村地区综合发展，加快有条件地区的农村转型发展，推进农业规模化与现代化发展，增加农民收入，向新农村建设目标快速迈进。②有效节约集约利用土地，充实发展建设的后备土地资源库，保障城市发展动力与节奏。该模式适用于人均农村居民点面积过高、居民点空置率较高、农村发展潜力大且处于转型发展良好时期的地区。

7.3　基于操作过程划分的城乡建设用地统筹置换的优化模式

城乡建设用地统筹置换具有较强的实践性，其实践过程复杂，虽努力兼顾平衡也容易产生较多问题，合理的操作模式是规范实践过程、约束实践行为的重要参考样式。本节基于调研与实践分析，将城乡建设用地统筹置换实践按照操作过程划分为三大块，并提出操作过程的优化模式，即以保护基础参与者权益为前提的拆迁与安置模式、以可持续发展理念为指导的补偿与保障模式和“创新、发展、公平”的资金运作与管理模式。

7.3.1　以保护基础参与者权益为前提的拆迁与安置模式

1. 模式背景

在农村地区，土地是农民最基本的劳动对象和经营基础，是其赖以生存的物质基础，宅基地是农民居住生活的根基和基本财产，多数情况下，宅基地房屋是一个家庭的心血和积蓄。拆迁与安置不是简单的“换房、搬迁”，它是促使农民离开祖辈流传的宅基地的非传统行为，大规模的农村用地整理，在向农民故土情结抛出难题的同时，也给农民增加了经济负担。一些“赶农民上楼”“强拆强建”等事件被报道，其根本原因是基础参与者（农民）的权益受损，他们维护自身权益的行为与执行者发生冲突。2010 年中央 47 号文件中，对维护农民权益有了明确规定：“以切实维护农民权益为出发点和落脚点。要始终把维护农民权益放在首位，充分尊重农民意愿”，“依法保障农民的知情权、参与权和受益权”，“切实做到农民自愿、农民参与、农民满意”。

对案例研究可知，拆迁与安置过程直接涉及农民的权益。拆迁与安置没有明确的先后顺序，有先拆后建、边拆边建和先建后拆，其中，执行前两者时，农民在一段时间内（1~2 年）面临拆迁后无处居住的难题，直接影响正常生产生活，需要政府帮扶解决问题。关于补偿，《国有土地上房屋征收与补偿条例》中规定“征收国有土地上单位、个人的房屋，应当对被征收房屋所有权人给予公平补偿”，而农村地区一直缺乏房屋征收、拆迁与补偿的相关条例，不同地区对于拆迁补偿标准差异较大。仅从德州地区来看，市区农村拆迁中凡宅基地合法且面积在 0.4 亩以上的，每处最高协商价为 15 万元；而禹城市则执行宅基地房屋价格评估与重置价补偿。安置房屋由政府统一建设后，以面积安置和人口安置为主，安置价基本为成本价。

2. 模式内涵

该优化模式诠释了拆迁和安置是城乡建设用地统筹置换实践中农民直接参与互动的重要环节，也是实现农村地区土地节约利用的具体行动，强调了保护基础参与者（农民）利益在实践中的重要性。该模式注重在拆迁与安置过程中，应以保护农民权益为前提，以“公平、公开、公正”为基本原则，全面征求农民意愿，赋予农民参与权，通过相互交流、相互协调，最终实现“理性拆迁、愿意拆迁、安置满意”。

3. 操作途径

首先，加大宣传力度与积极征求拆迁安置方案意见。农村地区宅基地利用一直处于粗放状态，其中的原因，一是管理约束机制薄弱，二是农民缺乏相应的法律知识。为此，在拆迁前加强相关法律规定的普及尤为必要，此外，还应强调农村地区用地整理作为利国利民大事的重要性，让农民对实践多一些理解。关于拆迁安置方案的制订，地方政府应积极、广泛征求拆迁安置方案意见，不能大包大揽，全不顾及农民意见。

其次，以“公平、公开、公正”为原则落实方案。以村民大会、村民代表大会、村干部会与党员会为平台，充分发挥村干部、村民代表和党员的影响与带动作用。协调并落实实践方案；进一步把具体的拆迁与安置方案、有关事项向社会公开，包括评估结果、补偿标准、签订协议，以及安置房建设、分配与选房规则等每一个环节，通过媒体公示，向群众公开，保障参与人的知情权、参与权。

再次，制定合理的奖罚办法，鼓励与推动拆迁与安置顺利进行。明确奖惩机制，确定拆迁安置目标、完成时间和奖惩规则，实行分片、分段、分村组、分户包干负责制。

“以内制内”来组织管理村内拆迁与安置；以工作成效评选干部及先进代表或集体；以拆迁结果论奖惩，增强农民的积极主动性和责任感，推动拆迁安置顺利进行。

4. 综合效益

该实践优化模式的综合效益主要体现在农村社会与经济发展方面：①首先，降低突发事件发生率，维护社会稳定。在当前各地区的实践过程中，与拆迁有关的突发事件与恶性事件时有发生，事件的发生是农民为维护个人权益而致，且社会影响极坏。农民权益得到良好保护后，排除矛盾隐患并充分维护安定团结。②保护农民权益，增强农村可持续发展力。农民权益得到保护后，避免因一次土地整理、居住搬迁而加重农民或村集体的经济负担，间接为村域社会经济发展蓄积力量。③为农村转型发展打下良好基础。城乡建设用地统筹置换实践是农村转型发展、就地城镇化的重要契机，通过用地整理与居民点集聚，各种资源得到整合、人居环境得到改善、基础设施建设更趋完善，并且在政府帮扶下农业将实现规模化、快速化发展。

7.3.2　以可持续发展理念为指导的补偿与保障模式

1. 模式背景

城乡建设用地统筹置换中的补偿与保障关系到未来农民生活或村集体经济发展，是实践中应高度重视的重要内容。当前，我国基准地价体系尚不完整，集体建设用地更是空白，农村居民点拆迁补偿也没有具体的规定和标准，因此，实践中的补偿操作弹性较大以致地区差异大。由实践分析可见，补偿方式主要包括面积补偿、生活物质补偿、房屋补偿与现金补偿。有的地区补偿数量较多，基本能够支付购买新房，有的地区补偿不足，不能完全支付安置房，有的地区仅补偿当前宅基地房屋的重置价，完全无法支付安置房，其他类型补偿更是少之又少。

关于保障，这里主要指农村居民点搬迁后，政府或社会依照当地标准对实践基础参与者（农民）给予维持或改善未来生产生活的保障措施。基于实践调研，保障主要分为两种类型：一种是被城市化后的农村居民所应有的医疗保险、养老保险等生活保险，以及生活在贫困线以下的居民所享有的社会救济；另一种是未被城市化的农村居民在改居后因生产生活转变所享有的基本生活补贴与帮助。事实上，多数地区尤其是被城市化的农村地区居民并没有及时享受完全的生活保障，不得不面对就业压力大、生活成本增大、失去赖以生存的基本生活来源的难题。

2. 模式内涵

该实践优化模式强调了补偿与保障作为支撑农民未来生活的重要性，强调了可持续发展作为补偿与保障的重要指导思想。实践中的补偿与保障不能仅看到眼前利益，而应以可持续发展理念为指导，着眼当前、放眼未来，从长远发展的角度审视补偿与保障对社会事业建设与经济发展的作用。合理的补偿与保障不仅是农民生产生活可持续发展的有力支撑，也是农村社区与村集体未来发展的能量补充，还是维护社会稳定、推动经济可持续发展的重要基础措施。

3. 操作途径

首先，给予适当充足的基本补偿与保障。城乡建设用地统筹置换实践过程中，农村居民所面临的难题是拆迁后买不起房、安置后支付不起较高的生活成本。政府应当并着力给予最基本的补偿与生活保障，通过政府补贴、银行贷款解决安置房购买困难的问题，通过前期基础设施费用补贴以及适当的生活物质补助，来减轻生活负担。

其次，给予强有力的资源、技术与就业支持。一时的补偿并不能解决长久的发展问题，实践补偿与保障应兼顾资源与金钱、软件与硬件多种形式。例如，城区及周边的农村居民点改居后，给予村集体能够用于经营发展的商用房；鼓励社会相关机构或企业与农村建立技术与就业支持联系，加强农民技术培训，增加就业机会；鼓励企业到农村进行产业发展投资建设或农业规模化标准化建设。

再次，重视并创新发展集体经济。农村集体经济发展有利于推动农业产业化规模化发展，有利于增加农民收入，提高农民综合素质。应给予集体经济一定的政策与资金支持。此外，灵活调整实践补偿方式，建立村集体发展基金，以“小钱做大用”为创新发展思路，集中使用部分补偿资金，避免闲散资金低效利用，推动集体经济发展、农村社区建设，也从而带动个体发展。

4. 综合效益

该实践优化模式的综合效益主要体现在：①农民的基本利益得到保护，降低因生产生活转变带来的经济负担，提高农民的实践积极性，并加快农村个体生产生活转型发展。②该模式是农村社会经济快速发展重要机遇，是农村地区村集体带动式发展的有益探索，为拆迁个体、家庭、村集体可持续发展奠定基础。

7.3.3　“创新、发展、公平”的资金运作与管理模式

1. 模式背景

城乡建设用地统筹置换为政府主导的土地资源潜力挖掘工作，项目资金主要依靠省级以上政府投入。如山东省实践资金包括两部分，70%来自省级以上政府投入，30%来自地方配套。资金主要用于拆迁、土地复垦、补偿与新建以及项目其他费用。由于项目实施费用庞大，在获得土地收益前，一般地方的资金均不能很好地支撑完成项目，但若依靠地方政府财政拨款，则增加地方财政负担。因此，大多数地方前期融资除了通过政府投资外，部分由开发商、建筑商投资，并且新建房屋以成本价售予拆迁居民以收回建筑成本。但当节约出的指标用于发展建设后，大部分地区的土地增值收益主要被纳入财政收入，项目区没有得到足够的收益返还。农村土地整治、城乡建设用地统筹置换是利国利民的大事，鉴于实践过程中出现的土地收益分配不合理，农民利益得不到保障，中央“47 号文”也指出，“各地要以新增建设用地土地有偿使用费、用于农业土地开发的土地出让收入、耕地开垦费和土地复垦费等资金为主体，引导和聚合相关涉农资金，保

持渠道和用途不变，实行专账管理，统筹集中使用，切实提高各项资金综合使用效益。严格执行土地出让收益要优先用于农业土地开发和农村基础设施建设的规定，严格执行新增建设用地土地有偿使用费主要用于基本农田建设和保护、耕地开发和土地整理的规定，中央分成部分要重点支持农村土地整治重大工程和示范工程建设。要引导和规范民间资本参与增减挂钩试点和农村土地整治行为。”

2. 模式内涵

该模式强调了资金是城乡建设用地统筹置换实践顺利进行的重要保障，合理的资金运作与管理对支撑置换实践具有重要意义，主要包括三个层面，即融资、管理与分配。首先，以创新的思路拓宽融资渠道，增加资金来源，以保证有充足的资金支撑；其次，以发展的眼光管理资金，不能局限于眼前利益，不能以追求经济效益与财政收入为目的，应充分考虑未来资金用于发展的潜力，尤其是作为农村发展的重要源泉；最后，以公平的态度对待收益分配，正确审视在置换实践过程中农村地区所作出的贡献，以及实践做为农村发展的重要契机，合理分配收益返还给农村地区。

3. 操作途径

首先，建立健全融资机制，拓宽融资渠道。资金到位是实践的关键，政府投资和银行贷款不能作为融资的唯一渠道，建立实践基金、搭建融资平台、适当鼓励企业投资均可作为拓宽融资渠道良方。①实践基金由政府设立的专门机构管理，其基金来源于当地土地出让金、土地增值收益，主要用于临时解决实践中资金保障不足问题。②融资平台主要由政府组织搭建，如天津宅基地换房中成立的开发投资银行，以土地出让收益权作为抵押担保，向国家开发银行申请贷款融资，贷款的资金用于小城镇农民住宅及相关配套设施的建设，之后的土地出让金作为还款来源（崔宝敏，2010）。③政府制定优惠政策，鼓励企业投资用地整理。

其次，建立健全资金管理机制，明确每一项资金来源，严格管理资金用途，提高资金综合使用效益。

最后，政府主导与市场化运行相结合统筹置换用地指标，合理分配土地收益。净增用地指标统筹置换应转为市场化和半市场化运行；一部分由政府招商引资，以半市场化优惠价格吸引企业投资建设；一部分通过招、拍、挂的形式实行市场化土地交易；一部分由政府投资建设公共基础设施。由投资开发所得到的土地增值收益按四部分分配；一部分用于实践操作运行；一部分以补偿的形式返还给拆迁区村集体和开发建设土地征用的村集体；一部分以税收的形式进入政府预算财政收入；一部分进入农村发展基金用于支持“三农”发展。

4. 综合效益

该实践优化模式的综合效益主要体现在四个方面：为推动城乡建设用地统筹置换实践提供资金保障，为实践顺利开展打下坚实基础；为拆迁安置补偿提供充足的资金来源，保护基础参与主体利益；增加农村发展建设资金，为农村可持续发展注入新的活力；有效增加财政收入，促进城乡社会经济发展。

第 8 章　城乡建设用地统筹置换实践的技术路径

鉴于在具体实践中部分环节缺乏定量化科学依据，综合应用地理学、经济学、社会学、管理学的多学科知识，解析城乡建设用地统筹置换实践的序次阶段、主要环节。将置换实践过程划分为前期研究、规划与设计、建设与整理、指标置换、后期评估与验收 5 个阶段。阐释了各环节与所对应的技术的内涵，同时着重探讨了其中 6 项技术的具体操作，为新时期城乡建设用地统筹置换实践提供技术支撑。

8.1　城乡建设用地统筹置换的主要过程及技术需求

城乡建设用地统筹置换实践是一项复杂的系统工程，操作环节复杂、利益主体众多。不仅要在宏观层面对政策引导方向、不同区域模式选择、置换空间格局与数量结构等进行全面把握，还应注重小尺度区域即落实点的整治、建设、优化配置等实践操作。基于前文的机理研究、案例剖析与模式探讨，解构城乡建设用地统筹置换的主要过程，分析其技术需求，建立城乡建设用地统筹置换技术框架，用以指导具体实践操作，为多种模式的城乡建设用地统筹置换提供基础技术支撑。城乡建设用地统筹置换实践可大致分为前期研究、规划与设计、建设与整理、指标置换、评估与验收等 5 个阶段共 12 个主要环节（表 8.1）。显然，城乡建设用地统筹置换实践的顺利开展需要地理学、经济学、生态学、建筑学、农学、农田水利工程等多学科知识与技术的集成。

表 8.1　城乡建设用地统筹置换实践的主要环节及技术需求

阶段	主要环节	技术需求	技术研发的目的和作用
前期研究	城镇土地集约利用程度评价	城镇土地利用集约度评价技术	评价城市土地利用集约度。如果集约度较低，则短期内不宜开展城乡建设用地统筹置换
	城镇建设用地需求预测	城镇建设用地需求预测技术	预测城镇建设用地需求量。如果整体的需求量较高，且经营性用地占较大比例，则可适度开展统筹置换
	农村居民点整治增地潜力测度	农村居民点整治增地潜力测度技术	科学测度农村居民点整治增地潜力，为置换实践提供支撑
	城乡建设用地统筹置换的必要性评价	城乡建设用地统筹置换的必要性评价技术	基于前述分析测度，采用综合评价法定量评价置换的必要性。如果城市用地集约度高、未来的用地需求大、农村居民点整治增地潜力可观，则可以适度开展统筹置换
规划与设计	村镇体系规划编制	村镇体系规划技术	研究确定中心村镇，为置换点的选取和新社区建设提供支撑
	置换实践的目标村域选取	村域尺度农村土地综合整治优先序评价技术	利用村域尺度的人口、居民点面积等社会经济统计数据，评价村域尺度农村土地综合整治优先序。为置换实践的目标村域对象选取提供科技支撑
	可行性研究及详细规划设计	农户意愿问卷调查技术；中心社区布局选址与规划设计技术	了解农户的置换意愿和自身需求，为置换模式选择、拆迁安置方案确定提供重要参考；评价确定中心社区的最适布局区位，研发中心社区规划设计的技术，为中心社区建设规划的编制提供支撑

续表

阶段	主要环节	技术需求	技术研发的目的和作用
建设与整理	拆旧村、建新村	废旧建材综合利用技术	研发废旧建材综合利用技术，变废为宝、节本增效
	废弃宅基地整治复垦与培肥	废弃宅基地整治复垦及培肥技术	为废弃宅基地整治复垦提供科技支撑
	过程监督与定期评估	建设及整理过程的定期评估技术	为置换实施过程监督与定期评估提供支撑
指标置换	新增用地指标的统筹配置和利益分配	依照有关规定和契约进行交易，不涉及技术	—
评估与验收	置换效果综合评估与验收	置换效果综合评估技术	对实践过程的合理性、参与主体的满意度、社会-经济-生态效益等进行综合评估，服务于完善置换实践、总结经验教训

8.1.1　前期研究阶段的主要环节与技术路径

为避免城乡建设用地统筹置换的盲目性，前期的基础研究工作尤为必要。结合案例区域的调研分析，将前期研究大致分为 4 个环节，即评价城镇土地集约利用程度、预测城镇建设用地需求、测度农村居民点整治增地潜力和综合评判置换的必要性与可行性。

1. 城镇土地集约利用程度评价

城镇土地集约利用程度评价是城镇土地集约利用水平的重要判断，是因地制宜开展城乡建设用地统筹置换的基本前提。如果城镇土地集约利用程度较低，则应先通过城镇建设用地挖潜获得建设用地指标，满足现实发展需求；如果土地集约利用程度已经较高，难以满足合理的建设用地需求，则可以适度开展城乡建设用地统筹置换，满足建设用地需求。据此，确保城镇用地精明增长，避免盲目开展用地统筹置换导致城镇用地低效扩张。具体评价时，可从土地投入强度、使用强度和经济效益等方面，建立综合评价指标体系，判定城镇土地集约利用程度。

2. 城镇建设用地需求预测

通过城镇建设用地需求预测了解城镇建设用地增长趋势，为确定城乡建设用地统筹置换规模提供依据。如果未来的需求类型主要为公共基础设施建设等公益性用地，且需求量不大，则可视情况直接采取征用的方式；如果需求量较大，且经营性用地需求占较大比例，整体需求量远高于上级下达的建设用地指标数量，则可以适度开展统筹置换。具体操作时，应综合考虑城镇总体规划、发展战略规划、产业规划，结合历年社会经济发展演变过程与土地利用现状，多情景预测城镇建设用地阶段性需求量，做好建设用地预留规划，并与土地利用规划相衔接，确定城镇建设用地增长来源与方案，实现以合理需求引导土地资源配置，为城乡建设用地统筹置换实践提供规模参考。

3. 农村居民点整治增地潜力测度

针对农村地域系统，是农村建设用地潜力挖掘的重要判断，是开展城乡建设用地统筹置换实践的首要基础性工作。依据最新的《城市用地分类与规划建设用地标准》

（GB 50137—2011）、《镇规划标准》（GB 50188—2007）确定实践区域人均居民点面积，以此作为居民点潜力挖掘的参考标准，并结合村域社会经济发展因素与土地利用情况，合理计算农村居民点整治增地潜力。

4. 综合评判置换的必要性和可行性

综合前述用地需求与用地潜力，并兼顾社会、经济、生态效益，综合评判置换的必要性和可行性，用于指导城乡建设用地统筹置换实践工作的开展。如果城镇用地集约度高、未来的用地需求大、农村居民点整治增地潜力可观，则可以在“耕地总量不减少、建设用地总量不增加”的情况下适度开展统筹置换，并根据具体情况制定实践时序。

8.1.2　规划与设计阶段的主要环节与技术路径

规划与设计是城乡建设用地统筹置换的重要内容。在确有必要开展城乡建设用地统筹置换实践的情况下，科学编制规划和设计方案，可为城乡建设用地统筹置换实践提供支撑和依据。规划与设计阶段主要包括如下 4 个环节。

1. 村镇体系规划编制

如果尚未编制村镇体系规划，则应先编制村镇体系规划，然后开展统筹置换实践。通过编制村镇体系规划，明确中心村镇发展格局，为借助城乡建设用地统筹置换实现乡村空间优化提供科学参考。县域村镇体系规划应依据《县域村镇体系规划编制暂行办法》（建规〔2006〕183 号），并结合上位规划和其他相关规划进行编制。其主要内容包括确定县域村镇体系布局、明确重点发展的中心镇、确定村庄布局基本原则和分类管理策略等空间发展战略。

2. 置换实践的目标村域选取

置换实践必然需要选取目标村域，开展居民点拆建和废弃宅基地复垦工作。基于村域尺度的人口、居民点面积、意愿、能力等社会经济统计数据和农户问卷调查数据，开展村域尺度农村土地综合整治优先序评价是科学选取目标村域的重要前提和科学支撑。

3. 可行性研究及详细规划设计

置换实践需要详尽的可行性研究及科学的规划设计，而公众尤其是农户的参与尤为必要。该环节主要涉及两项技术，其一是农户意愿问卷调查技术；其二是中心社区布局选址与规划设计技术。前者主要体现在如何基于抽样调查开展能细致反映农户意愿的问卷调查，并经数据分析后将农户意愿充分考虑到规划设计方案中，为置换模式选择、拆迁安置方案确定提供重要参考；后者主要体现在通过合适的方法评价确定中心社区的最适布局区位、甄选出最佳的规划与设计方案，为中心社区建设规划的编制提供支撑。由于备选方案可能有多种，可采用模糊层次分析法，综合评价各方案的经济可行性、社会可行性、技术可行性和生态可行性，为决策提供支撑。

8.1.3　建设与整理阶段的主要环节与技术路径

建设与整理阶段既涉及工程技术问题，又涉及土地管理、项目管理、安置补偿等方方面面，是置换实践中最为复杂的阶段。如果有关规划、制度不完善，也最容易产生问题和矛盾。该阶段主要包括拆旧村、建新村，以及废弃宅基地整治复垦与培肥，而过程监督与定期评估贯穿始终。

1. 拆旧村、建新村

拆旧村、建新村既涉及工程技术问题，又涉及土地管理、项目管理、安置补偿等方面，是置换实践中最为复杂的一个环节。主要包括旧民宅拆除、新民居建设，在节能减排、高效低碳的可持续发展导向下，实现废旧建材综合利用尤为重要，对于变废为宝、节本增效具有重要意义。

2. 废弃宅基地整治复垦与培肥

废弃宅基地整治增地是实现耕地不减少、坚守耕地红线的必要途径。当前关于废弃宅基地整治复垦与培肥的研究基础还较为薄弱，急需结合相应的生态地理区划，针对土壤类型的地带性差异，在不同类型区开展针对性的研究，着力研发废弃宅基地整治、培肥等技术，确保总体耕地面积不减少、新增耕地质量达到标准。

3. 过程监督与定期评估

开展过程监督和定期评估是及时纠偏、保障置换实践顺利推进的必然要求。应建立和完善城乡建设用地统筹置换实践的过程监督机制，对实施计划、阶段性目标等进行定期评估。由于牵涉城市与乡村乃至本地与外地，其监督与评估机制、技术有别于传统的土地整理项目或建设项目，仍需开展针对性的机制与技术研究。尤其要强调农民参与机制和定量评估技术。

8.1.4　指标置换阶段的主要环节与技术路径

通常，指标在城乡、区域之间进行置换可理解为一个在已有机制、规划、契约框架下的短暂的交易过程。但考虑到其特殊性和重要性，本书仍将其作为一个单独的阶段。指标置换阶段的技术类需求不大，需要的是国家层面的土地管理制度创新，形成针对城乡土地统筹配置的新的制度安排，尤其是城乡一体化土地市场机制的完善。在健全的机制、科学的规划设计下，进行指标置换。

8.1.5　后期评估与验收阶段的主要环节与技术路径

置换项目效果综合评估与验收是置换实践的“压轴”阶段。建立科学完善的城乡建设用地统筹置换项目实施评估体系，对于进一步提高决策水平、实现置换项目的效益最大化、科学推进今后的置换实践具有重要意义。评估内容主要包括过程的合理性，民众的满意度，项目的社会、经济、生态综合效益等。检查验收阶段主要参照规划设计和现实技术参数等进行专家验收，田间基础设施的产权移交和管护落实等也可纳入验收环节。

8.2 城镇土地利用集约度评价的技术路径

8.2.1 评 价 目 的

城乡建设用地统筹置换的目的：一是保障城镇合理的建设用地需求，促进城镇化、工业化健康发展；二是优化农村建设用地的总量和格局；重塑乡村空间；三是切实保护耕地红线、夯实国家粮食安全的资源基础。简言之，即优化调整城乡土地利用的空间体系，着力实现土地利用综合效益最大化。土地集约利用实质上是通过增加对单位面积土地的其他要素投入、优化存量土地利用结构、改善土地管理制度等，来提高土地利用的产出效率和经济效益（吴郁玲和曲福田，2007）。本书研究城镇土地利用集约度评价的主要目的在于，通过集约度评价了解城镇土地集约利用现状，为城乡建设用地统筹置换决策提供支撑。

在具体评价与分析时：①如果评价发现城镇土地集约利用程度较低，则应先通过城镇建设用地挖潜获得建设用地指标，满足现实发展需求，暂不考虑开展城乡建设用地统筹置换，防止城镇“摊大饼”扩张。②如果土地集约利用程度已经较高，预计存量土地短期内难以满足合理的建设用地需求，则可以适度开展城乡建设用地统筹置换，以满足合理的建设用地需求。据此，避免盲目开展用地统筹置换导致城镇土地粗放利用、低效扩张，进而有助于促进城镇用地的“精明增长”。

8.2.2 指 标 体 系

关于城镇土地集约利用内涵的界定，目前主要存在两种观点（林坚等，2004）：一种是认为集约利用是粗放利用的对称，城市土地集约利用是指在兼顾环境效益和社会效益的前提下，通过增加对土地的投入，以达到提高土地的利用效率、增加经济效益、节约用地的目的，属于经济学范畴；另一种是认为城市土地集约利用不完全是经济范畴，通过增加对土地的投入，除了提高经济效益外，还要提高社会效益和环境效益，即强调城市土地利用的综合效益。本书认为，第一种观点更能反映城镇土地集约利用的本意，第二种观点强调经济、社会、环境综合效益的最大化，事实上可作为城镇土地利用的总体目标，是对城镇土地集约利用本意的广义化。应在促进土地集约利用的过程中，通过优化结构、合理布局，逐步实现土地利用的经济、社会与生态环境效益的协调和最大化。本书介绍的城镇土地集约利用评价，主要基于第一种观点而开展。

围绕城乡土地统筹置换，构建城镇土地集约利用评价指标与方法的基本要求主要包括：①全面反映现状的土地集约利用水平。②充分揭示城镇土地集约利用的内涵。③尽量减少彼此之间的相关性。④突出重点，简便易行。虽然各个城市有其土地利用的不同特点，但是考虑实际工作的可操作性和可比性，应选择较为普遍的指标，而且能与城市土地集约利用内涵相结合，着重反映土地利用的投入强度、使用强度和经济效益三方面内容。根据系统性、相关性、前瞻性、可比性、动态性以及可获取性等原则，综合前人的相关研究（林坚等，2004；翟文侠等，2006；郑泽庆等，2008；朱天明等，2009；冯长春和程龙，2010），从土地投入强度、使用强度和产出强度三个方面，建立包括 12 个指标的评价指标体系，综合判定城镇土地集约利用程度（表 8.2）。

表 8.2　城镇土地集约利用的评价指标体系

准则层	指标层	指标说明	方向
土地投入强度	X_1：地均固定资产投资	最近 3 年地均固定资产投资平均额 / 城镇建设用地面积	+
	X_2：城镇人均道路广场面积	城镇道路广场总面积 / 城镇总人口	−
	X_3：商业用地平均地价	最近 3 年商业用地出让金总额 / 商业用地出让总面积	+
	X_4：地均劳动力投入	城镇非农就业人数 / 城镇建设用地面积	+
土地使用强度	X_5：城镇人均建设用地	城镇建设用地面积 / 城市总人口	−
	X_6：城镇综合容积率	城镇总建筑面积 / 城镇建设用地面积	+
	X_7：城中村面积占比	城中村面积 / 城镇建设用地面积	−
	X_8：城镇人口与用地增长弹性系数	过去 3 年城镇占地增长率 / 同期城镇人口增长率	−
土地产出强度	X_9：地均非农产业增加值	第二、三产业增加值之和 / 城镇建设用地面积	+
	X_{10}：地均工业产值	城镇工业产值 / 城镇建设用地面积	+
	X_{11}：地均社会消费品零售总额	社会消费品零售总额 / 城镇建设用地面积	+
	X_{12}：地均利税	利税总额 / 城镇建设用地面积	+

8.2.3 评价方法

城镇土地集约利用水平受城镇规模大小、功能类型、发展水平、发展阶段等因素的综合影响，其集约度的高低是相对概念。对于城镇 A 而言，其城镇土地集约利用相对指数计算法则可用下式表示：

$$I = \sum_{n=1}^{12} w_n \frac{X_n}{B_n}$$

式中，I 为土地集约利用相对指数；X_n 为城镇 A 第 n 个指标的指标值；B_n 为城镇 A 的背景区域第 n 个指标的指标值；w_n 为第 n 个指标的权重。

简要说明：①对于逆向指标，则取式中商值的倒数进行进一步的乘法计算。②关于背景值的确定，可参考“空间邻近”的确定规则，以一定空间距离范围内的相同类型的城镇作为背景值的计算区域。如果是平原型县级区域，则空间距离值可定为 100~150km。③关于权重，w_n 可采用目前广泛采用的专家参与下的层次分析法（AHP）获得。④关于结果表达与决策支撑，如果城镇 A 的 I 值大于 1 表明集约度高于邻近的同类型城镇，具备了开展置换实践的先决条件之一；如果 I 值小于 0.75，则表明城镇 A 的土地集约利用水平明显低于背景值，通常情况下应先着力开展城镇建设用地挖潜，提高土地集约利用水平，而暂不考虑通过城乡建设用地统筹置换保障城镇用地。

8.3　农村居民点整治增地潜力测度的技术路径

农村居民点整治增地潜力计算方法在 3.4.4 节中已有部分综述，由于影响因素的不确定性与复杂性，在不考虑 $k_{限制性修正}$值的情况下，采用人均建设用地标准法预测全国范围内各地区农村居民点置换潜力，仅作为理想状态下的潜力数量参考。农村居民点整治增地潜力测度极为复杂，在小尺度空间可以通过具体调研或综合考虑自然与社会经济发展等各种因素，获得更为准确合理的潜力结果。如果在越大尺度的空间则越难以实现。本书认为根据不同尺度空间和对结果的不同需求，可以灵活变动计算方法。为此，本节提出根据不同结果需求的农村居民点整治增地潜力测度的技术体系。

8.3.1　理想潜力测度

理想潜力测度仅按照人均（或户均）建设用地标准，并不考虑其他影响因素。其中，按照人均标准的测度简单易行，也是较为常用的方法。但由于农村住宅功能存在区域性差异，部分地区的农村宅基地中仍然包含有大量的生产用地，而实际上，由于土地分类及其调查的原因，这部分生产用地也是被计入农村居民点用地之内的。如此人均建设用地标准计算法，缺乏对这些必要生产用地的考虑，致使潜力测算面积偏大，结果只能作为理想状态下粗略的参考。

相对于人均建设用地标准的潜力测度方法，户均标准法的计算方法也很容易操作，并且比按人均标准法增加了对宅基地中生产用地的考虑，更符合农民生活实际，较为合理。该测算方法计算公式如下：

$$\Delta S=M(S_{现状}-S_{标准})$$

式中，ΔS 为农村居民点整理潜力理论值；M 为现状农户数；$S_{现状}$为户均宅基地现状用地；$S_{标准}$为户均宅基地用地标准。

但户均标准法主要是对现状潜力的一个测算，以农户数量不变为前提，没有考虑农户数量变化对整理潜力的影响，结果也往往偏大（宋伟等，2006）。

以上农村居民点整治增地潜力测度结果往往偏大。该方法主要适用于大尺度空间的用地潜力测度，或者对潜力结果要求不高、仅需对总体数量有大概了解的情况下。

8.3.2　因素限定测度

为使农村居民点整治增地潜力合理可行，许多学者对理想潜力测度方法进行修正，主要是综合考虑自然、经济、社会等因素，来设置测度中的限定系数。事实上，由于影响因素繁多、复杂，且各因素在用地潜力挖掘中的作用程度具有较大主观性，因此因素限定的潜力测度弹性较大，只是它比没有因素限定的理想状态下计算的结果更科学合理、更贴近实际。计算公式为：

$$\Delta S'=\Delta S\times k_{限制性修正}$$

式中，$\Delta S'$为因素限定修正后用地潜力值，ΔS为理论值，$k_{限制性修正}$为整理潜力限制条件修正系数。

有的学者根据“木桶效应”理论和“最小因子限制律”理论，结合农村居民点整理过程中的限制性因素，建立了潜力逐级订正的估算模型（宋伟等，2008），公式表达如下：

$$\Delta S'=\Delta S\times f(N)\times f(E)\times f(S)$$

式中，$f(N)$为自然限制性订正系数（该模型估算的是农村居民点整理增加耕地的潜力）；$f(E)$为经济限制性订正系数；$f(S)$为社会限制性订正系数。

8.3.3　实测潜力测度

实测潜力是农村居民点整治增地潜力测度最合理、结果更精确的方法。但工作量较大，实现较困难，只适用于县区以下的空间尺度。尤其在土地整理项目区，实地调查与潜力测算尤为必要。调研中了解到，实际上，真正开展城乡建设用地统筹置换时，在居民点整理阶段，相关部门会组织开展项目区的宅基地丈量与用地潜力估算。我国的农村居民点规模小、分散布局，在居民点用地整理时，多结合合并建设，发展农村集中化居住。由此可分为两种整理类型：一类是原址改造；另一类是迁并整理①。前者，一般作为并居点，或由于村庄规模较大、闲置土地较少、迁并困难，所以只在原址改造；后者，实行整体搬迁，原址基本上全部复垦为耕地。不同的整理模式将影响用地挖潜。不论哪一种整理模式，不同的安置模式以及新建区公共生产用地与公共设施用地的规划建设都将影响用地挖潜。由调研可知，实地测量的农村居民点潜力计算公式为

$$\Delta S''=S_{原农村居民}-S_{新建区}(+S_{其他})$$

$$S_{新建区}=S_{安置}+S_{公共生产}+S_{公共设施}$$

式中，$\Delta S''$为农村居民点潜力；$S_{原农村居民点}$为原农村居民点面积（不包括坑塘、洼地等闲置用地）；$S_{新建区}$为新建区的建设用地面积，其中，$S_{新建区}$包括安置区面积（$S_{安置}$）、公共生产用地（$S_{公共生产}$，农机具放置区、晒谷场地等）与公共设施用地（$S_{公共设施}$，包括休闲娱乐场地、管理中心等）。安置模式决定了$S_{安置}$的大小，将影响用地挖掘潜力；另外，对$S_{公共生产}$与$S_{公共设施}$的考虑也将影响用地潜力值。总之，$S_{新建区}$越大则居民点用地潜力值越小，新增建设用地指标就越少。在实际操作过程中，只有农村建设用地整理复垦后的面积作为潜力值，村庄范围内坑塘、洼地等其他闲置用地$S_{其他}$不作为潜力值。

8.4　村域尺度土地综合整治优先序评价的技术路径

8.4.1　评 价 目 的

城乡建设用地统筹置换涉及城镇和乡村两个子系统。在具体操作时，不可能对整个

① 这里主要针对平原地区。

乡村地域开展大范围的整治置换工作，而应因地制宜、分区推进、分步实施。由此，应进行整治目标对象的选择。置换实践在落实到乡村地区时，主要尺度为村域，即往往是以一个或多个村为单位，开展拆旧建新。开展村域尺度土地综合整治优先序评价的目的在于，通过综合分析评价得出相对科学、合理可行的优先整治对象序列，为城乡建设用地统筹置换时的村庄选择提供科学依据。

8.4.2　指 标 体 系

调研发现，城乡建设用地统筹置换实践能够得以相对顺利推进的原因大致包括：①村庄原来的人居环境较差，村民有较强的改善居住条件的意愿。②村干部领导得力、有威信。③地方政府的相关工作得到群众认可，村民对地方政府的信任度较高。④规划设计充分征求了村民意愿，方案较为合理，补偿等能及时按期到位。⑤整个过程较为透明。结合上述认识，提出村域土地综合整治优先序的评价指标体系（表 8.3）。

表 8.3　村域尺度土地综合整治优先序评价指标体系

准则层	指标层	指标说明	方向
客观条件及整治潜力	X_1：交通区位条件	至最近的公交站点的距离	+
	X_2：新房指数	5 年内新建宅院数 / 宅院总数	−
	X_3：人均居民点面积	村庄居民点面积 / 村庄总人口	+
	X_4：宅院空置指数	空置一年以上的宅院数 / 宅院总数	+
	X_5：宅院废弃指数	废弃的宅院数 / 宅院总数	+
	X_6：人居环境状况	农户对村庄人居环境的满意度指数的均值	−
主体特征与整治意愿	X_7：村民平均收入水平	农民人均纯收入	|
	X_8：就业非农化程度	在城镇有非农就业的劳动力数量 / 村庄劳动力总数	+
	X_9：农户整治意愿指数	每百户村民的整治意愿指数均值	+
	X_{10}：村庄“五老”的认可度	“五老”（村里老军人、老教师、老干部、老党员、老劳模）对置换的认可程度	+
	X_{11}：村干部组织领导能力	每百户村民对村干部工作经验的认可	+
	X_{12}：村干部整治意愿指数	村支书、村长、会计及各组长的整治意愿指数均值	+

关于部分指标的解释：平原农区交通区位条件较差的地方往往空心化更为严重，更有必要推进整治与置换实践，惠及和保障民生；新房比例越高，往往整治的意愿越低，难度越大；人均居民点面积、空置指数和废弃指数越高，往往整治潜力越大、整治阻力越小；人居环境状况由农户的满意度指数来测度，满意度指数越低，越可能促进整治；村民平均收入水平、就业非农化程度越高，改善居住条件的意愿及经济承受能力往往越强，更可能促进整治的推进；农户整治意愿指数越大、村庄“五老”的认可程度越高、村干部的整治意愿和组织领导能力越强，越能推动整治。本指标体系中的意愿指数、满意度指数可通过农户抽样调查的方式进行（建议根据村庄人口和户数数量，进行科学抽样，样本户数宜在总户数的 25%左右，绝对值不低于 50 户），打分越高、意愿越强烈。

此外，本指标体系主要针对平原农区。在不同经济发展水平、地貌类型的地区，以及具有历史文物保护价值的地方，情况往往存在差异。如在山地丘陵区，若交通区位实在较差，则可能直接加大整治与建设成本，在短期内并不适宜；而在自然灾害胁迫较重的地方，应尽快结合置换实践实现生态搬迁，整治潜力等因素的权重可适当降低；如果有历史文物保护价值，则必须慎重，参照历史文物保护的有关规定和规划进行保护性整治。因此，具体实践时可结合当地情况对指标体系进行适当修改完善。

8.4.3　评 价 方 法

在数据处理和分析评价时，涉及数据标准化、权重确定、计算与分析等环节。关于数据标准化，采用极差标准化方法，正向指标的计算法则为

$$Y_{mn}=\frac{y_{mn}-\mathrm{mix}_n}{\max_n-\mathrm{mix}_n}$$

逆向指标的计算法则为

$$Y_{mn}=\frac{\max_n-y_{mn}}{\max_n-\mathrm{mix}_n}$$

式中，Y_{mn}为第 m 个村的第 n 个指标的原始数据 y_{mn} 的标准化值，$\max_n$、mix_n 分别为第 n 个指标的原始数据序列的最大值和最小值。

同样地，指标权重确定可通过基于专家群的层次分析法（AHP）获得。在计算时，优先性综合指数：

$$I_m=\sum_{n=1}^{12}w_n\times Y_{mn}$$

式中，w_n 为第 n 个指标的对应权重。

在分析过程中，可采用空间自相关分析方法进行探索式空间数据分析，揭示优先性指数的空间聚集特征，再叠加上村镇体系规划图，可为整治建设提供更为直观的空间信息参考。

8.5　中心社区规划的技术路径

8.5.1　基 本 内 涵

中心社区是乡村空间重构过程中重要的新型聚落形态，是农村居民点用地整理过程中需重点建设培育的生产生活空间，是未来小城镇建设的雏形。中心村的建设不仅有利于节约集约利用土地、整合与保护耕地资源、促进农业规模化发展，而且有利于实现农村地区居民点的规模化和城镇化，改变历来农村居民点分散布点的格局，促进规模效益。此外，还促进农村地区实现规划布局合理、基础设施配套、环境整洁优美、社会文明向上的新型农村发展建设目标。

8.5.2　主要内容

中心社区规划包括宏观与微观两个层面。宏观层面是中心社区作为新的“城—镇—村”体系规划中重要等级节点的布设规划，建立一个与区域城乡协调发展相匹配的农村社区发展体系。规划主要包括社区选址、体系、规模、职能、管制、设施配套和产业发展等专项规划。中心社区选址主要在原农村居民点的基础上，以半径合理、结构均衡为原则，以并居点规模大、社会经济发展趋势好、设施配套较好、无刚性发展障碍等为参考，兼顾城镇与农村的区域关系，综合考虑区域内公共设施及重要基础设施的共享与配置，以及产业结构、环境保护等方面。并制订以中心村为并居点的中心社区建设与周边居民点迁并、集聚方案，通过居民点用地整理与升级的生产生活环境吸引，引导农村居民向中心社区集中，形成“城市—乡镇—中心社区—村”新型城乡发展空间格局（图 8.1）。

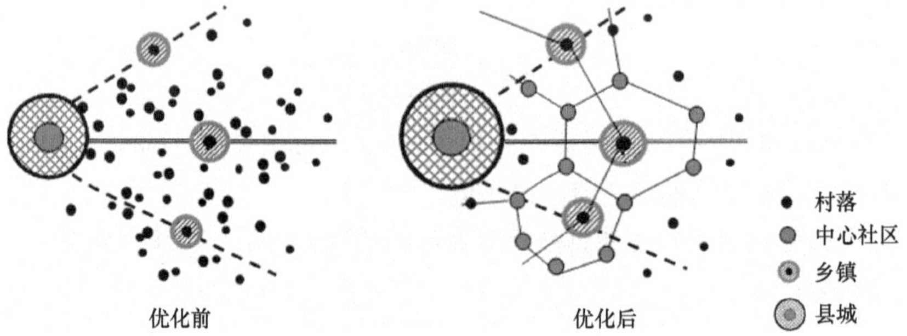

图 8.1　县域乡村生活居住空间优化示意图

注：参考刘彦随（2011）绘制；空间优化后，县城、集镇和中心村的功能得到强化，有序性增强

微观层面是中心社区作为一个独立的农村发展聚落空间的个体规划。我国 20 世纪 90 年代以来可参照的农村规划法规文件和标准为《村庄和集镇规划建设管理条例》、《村镇规划标准》（GB50188—93）和《村镇规划编制办法》（试行），基于当时经济发展水平和关注建设重点的需要，规划建设基本思路的出发点和立足点主要放在指导集镇规划建设上，兼顾了村庄规划部分内容。2007 年《镇规划标准》颁布，同时《村镇规划标准》被废止使用，而《镇规划标准》制定的主要对象为镇区，村庄只作为镇区外的建设部分被提及。2008 年颁布实施的《中华人民共和国城乡规划法》首次以全国性的法律形式明确将村庄规划、乡规划纳入到城乡规划工作的范畴，形成涵盖城镇体系规划、城市规划、镇规划、乡规划和村庄规划的城乡规划体系。2011 年新颁布的《城乡规划标准》虽然对城乡用地分类与人均面积进行统一规定，但仍偏重城市规划。经过 10 余年的规划建设，不同地区形成了一定的农村规划理论基础和经验，但仍没有形成我国村庄规划相对独立和完整的编制办法和标准体系，诸多规划多参照在《村镇规划标准》的基础上制定的地方标准，其中大多数农村规划过程，简单地套用城市规划过程模式，并不完全适用于农村地区规划。在缺乏可参照标准的情况下，中心社区建设应立足于农村地区发展趋势、生产生活特征及传承自然与人文景观，形成地域特色鲜明、结构功能完备、资源节约利用、生态环境良好的新型农村聚落体。

（1）生活空间规划。规划重点在于生活空间的延伸与结构功能完备，改变传统的以宅基地为主要圈层的生活模式。统一规划增设学校、购物、集市以及休闲娱乐场地；规划半径合理、网络状生活街道，承担交往、购物、餐饮、休闲娱乐、展示社区景观等功能；此外，从单体生活空间来看，基于农村生产生活空间紧密结合的特征，住宅不仅是农民的生活场所，还是小型生产场所，应结合农民的实际生产需求，或垂直分户细化院落功能或规划集体生产存储用地，提供综合型生活空间。

（2）生产空间规划。包括独立生产空间与生产生活融合空间。独立生产空间为社区集聚生活空间以外的进行农业生产劳动的场地，应结合区域农业发展现状，鼓励规模化、标准化生产，建设产业园区，园区内规划一定的存储空间、接待与休息场所。生产生活融合空间为社区集聚生活空间紧密联系的、用于小型农业生产劳动和农具存放的场地，主要在社区附近规划集中的饲养场地，饲养家禽家畜，集中布局运输业车辆存放场地，由村集体组织统一管理。

（3）文化空间规划。包括硬件规划与软件规划。新建或结合其他休闲娱乐场所建设社区文化展馆与管理机构；在社区重要入口与休闲、集散场地设置文化小品与宣传栏；依托生活街道与休闲场所定期组织文化活动。

（4）交通空间规划。包括外部交通规划与内部交通规划。重点建设社区交通门户，加快与区外交通干道连接的道路建设。规划建设形成区内多级道路体系，实现社区环形通道建设，做好基本通道建设，加强生活街道与慢性道路系统建设。

（5）景观空间规划。以保护农村自然与人文景观为目的，重点做好生态与生产景观规划、生活与文化景观规划。

8.6　城乡建设用地统筹置换效果综合评估的技术路径

8.6.1　评 估 目 的

研发城乡建设用地统筹置换效果综合评估技术，开展城乡建设用地统筹置换效果综合评估，是科学分析城乡建设用地统筹置换综合效应的基础，有助于总结经验教训，为城乡建设用地统筹置换相关工作的科学、有序开展，提供重要参考。

8.6.2　指 标 体 系

进行土地整理效益项目后评价必须建立一套科学的指标体系，全面反映土地整理项目从准备、决策、实施、验收到经营全过程的实际状况以及实际状况与预期结果的偏离程度，从而得到科学的评价结论（王瑷玲等，2006）。项目后综合评价一般采用成功度评价法（国土资源部土地整理中心，2003）。它是依靠评价专家或专家组的意见，综合后评价各项指标的评价结果，对项目的成功程度做出定性的结论。项目的成功度可分为五个等级，即完全成功、成功、部分成功、不成功和失败。本研究采用类似的客观数据与主观打分相结合的综合评价方法，对评价指标进行量化，从而对项目的综合效益、成功程度做出定量评判。

在综合性、针对性、可操作性和可比性等评价原则的指导下，基于实地调查，并参考土地整理效益综合评价的已有相关文献（王万茂，1997；张正峰和陈百明，2003；王炜等，2005；王瑷玲等，2006；李岩等，2006；张正峰和赵伟，2011），从实践过程、村民满意度、社会效益、经济效益、生态效益等维度构建包括 5 个一级指标、30 个二级指标的城乡建设用地统筹置换效果综合评估的指标体系（表 8.4）：①实践过程。针对公众参与、拆迁安置、补偿与复垦等重要实践环节，选择具有代表性的指标。基于调研可知，公众高支持率是实践开展的重要前提，公众参与程度是实践公开、公正、公平的重

表 8.4 城乡建设用地统筹置换效果综合评估指标体系

指标类	指标	指标说明
过程有序性	公众支持率	村民集体投票表决时现场统计结果；满分为 100 分
	公众参与程度指数	由专家听取有关汇报并与农户访谈确认后主观打分
	入住安置房按期实现指数	由专家听取有关汇报并与农户访谈确认后主观打分
	拆迁补偿按时足额到位指数	由专家听取有关汇报并与农户访谈确认后主观打分
	宅基地复垦按时按质完成指数	由专家听取有关汇报并与农户访谈确认后主观打分
主体满意度	补偿标准满意度指数	由农户抽样调查数据整理计算获得；满分为 100 分
	安置形式满意度指数	由农户抽样调查数据整理计算获得；满分为 100 分
	人居环境满意度指数	由农户抽样调查数据整理计算获得；满分为 100 分
	生活质量满意度指数	由农户抽样调查数据整理计算获得；满分为 100 分
	生产方式满意度指数	由农户抽样调查数据整理计算获得；满分为 100 分
社会效益	新增耕地率	新增耕地面积 / 项目区总面积；参考值为区域背景值
	新增建设用地率	新增建设用地 / 项目区总面积；参考值为区域背景值
	土地产权明晰指数	由专家听取有关汇报并与农户访谈确认后主观打分
	村民就业改善指数	由专家听取有关汇报并与农户访谈确认后主观打分
	五保户生活改善指数	由专家听取有关汇报并与农户访谈确认后主观打分
经济效益	农户资产增长指数	由农户抽样调查数据整理计算获得；增长幅度越大越好，分值越高
	农户债务增长指数	由农户抽样调查数据整理计算获得；增长幅度越小越好，分值越高
	农业现代化水平提升指数	由专家听取有关汇报并与农户访谈确认后主观打分
	地均农业产值增长率	单位耕地面积农业产值变化率；参考值为 10%
	农业产值利润率增长度	农业产值利润率的变化率；参考值为 20%
	新增商业用地平均出让价格	由地方国土部门提供地价监测数据计算获得；参考值为区域背景值
	新增工业用地平均投资强度	由地方国土部门提供地价监测数据计算获得；参考值为区域背景值
	新增商业用地平均投资强度	由地方国土部门提供地价监测数据计算获得；参考值为区域背景值
	预计新增就业岗位指数	由专家听取有关汇报后主观打分
	全项目静态投资回收期	由专家用地方部门提供的相关数据计算获得；参考值为 8 年
生态效益	林地结构优化度	由专家听取有关汇报并现场踏勘确认后主观打分
	景观格局合理度	由专家听取有关汇报并现场踏勘确认后主观打分
	生态设施完备度	由专家听取有关汇报并现场踏勘确认后主观打分
	污水统一处理率	由专家听取有关汇报并现场踏勘确认后主观打分
	垃圾集中处理率	由专家听取有关汇报并现场踏勘确认后主观打分

要指标；另外，在实践中存在不同程度的延期入住安置房、拆迁补偿不足、宅基地复垦未能保质按时完成等问题，因此实践过程应着重考察公众支持率、公众参与程度、入住安置房按期实现指数、拆迁补偿按时足额到位指数和宅基地复垦按时按质完成指数。②主体满意度。开展城乡建设用地统筹配置的一个基本要求是让群众满意。本书从补偿标准、安置形式、人居环境、生活质量、生产方式 5 个角度构建满意度指标来反映主体满意度。③社会效益。土地整理的社会效益主要体现在新增耕地和建设用地可提高土地利用率，通过土地调整可进一步明晰土地产权，进一步改善村民的就业环境和“五保户”等弱势群体的居住环境。④经济效益。从农户资产变化、债务变化、农业现代化水平提升、农业产出强度、农业产出效益 5 个方面衡量农业经济效益；从新增商业用地的平均地价及投资强度、新增工业用地的平均投资强度、预计新增就业岗位数、全项目静态投资回收期 5 个方面衡量非农经济效益。⑤生态效益。置换项目必须还应具有较好的生态效益，可初步从林地结构及景观格局的优化程度、生态设施完备程度、污水和垃圾的统一处理程度 5 个方面衡量生态效益。

总体来看，与现有研究略有不同的是，本书的效果综合评估中，增加了对置换实践过程的有序性、实践结果的民众满意度两个方面的测度与评价。尽管指标的赋值具有一定的主观性，且将增加农户抽样调查的工作量，但对于切实把握过程、了解民众意见、分析总结经验具有积极意义。

8.6.3　评 价 方 法

城乡建设用地统筹置换效果综合评估的指标值确定办法参见表 8.4：①对于主观打分类指标，指标值打分直接位于 0~100 分，分值越高，项目运行得越好。②对于可直接计算为百分数且值越大越好的指标，直接取计算结果。③对于有必要借助参考值来进行打分的，可先计算出指标值，与参考值进行比较，然后由专家结合参考值进行主观打分。由此，各项指标的综合得分将全部位于 0~100 分，分值越高则项目运行得越好。为提高打分的科学性，可采取先确定该项指标的主观感受域（非常满意、比较满意、一般、不太满意、很不满意），再确定指标的得分值（对应分数：85~100 分、70~84 分、60~70 分、46~59 分、45 分及以下）。关于权重的确定，仍建议采用层次分析法或特尔菲法。指标分值和权重确定后，采用加权乘积求和的方式得到该项目的综合评估得分，即可开展各项指标、各类指标的综合分析。

8.7　土地增值收益及其最低返还标准测算的技术路径

8.7.1　理 论 解 析

1. 土地增值收益来源

土地增值收益的来源主要由两部分构成：一是要素投入后产生的增值；二是由于供

求关系变化后产生的增值。要素投入产生的土地增值，主要分为土地要素的投入、劳动力要素的投入和资本要素的投入带来的土地增值；供求变化产生的土地增值，主要分为土地增值的需求拉动和土地增值的供给推动。就土地增值的需求拉动而言，主要包括人口因素、经济发展、城市化进程加快、产业结构调整、国际政治经济因素的推动等引起的土地增值。就土地增值的供给推动而言，主要包括政府对土地利用的行政干预、科学技术的进步、区域因素及宗地因素变化等引起的土地增值。

2. 农村土地增值收益分类

农村土地增值收益是指农民集体所有的耕地、林地、草地等农用地以及集体建设用地收益的增加。依据农村土地所有权是否发生转换，可把农村土地增值收益划分为农村土地内部增值收益与农村土地外部增值收益两类：①农村土地内部增值收益，是指在土地所有权未发生转移，即依然属于村集体的条件下，土地由于价值增加或价格上涨所实现的增值收益。②农村土地外部增值收益，是指在土地由集体所有转为国家所有的条件下，由于土地用途的改变和土地使用方式的改变而带来的土地收益的增加，其特征为土地所有权的转换。由于现阶段我国土地所有权的转换主要是通过征收进行的，因而，本书所论述的农村土地外部增值收益在当前阶段表现为政府以招、拍、挂方式出让土地而获得的收益较之征收前农村土地收益的增加。

3. 城乡建设用地增减挂钩中土地增值收益来源

农村建设用地整治腾退土地尚未建立公开、合理的价格形成机制，价值补偿没有充分体现农民的土地财产权益，有的片面追求节余用地指标，对农村生产生活实际需要考虑不够。溯本追源，城乡建设用地增减挂钩中新增建设用地的增值源于拆旧区建设用地发展权的丧失、建新区土地所有权和使用权征收以及公共基础配套和社会投资等。

8.7.2　测 算 原 则

2012 年颁布的《国土资源部关于下达 2012 年城乡建设用地增减挂钩指标的通知》（国土资函[2012]533 号）明确规定，“要合理分配增减挂钩的增值收益，规范收益用途，将增减挂钩所获增值收益及时返还农村，用于支持农村发展和改善生活条件，增减挂钩增值收益返还，要以能够平衡农民新居和新村基础设施建设所需资金、不额外增加农民负担为最低标准”。此规定可作为土地增值收益最低返还标准测算的基本原则。

8.7.3　模 型 构 建

1. 土地增值收益测算

根据国土资函[2012]533 号文件的规定，“要合理分配增减挂钩的增值收益，制定城乡建设用地增减挂钩土地增值收益返还最低标准。”由此，增减挂钩土地增值收益最低返还标准的确定，首先需要测算土地增值收益。但是鉴于城乡建设用地增减挂钩指标的利用与出让不统一，且较难统计，导致土地增值收益较难获得，若利用粗略测算的土地增值收益来确定最低返还标准，在一定程度上会损害农民利益。从成本角度考虑，初步测算增值收益的最低返还标准，然后通过实证检验，确定最低返还标准，确保不额外增加农民负担。

2. 最低返还标准模型构建

根据城乡建设用地增减挂钩土地增值收益最低返还标准测算原则，考虑到新增建设用地土地有偿使用费征收等别，制定依据与最低收益返还标准分等的依据基本相同，并且新增费等别，能够反映平均土地收益的县域差异，同时其与城乡建设用地增减挂钩项目土地增值收益返还的使用方向均是用于惠农支农支出，故城乡建设用地增减挂钩土地增值收益最低返还标准的等别划分可以借鉴全国新增费等别的划分标准，并结合各地市经济发展水平，初步划分若干个等别。技术路径为：①从城乡建设用地增减挂钩项目安置区建设及配套的成本角度，结合增减挂钩项目节余指标情况，初步测算土地增值收益最低返还标准。②根据增减挂钩项目节余指标在不同使用方向的平均供地收益及各地实施城乡建设用地增减挂钩项目过程中的土地增值收益实际返还标准的情况，综合确定土地增值收益的最低返还标准，多角度确保农民权益不受损害。城乡建设用地增减挂钩土地增值收益最低返还标准测算具体模型见图 8.2。

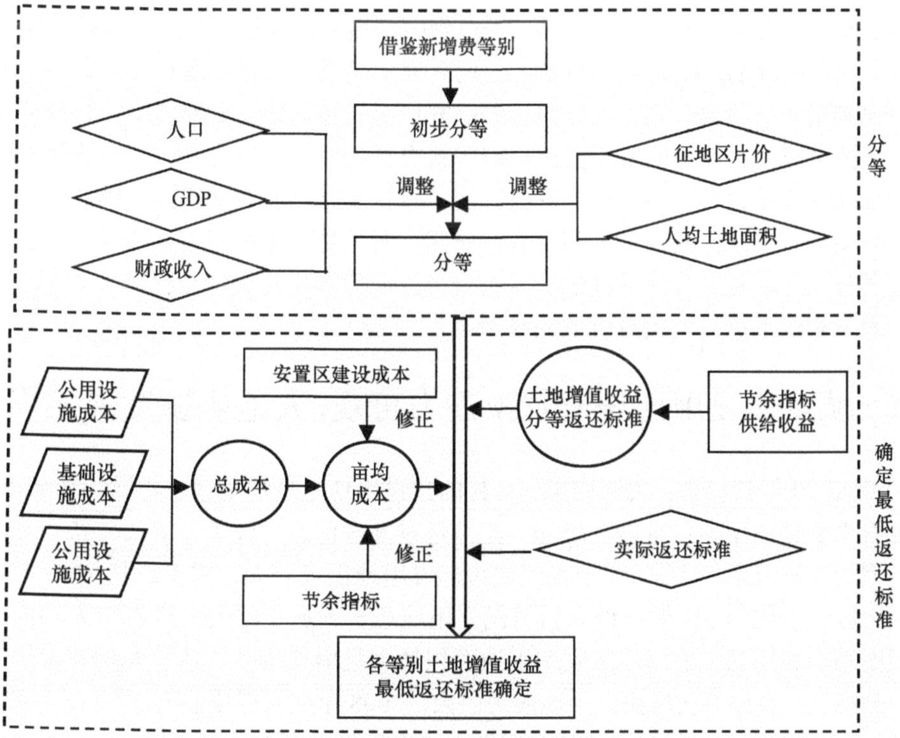

图 8.2　土地增值收益最低返还标准测算模型

第 9 章　城乡建设用地统筹置换研究的总结与思考

9.1　研究结论与主要观点

9.1.1　城乡建设用地统筹置换势在必行，亟须综合性研究作支撑

作为社会经济快速发展中的人口大国，改革开放后我国的城市化速度惊人，1978~2014 年城市化水平由 17.92%提高到 54.77%，年均增长 1.02%。这意味着有越来越多的人居住于城市，因此，随着城市化水平不断提高，城市建设用地需求也越来越大。过去的 30 余年，我国城市化水平每提高 1%，平均需增加城市建设用地 1247km^2。自 1996 年进入快速城市化阶段以来，城市化水平每提高 1%，需增加城市建设用地 1275km^2。然而，建设用地数量有限，如此日益增长的巨大的用地需求该如何保障？如何在坚守耕地红线的前提下保障发展用地？农村地区巨大的用地潜力成为问题解决的突破口。从此，自上而下、自下而上、社会各界、由点到面开启城乡建设用地统筹置换的实践与研究，也引起了学界的广泛重视。但是过去的研究多是基于城市或农村独立系统展开，且城市土地利用相关研究较多，农村的相关研究相对较少，城乡土地利用综合研究更为缺乏。科学推进城乡建设用地统筹置换是破解新农村建设缺乏综合平台、城镇化发展缺乏用地指标的综合途径，许多地区已率先开展了置换实践，但方法不同、模式各异、问题突出。亟须开展相关的城乡土地利用综合研究，尤其是在置换理论、实践方法、相关技术等方面齐头并进且具有支撑性的城乡建设用地统筹置换相关综合性研究，为政策制度创新、地方实践推进提供更有价值的参考。

9.1.2　城乡建设用地统筹置换潜力可观，人地协调发展尤为重要

20 世纪 90 年代以来，我国城市、乡村的建设用地总量均呈增长态势。在城市地区，全国各省份的建设用地总量均在增加，尤其是东部省份总量较大、增长较快。基于时间序列模型的预测显示，未来 20 年我国城市建设用地需求巨大，需求总量达 32 014 km^2。在农村地区，全国约 3/5 的省份农村居民点用地总量增加，绝大多数省份人均面积均有不同程度超标和增长，中部地区人均用地面积最大且增长最多。基于人均建设用地面积标准预测显示，全国农村居民点用地潜力巨大，2008 年现状理论值为 57 115 km^2。理论上讲，通过合理挖掘农村居民点集约利用潜力将能保障未来 20 年全国城市建设用地需求。当然，不同省份农村居民点用地潜力对城市建设用地增长的保障能力不同，天津、上海、浙江等省份的现状农村居民点用地潜力并不能完全保障城市需求。总体来看，城市建设用

地需求和农村居民点集约利用潜力均较大，开展城乡建设用地统筹置换十分必要。

建设用地是支撑人类社会经济发展的重要载体，其变化与人口变化关系密切。建设用地规划应严格按照国家规定的人均标准，其变化应与人口变化相互协调，以尽可能实现土地节约集约利用。基于人口与建设用地变化关系分析可知，在城市地区，70%以上的省份呈现弱脱钩状态，表明大部分省份城市建设用地增长率高于人口增长率，两者协调性欠佳；在农村地区，农村居民点用地并没有随着农村人口的减少而减少，近一半省份呈现强脱钩状态，12 个省份呈现衰退脱钩状态，表明绝大多数省份农村居民点用地变化与人口变化不协调。并且结合城乡地区来看，全国城乡人口与建设用地变化的关系可划分为 7 种类型区，有 1/3 的省份人口与建设用地变化关系极不协调。因此，未来在开展城乡建设用地统筹置换的过程中，不仅要注重挖掘现状农村居民点用地潜力，平衡发展用地需求，同时要兼顾城乡人口与建设用地变化相互协调，使土地开发利用趋于科学合理，避免建设用地低效扩张加剧。

9.1.3　城乡建设用地统筹置换多角度多要素多主体综合作用机制

城乡建设用地统筹置换实际上是建设用地数量的内部结构调整与空间优化配置，是一项由多种主体参与、受多种因素影响、涉及两大土地管理系统的复杂系统工程。从影响因素角度分析，其影响因素包括社会经济发展水平、建设用地总量、产业发展特征、城市化与人口流动、土地利用效率、政府决策导向等，且各类影响因素间具有复杂的作用与反作用关系。从数量结构变化与空间结构调整角度分析，城乡建设用地增长可分为自然增长阶段和置换阶段，其中置换阶段按照需求类型可划分为高度置换、适度置换、低度置换及不置换；置换重点为村、乡镇、县（市、区）、地级市四种尺度空间的指标有偿流动使用，置换范围越大，操作越复杂。从政府和市场作用角度分析，政府与市场在城乡建设用地统筹置换过程中各自发挥重要作用，但应把握政府机制与市场机制在这一过程中的“度”，过多的政府管制会限制土地市场的有效运行；而缺乏诸如土地登记、土地信息系统等的管制对土地市场运行也是不利的。

9.1.4　不同类型不同尺度区域的城乡建设用地统筹置换实践启示

通过横向比较分析江苏的万顷良田建设、天津的宅基地换房、山东的农村社区化建设和重庆的地票交易市场运行的典型实践可知，江苏、天津、山东均在不同程度上改变了农村居民点平均规模小、布局分散、分布不均的格局，提高了农村用地效率，节约了用地指标，但在具体实践过程中，如何保障作为最基础参与主体的农民的权益是所面临的重点问题与难题。重庆的实践注重探索土地市场交易，第一次将农村地区荒置的土地通过复垦而变为建设用地指标推向市场，取得成效的同时也存在诸多问题。通过以地处传统农区的山东省德州市为例，纵向剖析“地市—县—乡镇—村”体系的城乡建设用地统筹置换实践可知，实践兼顾以推进开发区建设、促进县域城镇化、保障小城镇建设等多项发展需求；当前的城乡建设用地统筹置换实践主要由政府主导、自上而下开展，不同尺度区域的实践目标、任务等不同，各地区表现出不同的实践形式，各类型区的空间集聚方式、操作路径各异；通过置换，农村建设用地统一整理并复垦为土地，所涉及拆迁的村庄向周边小城镇和中心村集聚，有效解决了地区农村居民点平均规模小、布局分散、分布不均的问题。通过调查研究发现，目前城乡建设用地统筹置换实践仍存在置换实践缺乏法律保障、置换细则难以保障农民权益，市场机制发育缓慢主体错位，少数地方政府实践经验不足，参与机制以及维权机制缺乏等5个主要问题，不利于城乡建设用地统筹置换综合效益最大化的实现。问题的根源在于国家层面约束性的法律、法规、政策尚不健全，地方政府操作不合理、不统一，且缺乏细则以及科学研究支撑。

9.1.5　基于区域、需求、过程的城乡建设用地统筹置换优化模式

基于“实践区域、用地需求、操作过程”三个层面，本书提出城乡建设用地统筹置换优化模式，并构建模式体系。基于实践区域划分，将城乡建设用地统筹置换模式分为县域、市域、省域三种区域模式；基于用地需求类型，将城乡建设用地统筹置换模式分为以提高城市用地效率为基础的适度控制型统筹置换模式、以快速城市化发展为引导的保障增长型统筹置换模式、以产业规模发展为需求的集约联动型统筹置换模式、以小城镇发展建设为需求的支撑推动型统筹置换模式和以农村发展建设为需求的增长预留型统筹置换模式；基于操作过程特征，将城乡建设用地统筹置换模式分为以保护基础参与者权益为前提的拆迁与安置优化模式、以可持续发展理念为指导的补偿与保障优化模式、“创新、发展、公平”的资金运作与管理优化模式。

9.1.6　基于实践调查研究的城乡建设用地统筹置换技术路径启示

城乡建设用地统筹置换实践是一项复杂的系统工程，操作环节复杂、参与主体众多。针对地方实践存在主观性太强、科学性不足的现实问题，提出置换实践过程应划分为前期研究、规划与设计、建设与整理、指标置换、后期评估与验收5个阶段，及城镇土地集约利用程度评价、城镇建设用地需求预测、农村居民点整治增地潜力测度、城乡建设用地统筹置换的必要性评价、村镇体系规划编制、置换实践的目标村域选取、可行性研究及详细规划设计、拆旧村建新村、废弃宅基地整治复垦与培肥、过程监督与定期评估、新增用地指标的统筹配置和利益分配、置换效果综合评估与验收等 12 个环节。着重探讨了城镇土地利用集约度评价、农村居民点整治增地潜力测度、村域尺度农村土地综合整治优先序评价、中心社区规划、城乡建设用地统筹置换效果综合评估、土地增值收益及其最低返还标准测算等6项技术的具体操作。

9.2　城乡建设用地统筹置换的主要对策

9.2.1　完善政府机制

我国人口多、耕地少的基本国情，以及快速工业化、城镇化进行中用地需求大的现实状况，从根本上决定了开展城乡土地集约和节约利用的重要性。由于农村集体建设用地效率低下、整治增地潜力巨大，科学推进城乡建设用地统筹利用势在必行，但需严格规范、有序开展。调查研究发现，完善的制度和政策安排、有效的公共服务支撑是顺利开展城乡建设用地统筹置换的前提条件。由此，急需进一步完善政府机制、转变政府职能。一是要树立正确的政绩观，以投入更多精力解决发展中的现实问题，为土地置换提供及时有效的公共服务。具体地，应进一步完善政府财税体制和干部考核机制，切实降低政府对土地财政的依赖、及时优化政府的目标函数。二是要加强统筹城乡土地利用的相关制度建设，完善建设用地置换的法律体系。应进一步明晰农村集体建设用地的产权，以及农村宅基地的补偿标准和农民的安置要求，为城乡建设用地置换提供更好的制度安排。经系统实验和科学研究，逐步构建满足城乡一体化土地市场科学、合理、有效运行的制度体系。三是要建立部门协作机制，促进规划衔接、资金整合，协同推进城乡建设用地统筹置换。对于具体操作时产生的突发问题，各部门应及时作出反应。最终目标是实现城乡建设用地统筹置换与城乡统筹发展的有效结合、相互促进。

9.2.2　健全市场机制

为保障城乡建设用地统筹置换的顺利推进，有必要对城乡二元的土地市场结构进行优化调整。构建城乡一体化土地市场。党的十七届三中全会报告提出要“逐步建立城乡统一的建设用地市场，对依法取得的农村集体经营性建设用地，必须通过统一有形的土地市场、以公开规范的方式转让土地使用权，在符合规划的前提下与国有土地享有平等权益。抓紧完善相关法律法规和配套政策，规范推进农村土地管理制度改革。”这将对农村集体建设用地市场的发育起到导向性作用。但是，考虑到农村集体土地总量大，潜力可观，如果超速挖潜可能对土地市场造成巨大冲击，并且也不利于城市的集约化、紧凑型发展。因此，必须参照土地利用规划、城市总体规划、村镇体系规划、村镇规划等相关规划，逐步、适当、有条件地放开。这需要政府机制和市场机制的耦合，实现政府科学引导和市场高效配置。

9.2.3　明确参与机制

城乡建设用地统筹置换是一项系统工程，运行程序复杂、涉及利益主体众多、社会影响面甚广。当地农民既是农村集体土地的所有权人，也是宅基地的用益物权人，宅基地是与之生活与发展密切相关的土地权利，并相对弱势，其收益权、参与权应率先得到保障。应当以物权法和土地管理法为依据，构建以生存与发展利益为核心的权利体系，主要包括知情权、决策权和发展权等。充分尊重农民意愿，重视农民献言献策，确立农民复垦主体地位，激发农民积极性和创造性，切实保护农民合法权益。在前期研究、工程设计、中期评估、后期复垦、优化利用等各环节，均有必要明确相关村民的参与机制，保障其知情权、决策权和发展权。事实上，这也是确保工程顺利实施，尽量减少矛盾冲突的有效途径。比如，在前期工作中村民的参与可能有助于选择更为适宜的模式，在工程设计环节村民的本土化知识更有助于节约成本、提高实用性，在复垦中的村民参与更能保障复垦质量、确保顺利验收，优化利用环节的村民参与更能促进农村产业发展。总而言之，应大力提高农民的知情权和参与权，完善农民合法权益诉求机制，真正建立起一种关于利益冲突者的监督制约关系，更有助于促进城乡建设用地置换以更加平稳、健康、有序的方式运行。

9.2.4　全程监督评估

城乡建设用地统筹置换事关“以工促农、以城带乡”的战略大局，关乎群众切身利益，因此必须做好全程化的多方监督、综合评估工作，据此促进综合目标的顺利达成。比如，在前期的可行性评估时，应推行城市用地潜力大的不启动、农民住宅条件好的不启动、招商引资进度慢的不启动等类似的一票否决制；在规划方案论证时，补偿标准明显偏低的不通过、公众参与机制不全的不通过、部门规划衔接不够的不通过；在中期评估时，未达到计划任务的要追责、当地村民意见大的要追责；在项目验收时，民生保障不好的要追责、发生经济问题的要追责。逐步推行第三方监督，第三方必须是有资质、讲信誉的专业机构；实施监督、评估的参与者还应尽量包括相关领域专家、工程师、造价师、当地村民、普通市民、企事业单位负责人、当地干部等。

9.2.5　加强科技支撑

城乡建设用地统筹置换涉及置换潜力调查、村民意愿评估、过程监督评估、各类规划编制、各类建筑设计、中心社区选址、土地整理复垦等方面，需要理学、工学、农学以及人文与社会科学相关知识的统筹集成。应进一步加强高分影像支持下的置换潜力调查技术、村民意愿分析与评估技术、中心地理论支持下的村镇规划技术和新社区选址技术、节能减排导向下的新民居设计技术、置换模式综合遴选技术、宅基地整治复垦及土壤培肥与耕地熟化技术、复垦后土地质量和社会经济效益评价标准与技术、置换项目综合评估技术、置换管理信息系统等相关技术的研发和示范推广。为新时期科学推进城乡建设用地统筹置换、切实实现城乡统筹与可持续发展提供有效的科技支撑，确保置换过程的科学性、高效性和置换效果的可持续性。

9.3　城乡建设用地统筹置换的政策建议

9.3.1　科学划定城市增长边界挖掘城市集约用地潜力

有序开展城乡建设用地统筹置换是坚守耕地红线、保障城市建设用地供给、推进新农村建设的综合途径，具有一举多得的效果。尽管如此，对于具体区域而言，确保城市的土地已经集约利用、指标需求较为合理，是开展城乡建设用地统筹置换的基本前提。城市的紧凑化发展是有效防治城市“摊大饼”扩张，防止大拆大建，减少耕地占用，促进生态环境保护，提高城市运行的经济效率、资源效率和生态效率的科学途径。如果城市内部挖潜的空间还较大，则应优先考虑挖潜战略；如果城市内部挖潜的空间十分有限，则可适度、有序推进城乡建设用地统筹置换。由此，建议基于精明增长理论、新城市主义、紧凑城市理论等相关理论，科学划定城市增长边界并严格执行，挖掘城市集约用地潜力，促进城市用地效率提升。并对城市用地内部挖潜进行综合评价和等级划分，作为是否开展城乡建设用地统筹置换的关键参考指标。

9.3.2　基于分类抽样开展建设用地置换项目综合评估

开展城乡建设用地统筹置换是大势所趋，既不能错失良机，也不可操之过急，总结各地已实施项目的经验教训非常重要。建议基于分类抽样，尽快开展建设用地置换项目综合评估，对前期工作、规划设计、过程控制、实施效果、综合效益等进行系统的调查、评估和分析。鼓励各项目区开展自我评估；逐步推进城乡建设用地统筹置换项目质量的第三方评估机制，对达到一定面积规模的置换项目开展第三方评估。实施评估的参与者应尽量包括相关领域专家、工程师、造价师、当地村民、普通市民、企事业单位负责人、当地干部等。通过评估，发现问题、找出关键、总结经验、吸取教训。据此为新时期城乡建设用地统筹置换实践提供知识储备，为土地管理制度、土地置换政策、部门协调机制等相关制度、政策的建立和完善提供参考。

9.3.3　尽快出台城乡建设用地统筹置换相关操作细则

城乡土地统筹置换既需要国家层面的制度与政策供给，也需要各地因地制宜出台相关操作细则，以更为有效地推进实践。在土地管理法律法规尚未修订时，各地研究出台操作细则，对置换过程进行严格规范就显得尤为重要且需求迫切。综合实地调研所搜集的各地已出台的细则可看出，大多存在补偿价格偏低、新房造价不透明等问题。根源在于细则出台过程中的公众参与不足，尤其是当地不同类型村民的参与不足。建议在广泛的公众参与的基础上，尽快研究出台城乡统筹背景下科学推进城乡建设用地统筹置换的相关操作细则，明确置换项目的前期调查研究事项、公众全程参与机制、项目投融资机制、旧房补偿标准、新房建设标准和价格公示机制、复垦质量标准、进度计划、风险控制、利益诉求机制、指标使用、评估机制等，并经媒体公示，征求公众意见后发布，规范当前迅猛开展且问题凸显的城乡建设用地置换实践。

9.3.4 完善部门协作机制联动推进城乡建设用地置换

城乡建设用地统筹置换涉及旧房拆迁、新房建设、农户安置、土地复垦、指标交易、产业发展、民生保障等众多复杂问题，需要国土、建设、农业、水利、交通、工业、财政等相关部门的合作，即“政府组织、部门联动、群众参与”，部门联动是重要环节。建议尽快完善部门协作机制，实现各部门的规划衔接、项目对接、资金整合，联动推进城乡建设用地置换工作，改变过去各自为政的局面，切实将有限的资金整合起来并发挥最大效力。既要首先确保耕地面积不减少、建设用地不增加、用地需求有保障，又要力争实现人居环境大改善、现代农业见效益、农民就业有门路。

9.3.5 创新开展城乡一体化土地市场的综合模拟研究

不可否认，城乡二元化的土地市场结构对我国的工业化和区域经济增长起到了积极作用。但又必须承认的是，该制度体系已经越来越不适应统筹城乡发展的现实需求。从家庭联产承包责任制的全面推行，到鼓励发展乡镇企业，再到允许和鼓励农民进城务工，正是针对农业、农村、农民的系列制度和政策创新助推了改革开放以来的中国经济增长。构建城乡一体化土地市场，促进工业化、城镇化、农业现代化的协调发展，实现“三农”问题的成功破解，可为我国经济增长提供新的动力。但正因如此，必须充分考虑创新的制度安排、政策设计、风险规避，有必要开展构建城乡一体化土地市场的多情景综合模拟研究，构建区域模型和国家模型，探讨政策设计方案，模拟政策实施效果，评估政策实施风险，为中央和地方政府决策提供参考支撑。

9.3.6 深入推进构建城乡一体化土地市场的地方试点

20 世纪 90 年代我国已开始在浙江、安徽、广东、江苏等省的部分地区开展了农村集体土地进入市场的试点。但地域类型相对有限，难以对当前时期的新情况和新问题有较为全面的反映。应认真贯彻落实和深入推进构建城乡一体化土地市场的地方试点工作。在区域类型上，可考虑东、中、西三大地区均有分布；在区域尺度上，一体化市场的空间范围应立足县域，争取在地市级层面有所突破；在发展导向上，城镇化、工业化、农业现代化的目标导向在不同试点区可有所侧重。通过在不同类型区推进构建城乡一体化土地市场试点，发现问题，总结经验，为新时期土地制度改革及城乡建设用地统筹置换配套政策的完善提供科学参考。

9.4 尚需继续加强研究的领域

由于城乡建设用地统筹置换研究较复杂且工作量较大，本书重点开展了基于理论分析与实践探索的机理与模式研究。鉴于城乡建设用地统筹置换研究的理论和实践意义以及研究的不足，认为下一步应继续完善城乡建设用地统筹置换研究的理论和方法体系，并加大定量研究与实证研究，优先进行以下内容研究：

（1）尝试开展基于 3S 技术的城乡建设用地统筹置换空间分析与模拟预测。在当前理论分析与实践探索的基础上，结合案例应用 3S 技术对具体区域进行城乡建设用地统筹置换的空间定量分析与模拟预测，为城乡建设用地统筹置换的合理规模、布局优化提供定量参考。

（2）继续开展不同类型区的城乡建设用地统筹置换实践研究。重点开展东部沿海发达地区、中部传统农区、西部山地丘陵区等不同类型区域典型县（市）城乡建设用地统筹置换实践分析，以便更好地总结经验教训，提炼优化模式，为新时期的城乡建设用地统筹置换实践提供更系统、全面、有力的支撑。

（3）深入开展城乡建设用地统筹置换的技术路径研究。城乡建设用地统筹置换需要科学研究作支撑，其中的技术研究是指导实践顺利进行的重要内容，目前尚缺乏对各类技术的深入研究，有待结合案例实证研究进行进一步的完善。

（4）探讨在全国范围内的跨省用地置换。目前，国内实践主要以控制在县域范围内为主，部分地级市经批准后执行市域范围实践，只有少数有发展需求的地区以及特殊发展需要（如扶贫开发和异地搬迁）的地区，经批准后准许用地指标在省域范围内跨市有偿流动使用。从社会经济发展角度来看，用地需求较大的区域往往在东部沿海地区和中、西部的大城市区域，且其经济承受能力较强；而迫切需要通过城乡建设用地统筹置换实践来增加耕地面积、促进规模经营、推进新农村建设和农村城镇化发展的区域主要在中、西部的欠发达传统农区，但该类区域的县域经济承受能力较弱，县内统筹置换的难度较大、需求较低。从这个角度来看，跨省用地置换有必要、有价值，但用地置换的尺度越大，难度越大，需慎之又慎，有待进一步分析全国范围内的跨省用地置换机理、路径、风险与模式，为拓展置换的区域层级提供决策参考。

参考文献

安祥生. 2006. 城镇建设用地增长及其预测——以山西省为例. 北京大学学报(哲学社会科学版), (S1): 87-90.

巴洛维, 1987. 土地资源经济学——不动产经济学. 谷树忠译. 北京: 北京农业大学出版社.

白钰. 2009. 基于可持续发展内涵的城乡建设用地增减挂钩分析.//中国土地学会 2009 年中国土地学会学术年会论文集. 北京: 中国大地出版社, 603-608.

鲍丽萍, 王景岗. 2009. 中国大陆城市建设用地扩展动因浅析. 中国土地科学, 23(8): 68-72.

蔡运龙. 1999. 农业与农村可持续发展的地理学研究. 地球科学进展, 20(4): 12-14.

曹阳, 王春超, 李鲲鹏. 2011. 农户、地方政府和中央政府决策中的三重博弈. 产经评论, (1): 80-88.

陈百明, 杜红亮. 2006. 试论耕地占用与 GDP 增长的脱钩研究. 资源科学, 28(5): 36-42.

陈秉钊. 1999. 北京城市建设的战略抉择. 城市规划, 23(12): 27-39.

陈国建, 刁承泰, 黄明星. 2002. 重庆市区城市建设用地预测研究. 长江流域资源与环境, 11(5): 403-408.

陈荣清, 张凤荣, 孟媛, 等. 2009. 农村居民点整理的现实潜力估算. 农业工程学报, 25(4): 216-221.

陈锡文. 2010. 工业化、城镇化与三农问题. 中国经济网. http://www.360doc.com/content/10/ 1213/09/19671-77590745.shtml. 2010-12-7.

陈永梅. 2005. 中国农民的权利贫困分析. 湖北经济学院学报, 3(2): 98-101.

陈玉福, 孙虎, 刘彦随. 2010. 中国典型农区空心村综合整治模式. 地理学报, 65(6): 727-735.

崔宝敏. 2010. 天津市"以宅基地换房"的农村集体建设用地流转新模式. 中国土地科学, 24(5): 37-46.

邓华, 段宁. 2004. "脱钩"评价模式及其对循环经济的影响. 中国人口·资源与环境, 14(6): 44-47.

董祚继, 谢海霞, 徐小黎. 2010. 先完善试点再有序推进——重庆市开展地票交易试点工作的情况及思考. 中国土地, (9): 8-11.

杜官印, 蔡运龙. 2010. 1997-2007 年中国建设用地在经济增长中的利用效率. 地理科学进展, 29(6): 693-700.

杜军. 2010. 基于统筹城乡发展的土地资源优化配置研究. 重庆: 西南大学硕士学位论文.

樊杰. 2008. "人地关系地域系统"学术思想与经济地理学. 经济地理, 28(2): 177-183.

方创琳. 2004. 中国人地关系研究的新进展与展望. 地理学报, 59(10): 21-32.

方创琳. 2005. 区域发展战略论. 北京: 科学出版社.

方创琳. 2009. 中国城市化进程及资源环境保障报告. 北京: 科学出版社.

方创琳, 鲍超, 乔标, 等. 2008. 城市化过程与生态环境效应. 北京: 科学出版社.

方创琳, 冯仁国, 黄金川. 2003. 三峡库区不同类型地区高效生态农业发展模式与效益分析. 自然资源学报, 18(2): 228-234.

方创琳, 刘晓丽, 蔺雪芹. 2008. 中国城市化发展阶段的修正及规律性分析. 干旱区地理, 31(4): 512-523.

方创琳, 张小雷, 史育龙, 等. 2011.中国城镇产业布局分析与决策支持系统. 北京: 科学出版社.

费孝通. 1997. 江村农民生活及其变迁. 甘肃: 敦煌文艺出版社.

冯长春, 程龙. 2010. 老城区存量土地集约利用潜力评价——以北京市东城区为例. 城市发展研究, 17(7): 86-92.

冯长春. 2008. 中国土地储备制度探讨. 农业工程学报, 24(S1): 247-249.

冯科, 吴次芳, 韩昊英, 等. 2010. 杭州市土地利用总体规划的建设用地控制成效研究. 自然资源学报, 25(3): 376-385.

冯文勇, 郑庆荣, 李秀英, 等. 2007. 农村聚落空心化研究现状综述及趋势. 信阳师范学院学报(哲学社会科学版), 27(1): 70-73.

高建华, 李会勤. 2003. 农村居民点整理模式的调查与研究——以河南汝州市温庄村为例. 农村经济, (10): 26-27.
谷晓坤, 卢新海, 陈百明. 2010. 大城市郊区农村居民点整理效果分析——基于典型案例的比较研究. 自然资源学报, 25(10): 1649-1657.
顾晓薇, 王青, 刘敬智, 等. 2005. 环境压力指标及应用. 中国环境科学, 25(3): 315-319.
郭建军. 2007. 我国城乡统筹发展的现状、问题和政策建议. 经济研究参考, (1): 24-44.
郭杰, 欧名豪, 刘琼, 等. 2009. 基于 BP 神经网络的南通市建设用地需求预测. 资源科学, 31(8): 1355-1361.
郭琳, 严金明. 2007. 中国建设占用耕地与经济增长的退耦研究. 中国人口·资源与环境, 17(5): 48-53.
国家统计局. 2009. 中国统计年鉴(2009). 北京: 中国统计出版社.
国土资源部. 2002. 县级土地开发整理规划编制要点. 北京: 国土资源部. http://www.doc88.com/P-607590807947.html. 2017-9-03.
国土资源部规划司, 国土资源部土地整理中心. 2008. 推动用地增减挂钩促进城乡统筹发展——城乡建设用地增减挂钩试点工作手册. 北京: 地质出版社.
国土资源部土地整理中心. 2003. 土地开发整理项目管理. 北京: 中国人事出版社.
何格. 2009. 统筹城乡土地利用: 模式与绩效. 中国农学通报, 25(21): 367-370.
何英彬, 陈佑启, 姚艳敏. 2008. 农村居民点土地整理潜力研究方法述评. 地理与地理信息科学, 24(4): 80-83.
贺秀斌, 文安邦, 张信宝, 等. 2005. 农业生态环境评价的土壤侵蚀退耦指标体系. 土壤学报, 42(5): 852-856.
侯志茹. 2007.东北地区产业集群发展动力机制研究. 长春: 东北师范大学博士学位论文.
胡道儒. 1999. 开展农村宅基地整理是实现耕地总量动态平衡的有力保障. 国土经济, (4): 34-35.
胡佛. 1990. 区域经济学导论. 王翼龙译. 北京: 商务印书馆.
胡建生. 2007. “城乡建设用地增减挂钩”模式的法律问题. 中国发展观察, (6): 52-54.
胡贤辉, 杨钢桥, 张霞, 等. 2007. 农村居民点用地数量变化及驱动机制研究——基于湖北仙桃市的实证. 资源科学, 29(3): 191-197.
黄慧明. 2007. 美国“精明增长”的策略、案例及在中国应用的思考. 现代城市研究, 22(5): 19-28.
黄季焜, 朱莉芬, 邓祥征. 2007. 中国建设用地扩张的区域差异及其影响因素. 中国科学: D 辑, 37(9): 1235-1241.
黄秋昊, 蔡运龙. 2009. 国内几种土地利用变化模型述评. 中国土地科学, 19(5): 25-30.
贾玫. 1999. 内涵挖潜, 退宅还田——浅析吉林省农村居民点土地整理潜力. 中国土地, (6): 2-3.
姜广辉, 张凤荣, 陈军伟, 等. 2007. 基于 Logistic 回归模型的北京山区农村居民点变化的驱动力分析. 农业工程学报, 23(5): 81-87.
姜广辉, 张凤荣, 孔祥斌. 2009. 北京山区农村居民点整理用地转换方向模拟. 农业工程学报, 25(2): 214-221.
蒋芳, 刘盛和, 袁弘. 2007. 北京城市蔓延的测度与分析. 地理学报, 62(6): 649-658.
焦必方, 孙彬彬. 2009. 日本现代农村建设研究. 上海: 复旦大学出版社.
孔爱国, 郭秋杰. 1996. 城市规模与城市污染——数理模型的分析. 数量经济技术经济研究, (2): 53-58.
孔雪松, 刘艳芳, 邹亚锋, 等. 2010. 基于农户意愿的农村居民点整理潜力测算与优化. 农业工程学报, 26(8): 296-301.
赖红松, 董品杰. 2003.基于灰色预测和神经网络的城市建设用地量预测. 测绘信息与工程, 28(6): 36-39.
雷军, 张雪艳, 吴世新, 等. 2005. 新疆城乡建设用地动态变化的时空特征分析. 地理科学, 25(2): 161-166.
黎夏, 叶嘉安. 1999. 约束性自动演化 CA 模型及可持续城市发展形态的模拟. 地理学报, 54(4):

289-298.
黎夏, 叶嘉安. 1997. 利用遥感监视和分析珠江三角洲的城市扩张过程: 以东莞市为例. 地理研究, 16(4): 56-62.
李衡, 刘晓光, 苏安玉. 2007. 黑龙江省农村居民点用地调查与潜力测算. 国土与自然资源研究, (2): 47-48.
李加林, 许继琴, 李伟芳, 等. 2007. 长江三角洲地区城市用地增长的时空特征分析. 地理学报, 62(4): 437-447.
李建华, 吴良才. 2009. 基于 MGM-Markov 的城镇建设用地预测模型的研究. 安徽农业科学, 37(29): 14282-14284.
李建建. 2004. 中国城市土地市场结构研究. 北京: 经济科学出版社.
李景刚, 张效军, 高艳梅, 等. 2011. 我国城乡二元经济结构与一体化土地市场制度改革及政策建议. 农业现代化研究, 32(3): 297-301
李君, 李小建. 2009. 综合区域环境影响下的农村居民点空间分布变化及影响因素分析. 资源科学, 31(7): 1195-1204.
李旺君, 王雷. 2009. 城乡建设用地增减挂钩的利弊分析. 国土资源情报, (4): 34-37.
李宪文, 张军连, 郑伟元, 等. 2004. 中国城镇化过程中村庄土地整理潜力估算. 农业工程学报, 20(4): 276-279.
李效顺, 曲福田, 郭忠兴, 等. 2008. 城乡建设用地变化的脱钩研究. 中国人口资源与环境, 18(5): 179-184.
李新延, 李德仁. 2005. 应用多主体系统预测和分析城市用地变化. 武汉大学学报, 38(5): 109-113.
李岩, 赵庚星, 王瑷玲. 2006. 土地整理效益评价指标体系研究及其应用. 农业工程学报, 22(4): 98-101.
李裕瑞, 刘彦随, 龙花楼. 2010. 中国农村人口与农村居民点用地的时空变化. 自然资源学报, 25(10): 1629-1638.
李占军, 范之安, 高明秀, 等. 2007. 挂钩政策下农村居民点整理模式与对策研究. 山东农业大学学报, 32(1): 32-36.
梁进社, 王旻. 2002. 城市用地与人口的异速增长和相关经验研究. 地理科学, 22(6): 649-654.
廖和平, 唐娜. 2010. 基于统筹城乡发展的土地资源优化配置研究. 西南大学学报, 32(10): 153-158.
廖蓉, 杜官印. 2004. 荷兰土地整理对我国土地整理发展的启示. 中国国土资源经济, 17(9): 25-27.
林坚. 1987. 试论中国农村经济发展模式的研究. 经济研究, (8): 59-62.
林坚. 2009. 中国城乡建设用地增长研究. 北京: 商务印书馆.
林坚, 陈祁晖, 晋璟瑶. 2004. 土地应该怎么用——城市土地集约利用的内涵与指标评价. 中国土地, (11): 4-7.
林坚, 李尧. 2007. 北京市农村居民点用地整理潜力研究. 中国土地科学, 21(1): 58-65.
刘海龙. 2005. 从无序蔓延到精明增长——美国“城市增长边界”概念述评. 城市问题, (3): 67-72.
刘纪远, 邓祥征. 2009. LUCC 时空过程研究的方法进展. 科学通报, 54(21): 3251-3258.
刘纪远, 王新生, 庄大方, 等. 2003. 凸壳原理用于城市用地空间扩展类型识别. 地理学报, 58(6): 885-892.
刘荣增. 2008. 城乡统筹理论的演进与展望. 郑州大学学报, 41(4): 63-67.
刘瑞, 朱道林, 朱战强, 等. 2009. 基于 Logistic 回归模型的德州市城市建设用地扩张驱动力分析. 资源科学, 31(11): 1919-1926.
刘盛和, 吴传钧, 沈洪泉. 2000. 基于 GIS 的北京城市土地利用扩展模式. 地理学报, 55(4): 407-416.
刘书楷, 曲福田. 2006.土地经济学. 北京: 中国农业出版社.
刘小平, 黎夏, 艾彬, 等. 2006. 基于多智能体的土地利用模拟与规划模型. 地理学报, 61(10): 1101-1112.
刘学伟, 宋戈. 2007. 城市建设用地规模预测方法与应用研究——以黑龙江省哈尔滨市为例. 中国国土资源经济, (12): 28-31.

刘彦随. 1999. 区域土地利用优化配置. 北京: 学苑出版社.
刘彦随. 2007. 中国东部沿海地区乡村转型发展与新农村建设. 地理学报, 62(6): 563-570.
刘彦随. 2011. 中国新农村建设地理论. 北京: 科学出版社.
刘彦随, 邓旭升, 甘红. 2005. 我国城市土地利用态势及优化对策. 重庆建筑大学学报, 27(3)1-4.
刘彦随, 刘玉, 翟荣新. 2009. 中国农村空心化的地理学研究与整治实践. 地理学报, 64(10): 1193-1202.
刘彦随, 刘玉. 2010. 中国农村空心化问题研究的进展与展望. 地理研究, 29(1): 35-42.
刘燕平. 2009. 俄罗斯的土地资源管理. http://www.mlr.gov.cn/tdsc/lltt/200912/t20091209_ 128730.htm.
刘永怀. 2009. 农村建设用地置换工作中存在问题及对策. 国土与自然资源研究, (3): 33-34.
刘勇, 吴次芳, 杨志荣. 2008. 中国农村居民点整理研究进展与展望. 中国土地科学, 22(3): 68-73.
刘忠庆, 宋宪明, 王西明. 2005. 建设用地指标置换的问题与对策. 中国土地, (4): 25-26.
龙花楼, 李裕瑞, 刘彦随. 2009. 中国空心化村庄演化特征及其动力机制. 地理学报, 64(10): 1203-1213.
龙花楼. 2006. 中国农村宅基地转型的理论与证实. 地理学报, 61(10): 1093-1100.
龙梅玉. 2003. 关于政府职能转变与管理创新的思考. 南方论刊, (12): 55-56.
龙瀛, 毛其智, 沈振江, 等. 2008. 综合约束 CA 城市模型: 规划控制约束及城市增长模拟. 城市规划学刊, (6): 83-91.
卢祖丹, 赵定涛, 黄细兵. 2009. 建设用地置换的经济效益热点地区评定. 中国工业经济, (7): 16-25.
陆大道, 姚士谋, 刘慧, 等. 2007. 2006 中国区域发展报告: 城镇化进程及空间扩张. 北京: 商务印书馆.
陆大道. 2002. 关于地理学的“人-地系统”理论研究. 地理研究, 21(2): 135-145.
陆大道. 2007. 我国的城镇化进程与空间扩张. 城市规划学刊, (4): 47-52.
吕寒. 2009. “挂钩”不仅是为了指标——对江苏省太仓市城乡建设用地增减挂钩试点的思考. 中国土地, (5): 48-50.
吕小彪, 周均清, 王乘. 2004. 英国控制城市土地开发对中国的启迪. 小城镇建设, (11): 90-94.
吕月珍. 2009.农户参与城乡建设用地增减挂钩的实证分析. 杭州: 浙江大学硕士学位论文.
马凯. 2006. 中国城乡建设用地市场的统一趋势研究. 资源与产业, 8(3): 121-125.
马克伟, 张巧玲. 2001. 土地永续利用和社会经济可持续发展. 中国土地科学, 15(2): 1-5.
马荣华, 陈雯, 陈小卉, 等. 2004. 常熟市城镇用地扩展分析. 地理学报, 59(3): 418-426.
马歇尔. 2008. 经济学原理. 刘生龙译. 北京: 中国社会科学出版社.
毛汉英. 1995. 人地系统与区域持续发展研究. 北京: 中国科学技术出版社.
毛汉英. 2008. 区域发展与区域规划: 理论·方法·实践. 北京: 商务印书馆.
倪绍祥, 刘彦随. 1999. 区域土地资源优化配置及其可持续利用. 生态与农村环境学报, 15(2): 8-12.
倪星, 付景涛. 2008, 大部门体制: 英法经验与中国视角. 天津行政学院学报, 10(1): 47-52
欧阳芳辉. 2010. 城镇建设用地增加与农村建设用地减少相挂钩初探//中国土地学会, 2010 年中国土地学会学术年会论文集. 北京: 中国大地出版社, 151-157.
彭保发, 胡曰利, 吴远芬, 等. 2007. 基于灰色系统模型的城乡建设用地规模预测——以常德市鼎城区为例. 经济地理, 27(6): 999-1002.
朴振焕. 2005.韩国新村运动——20 世纪 70 年代韩国农村现代化之路. 北京: 中国农业出版社.
秦富, 钟钰, 张敏, 等. 2009. 我国“一村一品”发展的若干思考. 农业经济问题, (8): 4-8.
邱炳文, 陈崇成. 2008. 基于多目标决策和 CA 模型的土地利用变化预测模型及其应用. 地理学报, 63(2): 165-174.
邱道持, 刘力, 曹蕾, 等. 2005. 城镇建设用地控制模型研究——以重庆市为例. 西南师范大学学报(自然科学版), 30(5): 944-948.
邱道持. 1996. 重庆市建设用地预测模型探讨. 经济地理, 16(3): 10-15.
曲福田. 2007. 典型国家和地区土地整理的经验及启示. 资源与人居环境, (20): 12-17.
曲衍波, 张凤荣, 姜广辉, 等. 2011. 农村居民点用地整理潜力与"挂钩"分区研究. 资源科学, 33(1):

134-142.
任保国. 2005. 转变政府职能建设服务型政府. 前沿, (7): 102-104.
任海军, 张晓星, 周湶. 2010. 元胞自动机时空数据模型与预测方法. 重庆大学学报, 33(8): 52-57.
沈兵明. 2001. 城镇化过程中农居点迁并整理与建设用地置换研究. 人文地理, 16(2): 62-65.
施九青. 1994. 当代中国政治运行机制. 济南: 山东人民出版社.
石海洋, 康慕宁, 邓正宏. 2010. 基于灰色BP网络的城市建设用地预测模型. 计算机工程与应用, 46(1): 218-220.
石磊, 张天柱. 2005. 贵阳市循环经济发展度量的研究. 中国人口·资源与环境, 15(5): 63-66
石诗源, 张小林. 2009. 江苏省农村居民点用地现状分析与整理潜力测算. 中国土地科学, 23(9): 52-58.
石忆邵, 彭志宏, 陈华杰, 等. 2008. 国际大都市建设用地变化特征、影响因素及对上海的启示. 城市规划学刊, (6): 32-39.
石忆邵. 1997. 城市土地置换的实践与思考. 社会科学, (11): 56-58.
史培军, 陈晋, 潘耀忠. 2000. 深圳市土地利用变化机制分析. 地理学报, 55(2): 151-160.
宋伟, 陈百明, 陈曦炜. 2008. 农村居民点整理潜力测算模型的理论与实证. 农业工程学报, 24(S1): 1-5.
宋伟, 陈百明, 姜广辉. 2010. 中国农村居民点整理潜力研究综述. 经济地理, 30(11): 1871-1877.
宋伟, 陈百明, 杨红, 等. 2008. 我国农村宅基地资源现状分析. 中国农业资源与区划, 29(3): 1-5.
宋伟, 张凤荣, 陈曦炜. 2006. 我国农村居民点整理潜力测算方法研究. 广东土地科学, 5(5): 43-46.
宋伟, 张凤荣, 孔祥斌, 等. 2006. 自然经济限制性下天津市农村居民点整理潜力估算. 自然资源学报, 21(6): 888-899.
孙强, 蔡运龙. 2008. 日本耕地保护与土地管理的历史经验及其对中国的启示. 北京大学学报(自然科学版), 44(2): 249-256.
谈明洪, 李秀彬, 吕昌河. 2003. 我国城市用地扩张的驱动力分析. 经济地理, 23(5): 635-639.
谈明洪, 李秀彬. 2010. 世界主要国家城市人均用地研究及其对我国的启示. 自然资源学报, 25(11): 1813-1822.
覃莉, 周旭. 2010. 增减挂钩不可因噎废食. 中国土地, (7): 33-35.
谭荣, 曲福田. 2010. 中国农地发展权之路. 治理结构改革代替产权结构改革. 管理世界, (6): 56-64.
谭术魁. 涂姗. 2009. 征地冲突中利益相关者的博弈分析——以地方政府与失地农民为例. 中国土地科学, 23(11): 27-31, 37.
唐礼智. 2007. 我国城市用地扩展影响因素的实证研究——以长江三角洲和珠江三角洲为比较分析对象. 厦门大学学报(哲学社会科学版), (6): 90-96.
唐敏, 王仁贵. 2010. 农地权益进退——“撤村并居”是与非. 瞭望, (47): 20-23.
唐琰, 周军辉, 孙浩. 2011. 从土地整理到土地综合整治的升华. 法制与社会, (5): 190-191.
田光进, 刘纪远, 庄大方, 等. 2003. 基于遥感与GIS的20世纪90年代中国城镇用地时空特征. 第四纪研究, 23(4): 421-427.
田光进, 庄大方. 2003. 基于遥感与 GIS 的中国城镇用地扩展特征. 地球科学进展, 23(1): 44-47.
田光明, 曲福田. 2010. 中国城乡一体土地市场制度变迁路径研究. 中国土地科学, 24(2): 24-30.
田玉福. 2014. 德国土地整理经验及其对我国土地整治发展的启示. 国土资源科技管理, 31(1): 110-114.
汪小钦, 徐涵秋, 陈崇成. 2000. 福清市城市时空扩展的遥感监测及其动力机制. 福州大学学报(自然科学版), 28(2): 111-115.
王瑷玲, 赵庚星, 李占军. 2006. 土地整理效益项目后综合评价方法. 农业工程学报, 22(4): 58-61.
王成新, 姚士谋, 陈彩虹. 2005. 中国农村聚落空心化问题实证研究. 地理科学, 25(3): 257-262.
王君, 朱玉碧, 郑财贵. 2007. 对城乡建设用地增减挂钩运作模式的探讨. 农村经济, (8): 29-31.
王克强, 赵露, 刘红梅. 2010. 城乡一体化的土地市场运行特征及利益保障制度. 中国土地科学, 24(12): 52-57.
王丽英. 2007. 关于城乡建设用地增减挂钩的思考. 国土资源科技管理, (6): 155-158.

王良健, 师迎春, 林目轩. 2008. BP 神经网络结合小波处理在城市扩张预测中的应用. 中国土地科学, 22(1): 39-47.
王仁贵. 2010. 从农民到市民的距离. 瞭望, (47): 28-29.
王涛, 白田田. 国土资源部整肃城乡建设用地增减挂钩. 经济参考报, 2011-1-10. http://www.mir.gov.cn/xwdt/jrxw/201102/t20110214-816140.htm
王万茂. 1997. 土地整理的产生、内容和效益. 中国土地, (9): 20-22.
王炜, 杨晓东, 曾辉, 等. 2005. 土地整理综合效益评价指标与方法. 农业工程学报, 21(10): 70-73.
吴传钧. 1991. 论地理学的研究核心——人地关系地域系统. 经济地理, 11(3): 1-6.
吴大放, 刘艳艳, 董玉祥, 等. 2010. 珠海市建设用地变化时空特征及其驱动力分析. 经济地理, 30(2): 226-232.
吴得文, 张小雷, 毛汉英, 等. 2011. 中国城市土地利用效率评价. 地理学报, 66(8): 1111-1121.
吴殿廷, 虞孝感, 查良松, 等. 2006. 日本的国土规划与城乡建设. 地理学报, 61(7): 771-780.
吴丰林. 2010. 城市产业集聚动力与模式研究. 北京: 中国科学院地理科学与资源研究所博士学位论文.
吴冠岑, 牛星. 2009. 构建城乡一体化的建设用地市场探讨. 广东土地科学, 8(4): 4-8.
吴宏安, 蒋建军, 周杰, 等. 2005. 西安城市扩张及其驱动力分析. 地理学报, 60(1): 143-150.
吴郁玲, 曲福田. 2007. 中国城市土地集约利用的影响机理: 理论与实证研究. 资源科学, 29(6): 106-113.
伍振军, 张云华, 孔祥智. 2010. 宅基地置换增值收益分配——基于 J 市的案例研究. 江汉论坛, (9): 11-16.
熊黑钢, 邹桂红, 崔建勇. 2010. 基于 GIS 的乌鲁木齐城市用地空间结构变化研究. 地理科学, 30(1): 86-91.
徐红. 2006. 济南市农村居民点用地潜力分析. 山东国土资源, 22(10): 58-61.
徐绍史. 2009. 大力推进农村土地整治恰逢其时. 中国国土资源报, (4), 29.
薛东前, 王传胜. 2003. 无锡城市用地扩展的时空特征与趋势分析. 资源科学, 25(1): 9-14.
薛力. 2001. 城市化背景下的"空心村"现象及其对策探讨——以江苏省为例. 城市规划, 25(6): 8-13.
杨爱芳. 2001. 市场经济条件下的政府职能转变. 郑州轻工业学院学报(社会科学版), (4): 59-61.
杨钢桥. 2004. 国外城镇用地扩张的控制. 现代城市研究, (8): 57-60.
杨桂山. 2001. 长江三角洲近 50 年耕地数量变化的过程与驱动机制研究. 自然资源学报, 16(2): 121-127.
杨克, 陈百明, 宋伟. 2009. 河北省耕地占用与 GDP 增长的脱钩分析. 资源科学, 31(11): 1940-1946.
杨遴杰, 张建. 2006. 韩国建设用地整理是如何做的. 河南国土资源, (7): 46-47.
杨巧玲. 2007. 对城镇与农村建设用地挂钩政策的探讨. 安徽农业科学, 35(2): 536-538.
杨青生, 黎夏. 2007. 多智能体与元胞自动机结合及城市用地扩张模拟. 地理科学, 27(4): 542-548.
杨庆媛, 冯应斌, 杨华均, 等. 2010. 土地整理项目空间分异及其与经济发展的耦合关系. 农业工程学报, 26(3): 323-331.
杨庆媛, 田永中, 王朝科, 等. 2004. 西南丘陵山地区农村居民点土地整理模式——以重庆渝北区为例. 地理研究, 23(4): 469-478.
杨杨, 吴次芳, 郑娟尔. 2007. 土地资源约束对中国经济增长的影响. 技术经济, 26(11): 529-532, 537.
姚士谋, 陈爽. 1998. 长江三角洲地区城市空间演化趋势. 地理学报, 53(S1): 1-10.
叶剑平, 丰雷, 蒋妍, 等. 2010. 2008 年中国农村土地使用权调查研究——17 省份调查结果及政策建议. 管理世界, 2010(1): 64-73.
叶艳妹, 吴次芳. 1998. 我国农村居民点用地整理的潜力、运作模式与政策选择. 农业经济问题, 19(10): 54-57.
殷清慧, 周宝同. 2010. 重庆市江津区土地利用城乡统筹评价研究. 安徽农业科学, 38(2): 6456-6458.
曾辉, 褚艳铃, 李书娟. 2007.南昌地区建设用地空间扩展的广义转移概率模型建设与应用研究. 地理科学, 27(4): 473-479.

翟文侠, 黄贤金, 张强, 等. 2006. 基于层次分析的城市开发区土地集约利用研究——以江苏省为例. 南京大学学报(自然科学版), 46(1): 96-102.
张凤荣, 张琳. 2006. 耕地保护如何纳入征集考核体系. 中国土地, (8): 10-11.
张金前, 韦素琼. 2006. 快速城市化过程中城市用地扩展驱动力研究. 福建师范大学学报(自然科学版), 22(4): 14-18.
张良悦, 师博, 刘东. 2009. 中国城市土地利用效率的区域差异——对地级以上城市的 DEA 分析. 经济评论, (4): 18-26.
张庭伟. 1999. 控制城市用地蔓延: 一个全球的问题. 城市规划, 23(8): 44-63.
张维迎. 2010. 博弈论与信息经济学. 上海: 格致出版社.
张心怡, 刘敏, 孟飞. 2006. 基于 RS 和 GIS 的上海城建用地扩展研究. 长江流域资源与环境, 15(1): 29-33.
张宇, 欧名豪, 张全景. 2006. 钩, 该怎么挂——对城镇建设用地增加与农村建设用地减少相挂钩政策的思考.中国土地, 2006(3): 23-24.
张占录, 张远索. 2010. 基于现状调查的城市郊区农村居民点整理模式. 地理研究, 29(5): 891-898.
张正峰, 陈百明. 2003. 土地整理的效益分析. 农业工程学报, 19(2): 210-213.
张正峰, 赵伟. 2011. 土地整理的资源与经济效益评估方法. 农业工程学报, 27(3): 295-299.
赵涛. 2005. 中国城市用地扩展及其驱动机制. 北京: 中国科学院研究生院博士学位论文.
赵婷婷, 张凤荣, 姜广辉, 等. 2008. 北京市顺义区城乡建设用地增减联动研究. 国土资源科技管理, 25(6): 11-17.
赵一平, 孙启宏, 段宁. 2006. 中国经济发展与能源消费响应关系研究——基于相对"脱钩"与"复钩"理论的实证研究. 科研管理, 27(3): 128-134.
郑华玉, 沈镭. 2008. 城市土地集约利用评价研究——以发展中的深圳市为例. 自然资源学报, 23(6): 1009-1021.
郑泽庆, 黄贤金, 钟太洋, 等. 2008. 我国城市土地集约利用评价研究综述. 山东师范大学学报(自然科学版), 23(3): 89-93, 98.
中国经济周刊. 2010. 江苏镇江新区"万顷良田"工程: "惠农"还是"毁农". http://money.163.com/10/0914/10/6GHKVB3J00253B0H.html.
周国华, 贺艳华. 2006. 长沙城市土地扩张特征及影响因素. 地理学报, 61(11): 1171-1180.
周琳琅. 2005. 统筹城乡发展: 理论与实践. 北京: 中国经济出版社.
周小平, 黄蕾, 谷晓坤, 等. 2010. 城乡建设用地增减挂钩规划方法及实证. 中国人口.资源与环境, 20(10): 79-85.
周一星. 2007. 城市地理学. 北京: 商务印书馆.
朱莉芬, 黄季焜. 2007. 中国城乡发展用地模式的区域差异及其影响因素分析. 中国农村经济, (3): 4-12.
朱琳. 2010. 城乡建设用地增减挂钩政策研究. 重庆: 西南大学硕士学位论文.
朱天明, 杨桂山, 万荣荣. 2009. 城市土地集约利用国内外研究进展. 经济地理, 29(6): 977-983.
朱希钢, 张永福, 董煜, 等. 2010. 基于灰色序列 GM(1, 1)模型的阿克苏市建设用地需求预测研究 河北农业科学, 14(1): 81-83.
朱晓华, 陈秧分, 刘彦随, 等. 2010. 空心村土地整治潜力调查与评价技术方法——以山东省禹城市为例. 地理学报, 65(6): 736-744.
卓莉, 李强, 史培军, 等. 2006. 基于夜间灯光数据的中国城市用地扩展类型. 地理学报, 61(2): 169-178.
Angel S, Sheppard S C, Civco D L, et al. 2005. The dynamics of global urban expansion. Washington D.C: The World Bank 1-2.
Avijit G. 2002. Geo-indicators for tropical urbanization. Environmental Geology, 42(7): 736-742.
Ballingall J, Steel D, Briggs P. 2003. Decoupling economic activity and transport growth: the state of play in New Zealand. Wellington New Zealand: 26th Australasian Transport Research Forum, 1-21.

Batty M, Xie Y C, Sun Z L. 1999. Modeling urban dynamics through GIS-based cellular automata. Computers. Environment and Urban Systems, 23(3): 205-233.

Brueckner J K, Fansler D A. 1983. The economics of urban sprawl: theory and evidence on the spatial size of cities. Review of Economics and Statistics, 65(3): 479-482.

Bura S. 1996. Multiagent systems and the dynamics of a settlement system. Geographical Analysis, 28(2): 161-178.

Carter A P. 1996. The Economice of technological change. Scientific American, 214: 25-31.

Chhabra R. 1985. India: environmental degradation, urban slums, political tension. Draper Fund Report, 105(14): 1-6.

Cloke P. 1979. Key settlements in rural areas. London: Methuen.

Clout H D. 1972. Rural Geography: An Introductory Sruvey. Oxford: Pergamon.

Deng X Z, Huang J K, Rozelle S. 2010. Economic growth and the expansion of urban land in China. Urban studies, 47(4): 813-843.

Döös B R. 2002. The problem of predicting global food production. Royal Swedish Academy of Sciences, 31(5): 417-424.

Fang S F, Gertner G Z, Sun Z L, et al. 2005. The impact of inter-actions in spatial simulation of the dynamics of urban sprawl. Landscape and Urban Planning, 73(4): 294-306.

Fazal S. 2000. Urban expansion and loss of agricultural land-a GIS based study of Saharanpur City, India. Environment and Urbanization, 12(2): 133-149.

Geymen A, Baz I. 2008. Monitoring urban growth and detecting land-cover changes on the Istanbul metropolitan area. Environment Monitoring and Assessment, 36(1-3): 449-459.

Henderson J V. 1974. Optimum city size: the external diseconomy question. The Journal of Political Economy, 1974(2): 373-388.

Hoggart K, Buller H. 1987. Rural Development: A Geographical Perspective. London: Croom Helm.

Kline J D, Alig R J. 1999. Does land use planning slow the conversion of forest and farm lands. Growth and Change, 30(1): 3-22.

Lambin E F, Geist H J. 2006. land-use and land-cover change: local processes and global impacts. Berlin: Springer.

Li J, Zhao H M. 2003. Detecting urban land-use and land-cover changes in mississauga using landsat TM Images. Journal of Environmental Informatics, 2(1): 38-47.

Li L, Sato Y, Zhu H H. 2003. Simulating spatial urban expansion based on a physical process. Landscape and Urban Planning, 64(1-2): 67-76.

Liu J Y, Zhan J Y, Deng X Z. 2005. Spatio-temporal patterns and driving forces of urban land expansion in China during the economic reform era. Ambio, 34(6): 450-455.

Liu S H, Prieler S, Li X B. 2002. Spatial patterns of urban land use growth in Beijing. Journal of Geographical Sciences, 12(3): 266-274.

Long H L, Li Y R, Liu Y S, et al. 2012. Accelerated restructuring in rural China fueled by "increasing vs. decreasing balance" land-use policy for dealing with hollowed villages. Land Use Policy, 29(1): 11-22.

Long H L, Liu Y S, Wu X Q, et al. 2009. Spatio-temporal dynamic patterns of farmland and rural settlements in Su-Xi-Chang region: implications for building a new countryside in coastal China. Land Use Policy, 26(2): 322-333.

Northam R M. 1975. Urban geograph. New York: John Wiley & Sons.

OECD. 2003. Effects of quantitative constraintson the degree of decoupling of crop support measures. Oecd, papers, 5(11): 152-192.

OECD. 2005. Decoupling: Illustrating some open questions on the production impact of different policy Instruments. Oecd, papers, 5(11): 61-102.

OECD. 2005. Modelingthe impact of agricultural policieson farm investments under uncertainty: the case of the cap of arable crop regime. Oecd, papers, 5(11): 1-35.

OECD. 2005. OECD-china seminar on environmental indicators proceedings. Paris: Oecd, papers.

Organisation for Economic Co-operation and Develepment. Decoupling: a conceptual overview. Paris: Oecd, papers.

Roberto C, Maria C G, Paolo R. 2002. Urban mobility and urban form: the social and environmental cost of different patterns of urban expansion. Ecological Economics, 40(2): 192-216.

Schneider A, Woodcock C E. 2008. Compact, dispersed, fragmented, extensive? a comparison of urban growth in twenty-five global cities using remotely sensed data, pattern metrics and census information. Urban Studies, 45(3): 659-692.

Semboloni F, Assfalg J, Ar-meni S, et al. 2004. CityDev, an interactive multi-agents urban model on the web. Computers, Environment and Urban Systems, 28(1): 45-64.

Semboloni F, Assfalg J, Armeni S, et al. 2004. CityDev, an interactive multi-agents urban model on the web. Computers, Environment and Urban Sys-tems, 28(1): 45-64.

Seto K C, Fragkias M. 2005. Quantifying spatiotemporal patterns of urban land-use change in four cities of China with time series landscape metrics. Landscape Ecology, 20(7): 871-888.

Seto K C, Kaufmann R K. 2003. Modeling the driver of urban land use change in the pearl river delta, China: integrating remote sensing with socioeconomic data. Land Economics, 79(1): 106-121.

Seto K C, Shepherd J M. 2009. Global urban land-use trends and climate impacts. Current Opinion in environmental Sustainability, 1(1): 89-95.

Seto K C, Woodcock C E, Song C, et al. 2002. Monitoring land-use change in the pearl river delta using Landsat TM. Remote Sensing, 23(10): 1985-2004.

Sheshinski E. 1973. Congestion and the optimum city size. American Economic Association, 63(2): 61-66.

Stephen Faulkner. 2004. Urbanization impacts on the structure and function of forested wetlands. Urban Ecosystems. 7(2): 89-106.

Sui D Z. 1994. GIS and urban studies: Positivism, post-positiv-ism, and beyond. Urban Geography, 15(3): 258-278.

Syphard A D, Clarke K C, Franklin J. 2005. Using a cellular automaton model to forecast the effects of urban growth on habitat pattern in southern California. Ecological Complexity, 2(2): 185-203.

Tan M H, Li X B, Lu C H. 2005. Urban land expansion and arable land loss of the major cities in China in the 1990s. Science in China Series D: Earth Sciences, 48(9): 1492-1500.

Tan M H, Li X B, Xie H, et al. 2005. Urban land expansion and arable land loss in China--a case study of Beijing-Tianjin-Hebei region. Land Use Policy, 22(3): 187-196.

Tapio P. 2005. Towards a theory of decoupling: degrees of decoupling in the EU and case of road traffic in finland between 1970 and 2001. Transport Policy, 12(2): 137-151.

Turner B L, Lambin E F, Reenberg A. 2007. The emergence of land change science for global environmental change and sustainability. PNAS, 104(52): 20666-20671.

United Nations. 2009. World demographic trends. Commission on Population and Development (Forty-second session)1-5.

Vehmas J, Kaivo-oja J, Luukkanen J. 2003. Comparative delinking and re-linking analyses of material flows in the EU-15 member countries. Wuppertal: Conaccount Conference "Quo Vadis M- FA" 2-6.

Xiao J Y, Shen Y J, Ge J F, et al. 2006. Evaluating urban expansion and land use change in Shijiazhuang, China, by using GIS and remote sensing. Landscape and Urban Planning, 75(1-2): 69-80.

Zhang T W. 2000. Land market forces and government's role in sprawl: the case of China. Cities, 17(2): 123-135.

附　　录

禹城市研究案例与类型区分布

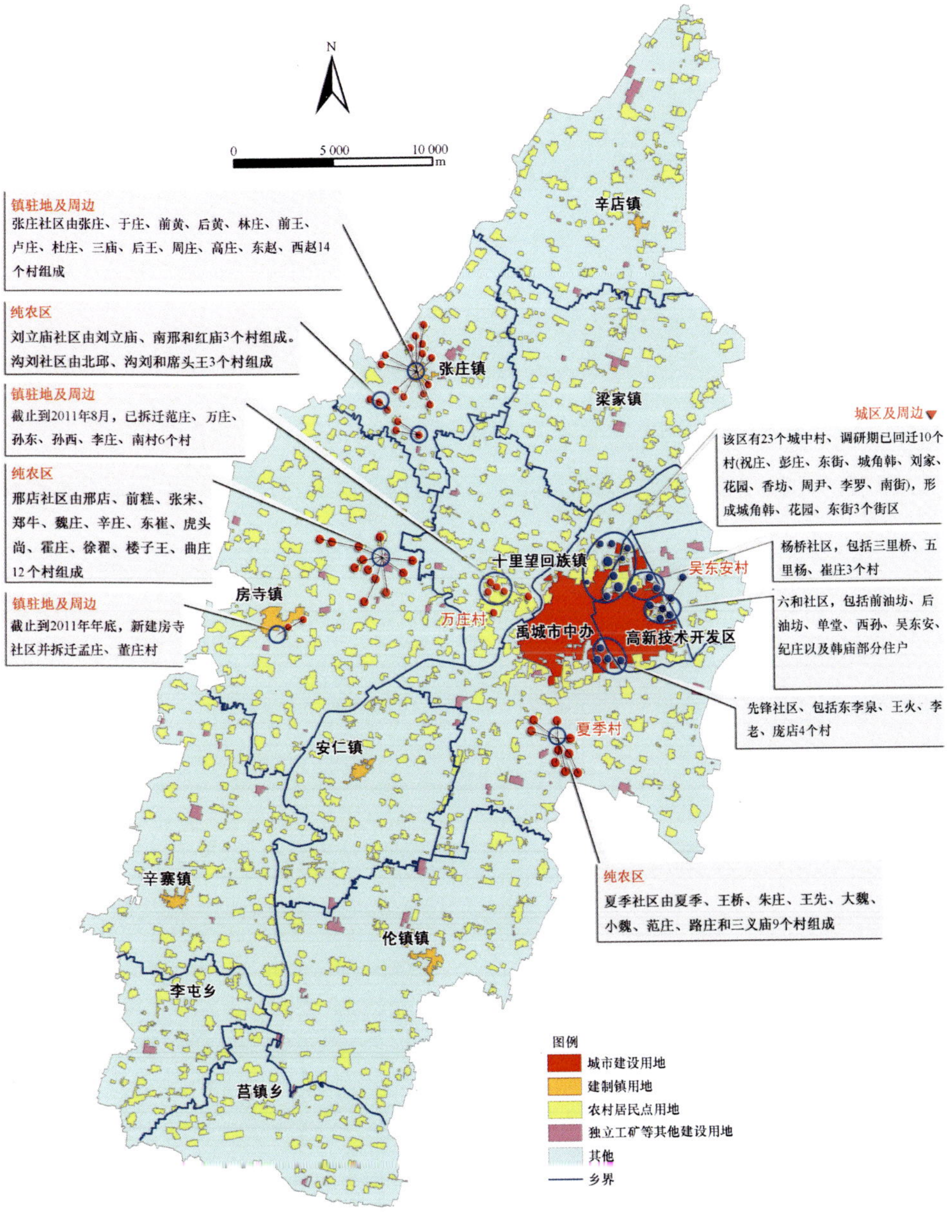

彩　　图

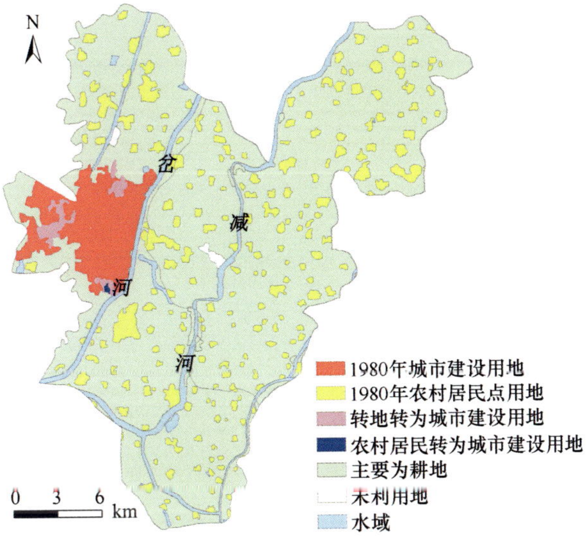

图 6.7　1980~2000 年德州市区土地利用变化

注：1980 年和 2000 年 Landsat TM 30m×30m 遥感影像解译

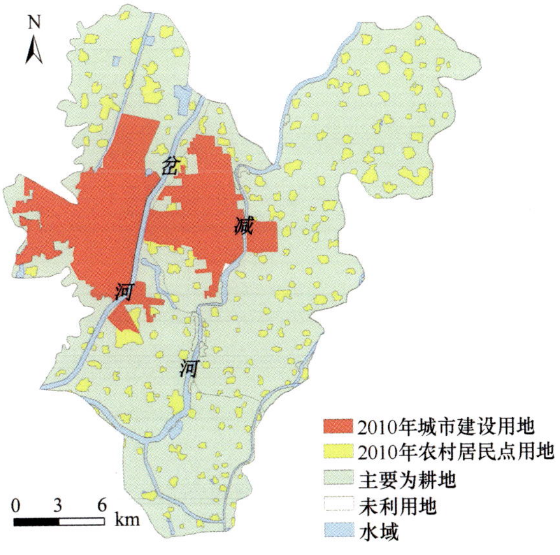

图 6.8　2010 年德州市区土地利用现状

注：基于德州经济开发区基础调研中所得资料手工绘制

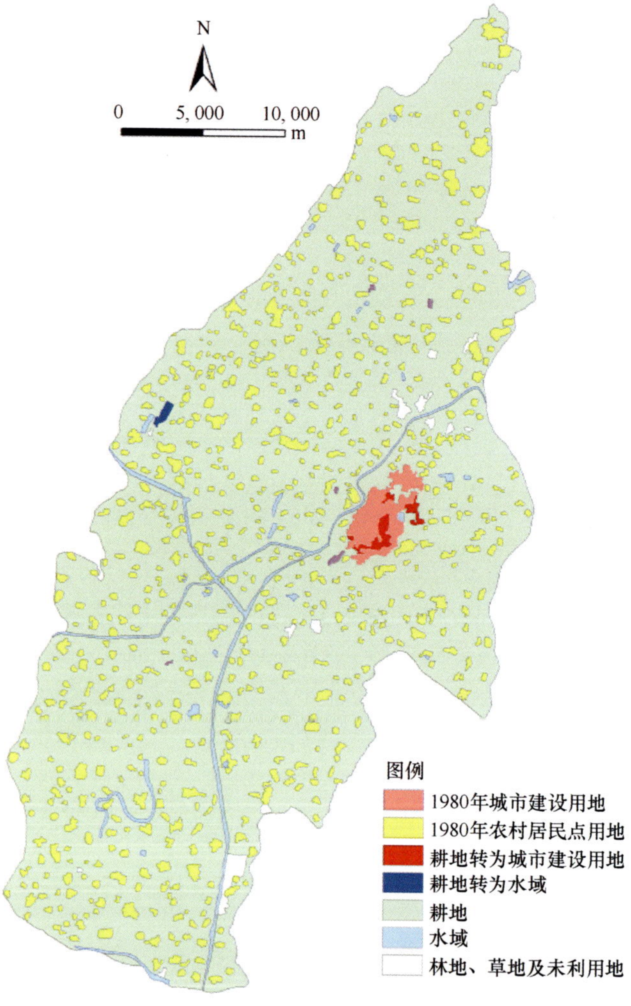

图 6.11　1980~2000 年禹城市土地利用变化

注：1980 年和 2000 年 Landsat TM 30m×30m 遥感影像解译

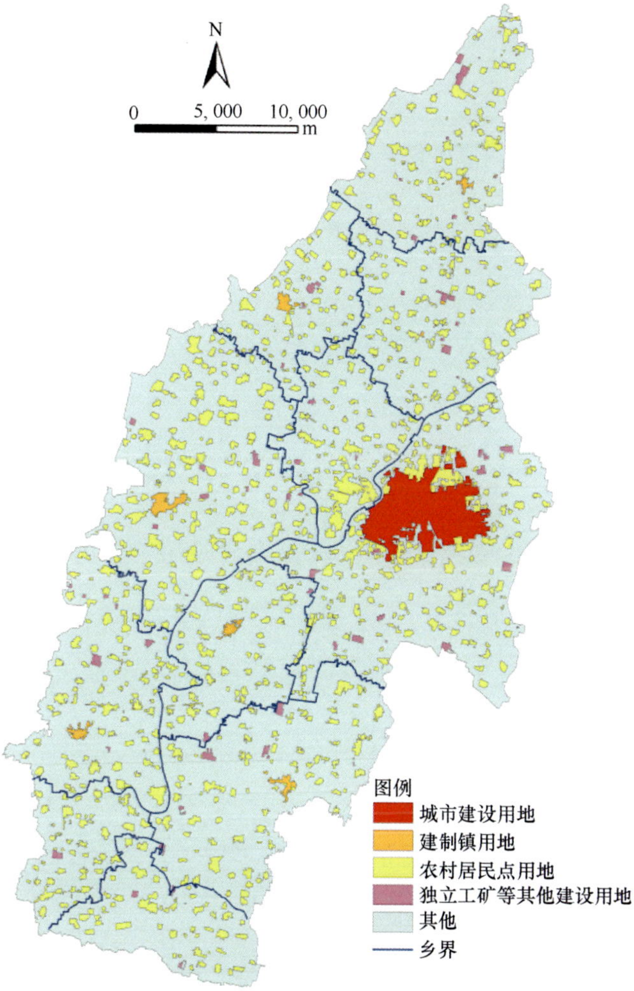

图 6.12 2009 年禹城市土地利用现状

注：基于禹城市基础调研中所得资料手工绘制

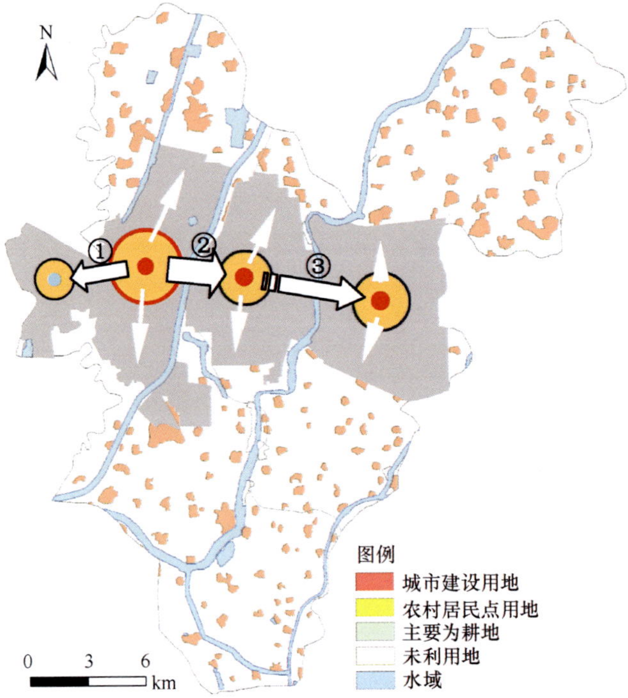

图 6.21 未来 10~20 年德州城市空间发展

注：①2000 年以前市区向西扩张；②2000 年以后市区向东跨越岔河，逐步建设德州经济开发区减河以西区域；③未来 10~20 年德州经济开发区继续向东扩，跨越减河，逐步完善东部高铁新区建设

资料来源：基于德州经济开发区基础调研中所得资料绘制

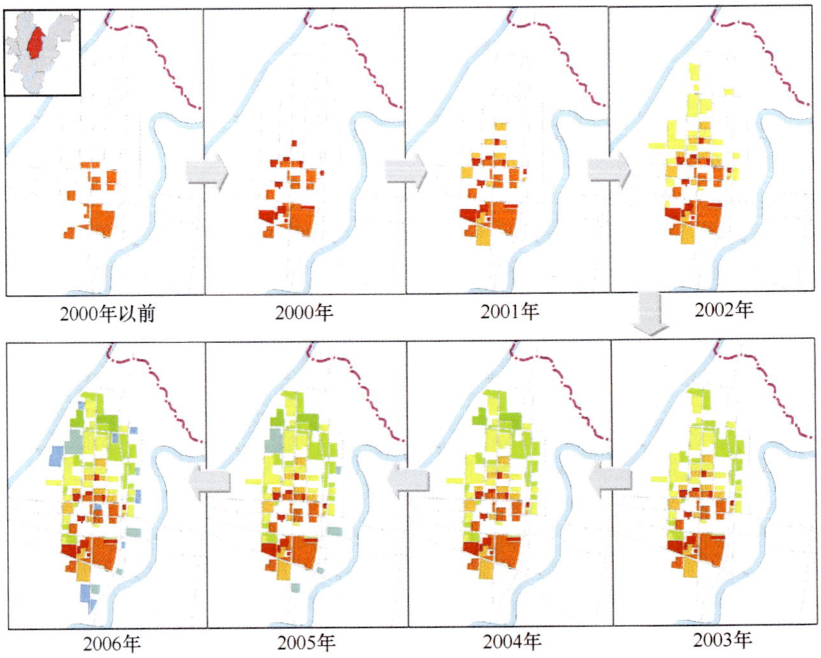

图 6.22 2000~2006 年德州经济开发区减河以西企业用地扩张

注：基于德州经济开发区基础调研与访谈中所得资料绘制

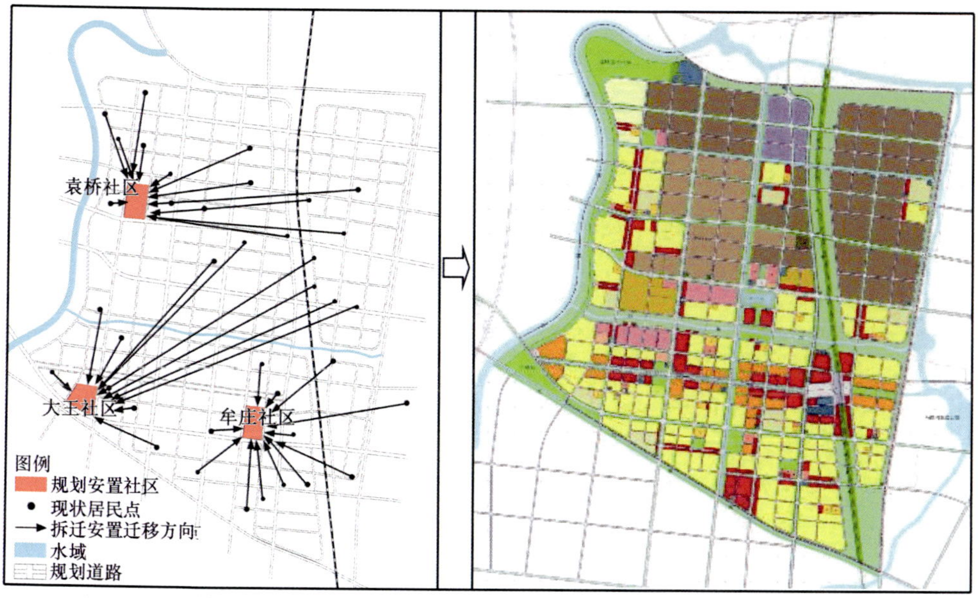

(a) (b)

图 6.23 德州经济开发区高铁新区社区建设规划

注：图 23（a）根据实地调研手工绘制，图 23（b）来源于实地调研资料。袁桥社区合并村庄 16 个，安置人口 8964 人，占地 493.5 亩；大王社区合并村庄 12 个，安置人口 6658 人，占地 367.5 亩；牟庄社区合并村庄 16 个，安置人口 6973 人，占地 304 亩

图 6.24 房寺镇土地综合整治项目规划

注：A 东店社区安置区；B 崔李社区安置区；C 邢店社区安置区；D 房寺社区安置区；E 陈寨社区安置区；F 张安社区安置区